Schriftformklauseln im deutschen und südafrikanischen Recht

Europäische Hochschulschriften

Publications Universitaires Européennes
European University Studies

Reihe II
Rechtswissenschaft

Série II   Series II
Droit
Law

Bd./Vol. 5226

PETER LANG
Frankfurt am Main · Berlin · Bern · Bruxelles · New York · Oxford · Wien

Daniela Pufal

Schriftformklauseln im deutschen und südafrikanischen Recht

Eine rechtsvergleichende Untersuchung der unterschiedlichen Entwicklung der Rechtsprechung zur Wirksamkeit und Durchsetzbarkeit von Schriftformklauseln

PETER LANG
Internationaler Verlag der Wissenschaften

Bibliografische Information der Deutschen Nationalbibliothek
Die Deutsche Nationalbibliothek verzeichnet diese Publikation in der Deutschen Nationalbibliografie; detaillierte bibliografische Daten sind im Internet über http://dnb.d-nb.de abrufbar.

Zugl.: Düsseldorf, Univ., Diss., 2011

Gedruckt auf alterungsbeständigem,
säurefreiem Papier.

D 61
ISSN 0531-7312
ISBN 978-3-631-61892-9

www.peterlang.de

Meinen Eltern

Vorwort

Die vorliegende Arbeit wurde im Wintersemester 2009/2010 von der Juristischen Fakultät der Heinrich Heine Universität Düsseldorf als Dissertation angenommen. Die mündliche Prüfung fand im Februar 2011 statt. Rechtsprechung und Literatur sind bis Dezember 2009 berücksichtigt.

Mein akademischer Lehrer und Doktorvater, Herr Prof. Dr. Dirk Looschelders, hat bereits während meines Studiums mein Interesse für die Rechtsvergleichung geweckt. Ihm bin ich für seine Bereitschaft, diese Arbeit zu betreuen, zu größtem Dank verpflichtet. Meinem Zweitgutachter, Herrn Prof. Dr. Nils Jansen, gebührt mein Dank für die angenehme Zeit als wissenschaftliche Mitarbeiterin an seinem Lehrstuhl, wertvolle Anregungen und die zügige Erstellung des Zweitgutachtens.

Frau Ruth Friedrich sowie Frau Dr. Simone Schims danke ich aufrichtig für ihre ständige Diskussionsbereitschaft sowie die wertvollen Anregungen und Hilfestellungen.

Mein besonderer Dank gilt Herrn Arjen Harsta. Sein steter Rückhalt hat in hohem Maße zum Gelingen dieser Arbeit beigetragen. Schließlich gilt mein herzlichster Dank meinen Eltern, die mich auf meinem bisherigen Lebensweg in jeder Hinsicht unterstützt und gefördert haben. Ihnen ist diese Arbeit von Herzen gewidmet.

Inhaltsübersicht

Abkürzungsverzeichnis

a.A.	andere Ansicht
a.a.O.	am anderen Ort
Abs.	Absatz
AcP	Archiv für die civilistische Praxis
AD	Law Reports Appellate Division
AP	Arbeitsrechtliche Praxis
Aufl.	Auflage
BAG	Bundesarbeitsgericht
ObLG	Oberstes Landesgericht
BB	Betriebsberater
BFH	Bundesfinanzhof
BGB	Bürgerliches Gesetzbuch
BGH	Bundesgerichtshof
BGHZ	Entscheidungssammlung des Bundesgerichtshofs in Zivilsachen
BPK	Beperk (Limited)
C	Cape Provincial Division
CA	Court of Appeal
CISG	United Nations Convention on Contracts for the International Sale of Goods
Corn. Intern. Law Journal	Cornell International Law Journal
D	Durban and Coast Local Division
DB	Der Betrieb
DNotZ	Deutsche Notarzeitschrift
DR	Deutsches Recht (Zeitschrift)
E	Eastern Cape Local Division
EDL	Reports of the Eastern District Local Division
Eq.	Equity Cases
EWiR	Entscheidungen zum Wirtschaftsrecht
ff.	fortfolgende
Fn.	Fußnote
gem.	gemäß
GRUR	Gewerblicher Rechtsschutz und Urheberrecht
HKK	Historisch-Kritischer Kommentar zum BGB
HRR	Höchstrichterliche Rechtsprechung

Hrsg.	Herausgeber
ICQL	International Comparative Law Quarterly
JbRSoz	Jahrbuch für Rechtssoziologie und Rechtstheorie
Jhd.	Jahrhundert
JR	Juristische Rundschau
JW	Juristische Wochenschrift
JZ	Juristenzeitung
Kap.	Kapitel
KG	Kammergericht
Lib.	Liber (Buch)
LT	Law Times Reports
Ltd.	Limited
MDR	Monatszeitschrift für deutsches Recht
MLR	Modern Law Review
N	Natal Provincial Division
NJOZ	Neue Juristische Online Zeitschrift
NJW	Neue Juristische Wochenschrift
NJW-RR	NJW-Rechtsprechungs-Report
NPD	Reports of the Natal Provincial Division
NZA	Neue Zeitschrift für Arbeitsrecht
NZM	Neue Zeitschrift für Miet- und Wohnungsrecht
OPD	Orange Free State Provincial Division
OHG	Offene Handelsgesellschaft
OLG	Oberlandesgericht
Preußisches ALR	Preußisches Allgemeines Landrecht
Pty	Proprietary Limited Company
RG	Reichsgericht
RGZ	Entscheidungen des Reichsgerichts in Zivilsachen
Rn.	Randnummer
ROHG	Entscheidungen des Reichs-Oberhandelsgerichts
ROLG	Die Rechtsprechung der Oberlandesgerichte auf dem Gebiete des Zivilrechts
SA	South African Law Reports
SAA	South Africa Act
SALJ	South African Law Journal
SAMercLJ	South African Mercantile Law Journal

SC	Supreme Court of the Cape of Good Hope
SCA	Supreme Court of Appeal
Sec.	Section
SR	High Court of Southern Rhodesia
SWA	South-West Africa High Court Reports
SZ (RA)	Zeitschrift der Savigny-Stiftung für Rechtsgeschichte / Romanistische Abteilung
T	Transvaal Provincial Division
THRHR	Tydskrif vir hedendaagse Romeins-Hollandse reg
TPD	Reports of the Transvaal Provincial Division
TS	Reports of the Transvaal Supreme Court
TSAR	Tydskrift vir die Suid-Afrikaanse Reg
UN	United Nations
UNCITRAL	United Nations Commission of International Trade Law
VOC	Vereenigde Oostindische Compagnie
WLD	Witwatersrand Local Division
WarnR	Warneyer, Die Rechtsprechung des Reichsgerichts
WLD	Reports of the Witwatersrand Local Division
WM	Zeitschrift für Wertpapier und Bankfragen
ZEuP	Zeitschrift für Europäisches Privatrecht
ZfaöRuVöR	Zeitschrift für ausländisches öffentliches Recht und Völkerrecht
ZfRV	Zeitschrift für Europarecht, internationales Privatrecht und Rechtsvergleichung
ZIP	Zeitschrift für Wirtschaftsrecht
ZMR	Zeitschrift für Miet- und Raumrecht

Einleitung

Sowohl das deutsche als auch das südafrikanische Vertragsrecht sind vom Prinzip der Vertragsfreiheit geprägt. Dies führt dazu, dass es Vertragsparteien in beiden Rechtsordnungen möglich ist, in ihre Verträge eine sogenannte Schriftformklausel aufzunehmen. Eine einfache Schriftformklausel kann beispielsweise lauten: „Nachträgliche Änderungen und Ergänzungen dieses Vertrages gelten nur bei schriftlicher Vereinbarung", wohingegen eine qualifizierte Schriftformklausel den Zusatz enthält, dass auch eine Änderung der Klausel selbst nur schriftlich erfolgen kann. Eine solche Vertragsklausel stellt sich als unproblematisch dar, wenn die Vertragsparteien bei nachträglichen Änderungen des Vertrages die gewillkürte Form wahren. Schwierigkeiten treten jedoch auf, wenn die Vertragsparteien bei der Änderung ihres Vertrages nicht mehr an die Schriftform gedacht haben und eine Vertragsänderung im Folgenden lediglich mündlich erfolgt. Auch dieser Fall wirft dann wenig Grund zu Auseinandersetzung auf, wenn sich beide Vertragsparteien an die mündliche Änderung des Vertrages halten. Gegenstand gerichtlicher Auseinandersetzung sind vielmehr die Fälle, in denen sich die eine Partei auf die mündliche Änderung und die andere auf die vereinbarte Schriftformklausel und damit auf den ursprünglich vereinbarten Vertrag beruft. Hier stellt sich die Frage, ob Gerichte die mündliche Änderung trotz der vereinbarten Schriftformklausel als wirksam ansehen oder nicht. Im deutschen Recht hat bereits das Reichsgericht – ohne dogmatische Begründung – angenommen, dass die Parteien bei einfachen Schriftformklauseln einen Vertrag wirksam mündlich ändern können. Später entschied der *BGH*, dass dies nicht gleichermaßen bei doppelten Schriftformklauseln gilt. In diesem Fall müsse die vereinbarte Schriftformklausel vorher schriftlich abgeändert werden. Im südafrikanischen Recht hingegen wird seit einer Entscheidung der *Appellate Division* im Jahre 1964 die jeweils vereinbarte Schriftformklausel durchgesetzt und eine – wie im deutschen Recht angenommene – konkludent erfolgte Änderung der Schriftformklausel durch die mündliche Änderung des Vertrages, abgelehnt. Das südafrikanische Recht nimmt folglich die Gegenposition zum deutschen Recht ein.

A. Ziel der Arbeit

Ziel dieser Arbeit ist es nicht, aufzuzeigen, welche der beiden Rechtsordnungen die „bessere" Rechtsordnung ist. Denn wie sich zeigen wird, sprechen sowohl für die deutsche Rechtsprechung, als auch für die südafrikanische Lösung gute

Gründe. Vielmehr ist es Ziel dieser Arbeit, aufzuzeigen, warum sich die Rechtsprechung zu Schriftformklauseln in beiden Rechtsordnungen so unterschiedlich entwickelt hat. Dies ist insbesondere vor dem Hintergrund interessant, dass beide Rechtsordnungen ursprünglich dieselbe Grundlage hatten.

B. Gang der Untersuchung

Die Arbeit gliedert sich in fünf Kapitel. Der Entwicklung von Rechtsprechung und Literatur im deutschen Recht widmet sich das erste Kapitel. Das zweite Kapitel hat das südafrikanische Recht zum Gegenstand. Sodann sollen im dritten Kapitel die Gründe für die unterschiedliche Entwicklung der beiden Rechtsordnungen untersucht werden. Schlussfolgerungen werden im vierten Kapitel gezogen. Zunächst soll jedoch ein Einblick in den Hintergrund des südafrikanischen Rechts gegeben werden.

C. Hintergrund des südafrikanischen Rechts

Das südafrikanische Recht kann neben den Rechtsordnungen Quebecs, Louisianas und Schottlands als eines der wenigen echten „*mixed legal systems*“ der Welt bezeichnet werden.[1] Auf der einen Seite lebt in ihm das römische Recht, genauer gesagt das römisch-holländische Recht, fort, auf der anderen Seite ist das englische Common Law in Südafrika eine sonst nicht anzutreffende Verbindung mit römisch-holländischem Recht eingegangen.[2] Das südafrikanische Recht stellt mithin ein Mixsystem aus kontinentaleuropäischem *Ius Commune* und englischem *Common Law* dar.[3]

Die Gründung der holländischen Kolonie am Kap der Guten Hoffnung wird als Beginn des heutigen südafrikanischen Rechts betrachtet. 1652 gründete der

1 Zimmermann, ‘Double Cross‘: Comparing Scots and South African Law, in Zimmermann et al, Mixed Legal Systems in Comparative Perspective, 3.

2 Zweigert/Kötz, Einführung in die Rechtsvergleichung, 229, 231 und du Bois, Introduction: History, System and Sources in van der Merwe/du Plessis, Introduction to the law of South Africa, 1, bezeichnen das südafrikanische Recht daher als „hybrides“ Recht. Bei Hahlo/Kahn, The South African Legal System, 585 f. findet sich das folgende Zitat: „Like a jewel in a brooch, the Roman-Dutch law in South Africa today glitters in a setting that was made in England. Even if it were true (which it is not) that the whole of South African private and criminal law had remained pure Roman-Dutch law, the South African legal system as a whole would still be a hybrid one, in which civil- and common law elements jostle each other.”

3 Zimmermann, ‘Double Cross‘: Comparing Scots and South African Law, in Zimmermann et al, Mixed Legal Systems in Comparative Perspective, 4.

Holländer *Jan van Riebeeck* im Auftrag der holländischen ostindischen Kompanie eine Siedlung am Kap der Guten Hoffnung, die in erster Linie der Versorgung von Schiffen auf ihrer Fahrt nach Ostindien dienen sollte. Aus diesem Versorgungsstützpunkt entwickelte sich eine blühende Kompanie, in der das Recht des Mutterlandes galt, mithin das Recht der Provinz Holland. Dort wiederum wurde römisch-holländisches Recht in der Form angewandt, die ihm die Glossatoren und Kommentatoren und später die berühmtesten holländischen Rechtslehrer des 17. und 18. Jahrhunderts[4] gegeben hatten.

1806 nahmen die Engländer zur Sicherung ihrer Seeverbindungen nach Indien das Kapland in Besitz und erklärten es zur britischen Kolonie. Trotzdem blieb das römisch-holländische Recht am Kap in Kraft. Weil in Holland 1809 das römisch-holländische Recht von Napoleon durch den *Code Civil* ersetzt wurde, überlebte es in den folgenden Jahren nur in Südafrika.[5] Nichts desto trotz machte sich auch der Einfluss des britischen *Common Law* in Südafrika bemerkbar.[6] Unter britischer Herrschaft wurde zunächst die Verfassung und Verwaltung sowie das Gerichtswesen der Kolonie geordnet und modernisiert, so dass das Beweis- und Prozessrecht in Zivil- und Strafverfahren nach dem Vorbild des *Common Law* umgestaltet wurde. Im Zuge dessen wurde auch die *doctrine of stare decisis*, das englische Präzedenziensystem, in Südafrika eingeführt.[7] Die bereits bestehenden holländischen Gerichte wurden 1828 durch einen

---

4 Hier sind zu nennen Hugo Grotius (1583-1645), Arnoldus Vinnius (1588-1657), Johannes Voet (1647-1713), Cornelis van Bynkershoek (1673-1743), Dionysius van der Keessel (1738-1816). Wenn heute noch Rückgriff auf römisch-holländisches Recht genommen wird, benutzen südafrikanische Gerichte hauptsächlich die folgenden Quellen: Voet, Commentarius ad Pandectas; Simon van Leeuwen, Het Roomsch Hollandsch Recht; van Keessel, Theses Selectae Iuris Hollandici et Zeelandici sowie Praelectione Iuris Hodierni ad Hugonis Grotii Introductionem ad Iurisprudentiam Hollandicam; de Groot, Inleidinge tot de Hollandsche Rechtsgeleerdheid sowie De Iure Belli ac Pacis; Ulrich Huber, Heedendaegse Rechtsgeleertheyt sowie Praelectiones Iuris Civilis; van der Linden, Rechtsgeleerd, Practicaal en Koopmans Handboek.

5 Darüber hinaus blieb das römisch-holländische Recht nur noch in den ehemals holländischen, zur Zeit Napoleons aber bereits an England gefallenen Kolonien Sri Lanka (früher Ceylon) und Teilen von Guayana in Kraft.

6 Zum Zusammenspiel von römisch-holländischem und englischem Recht siehe Palmer, Mixed Jurisiction Worldwide: The Third Legal Family; Fagan, Roman-Dutch Law in its South African Historical Context, in Zimmermann/Visser (Hsg.), Southern Cross, Civil Law and Common Law in South Africa, 34 ff.

7 Reid/Visser, Cases and Statutes in Zimmermann et al, Mixed Legal Systems in Com-

mit englischen Richtern besetzten *Supreme Court* ersetzt und in der Folge die Instanzgerichte mit *magistrates*, also mit Kolonialbeamten.[8] Da Englisch zur Gerichtssprache wurde und immer mehr englische Gesetze eingeführt wurden, neigten die Gerichte dazu, auch dann, wenn das römische Recht veraltet oder lückenhaft war, Rückgriff auf das englische Recht zu nehmen. Hinzu kam, dass den meisten Richtern und Anwälten, die aus England nach Südafrika kamen, das römisch-holländische Recht unbekannt war. Darüber hinaus war ein Rückgriff auf holländisches Recht durch die Einführung des *Code Civil* in Holland erschwert worden. Noch heute ist Englisch sowohl in Lehre und Wissenschaft als auch in Rechtsprechung und Gesetzgebung die Hauptsprache.[9]

Das holländische Recht überlebte in Südafrika hauptsächlich durch die holländischen Siedler, die die Kapkolonie nach dem Eintreffen der Engländer Richtung Norden und Osten verlassen hatten. Als im Jahr 1833 das britische Parlament die Abschaffung der Sklaverei in seinem weltweiten Einflussgebiet verfügte, entzog dies vielen Buren die Existenzgrundlage. Um sich dem Einflussbereich des britischen Rechts zu entziehen und die Ausbeutung der Nicht-Weißen fortführen zu können, wichen sie als sogenannte Voortrekker ins Hinterland aus. Im Großen Treck von 1835-1841 zogen rund 14.000 Buren in die Gebiete nördlich des Oranje-Flusses. Sie gründeten die so genannten Buren-Republiken, die Südafrikanische Republik und den Oranje-Freistaat. Diese neuen Siedlungen entwickelten sich insbesondere nach der Entdeckung von Diamanten im Jahr 1867 und Gold im Jahr 1886 in gut florierende Gebiete. Nach den Burenkriegen (Kriegen zwischen der britischen Kolonie und den Buren) wurde am 31. Mai 1910 aus den vier Kolonien Natal, Transvaal, Oranje-Freistaat und der Kapkolonie die Südafrikanische Union gegründet, in der freilich zunächst englisches Recht dominierte. Bedingt durch den zu Beginn der 30er Jahre des letzten Jahrunderts aufkommenden Nationalismus (*white nationalism)* entstand auch

---

parative Perspective, lxxvi. Zimmermann, Double Cross, in Zimmermann et al, Mixed legal systems in comparative perspective, 5. Zur doctrine of stare decisis siehe auch Mulligan, SALJ 1952, 25 (26 f.).

8 Du Bois, Introduction: History, System and Sources in van der Merwe/du Plessis, Introduction to the law of South Africa, 11.

9 Du Bois, Introduction: History, System and Sources in van der Merwe/du Plessis, Introduction to the law of South Africa, 2. Dies ist jedoch nicht unstreitig. An der University of Stellenbosch wird beispielsweise gerade diskutiert, ob nicht Afrikaans die Sprache der Lehre sein soll. Siehe weiterhin Hlophe, SALJ 2000, 690.

eine Kontroverse über das dominierende Recht.[10] Es erfolgte eine Abkehr von dem im 19. Jahrhundert angewandten englischen Recht hin zum römisch-holländischen Recht, insbesondere durch die neugegründete *Appellate Division* des *Supreme Courts*. Auch die Universitäten, die in Afrikaans unterrichteten, unterstützten einen Rückgriff auf das römisch-holländische Recht. Es gab sogar Bestrebungen, die „Verschmutzung“ des römisch-holländischen Rechts durch das englische Recht gänzlich zu entfernen (sog. *bellum juridicum*[11]).[12] Während der Apartheid wurden immer mehr Richterstellen mit Juristen besetzt, die an südafrikanischen Universitäten ausgebildeten worden waren, was den Einfluss des römisch-holländischen Rechts noch verstärkte. Auch auf der Agenda der Apartheidpolitik hatte die Rückkehr zum „reinen“ römisch-holländischen Recht einen hohen Stellenwert. Zu dieser Zeit hatte sich jedoch schon das typisch römisch-holländische *Common Law* entwickelt. Heutzutage kommt die größte Bedeutung den bestehenden Gesetzen und den Präzedenzfällen zu. Wenn Sachverhalte durch den alleinigen Rückgriff auf selbige nicht zufrieden stellend gelöst werden können, wird gleichwertig auf römisch-holländisches oder englisches Recht zurückgegriffen.[13] Auch das für den Gegenstand dieser Arbeit relevante südafrikanische Vertragsrecht wurde von beiden Rechtssystemen geprägt.

Ergänzend sei ausgeführt, dass die Rechtsprechung in Südafrika durch den *Constitutional Court*, den *Supreme Court of Appeal*, die *High Courts* und *Magistrate Courts* sowie andere durch Parlamentsgesetz errichtete Gerichte erfolgt.[14] Die obersten Gerichte in Südafrika sind somit das Verfassungsgericht und der *Supreme Court of Appeal*. Dabei ist der *Supreme Court of Appeal* (früher *Appellate Division* genannt) das letztinstanzlich zuständige Gericht für all diejenigen Fälle, die keinen verfassungsrechtlichen Bezug haben.[15] In zweiter Instanz entscheiden die *High Courts*[16] und alle anderen Gerichte, die gesetzlich errichtet worden sind und denselben Status haben wie die *High Courts*.[17] Erstin-

10 Hierzu auch Dyzenhaus, SALJ 1982, 380 (386 f.).

11 Hierzu ausführlich später, Kap. 3 F.

12 Zimmermann, in Zimmermann et al, Mixed legal systems in comparative perspective, 6.

13 Zimmermann, in Zimmermann et al, Mixed legal systems in comparative perspective, 6.

14 Sec. 166 der Constitution of the Republic of South Africa, Act 108 of 1996.

15 Reid/Visser, Cases and Statutes, in Zimmermann et al, Mixed legal systems in comparative perspective, lxxvi.

16 Der High Court kann jedoch auch erstinstanzlich zuständig sein.

17 Constitution of the Republic of South Africa, Act 108 of 1996, 166. Gerichte, die den selben Status haben wie High Courts sind solche Gerichte, die für bestimmte Fälle zuständig sind, wie zum Beispiel Patentrecht oder Steuerrecht.

stanzlich sind die *Magistrate's Courts zuständig*, deren Entscheidungen jedoch keine Präzedenzfälle schaffen.

1. Kapitel: Schriftformklauseln im deutschen Recht

A. Ausgangspunkt im deutschen Recht

Im Vordergrund dieser Arbeit steht die Wirksamkeit nachträglicher Änderungen eines bereits bestehenden Vertrags. Gemäß § 311 Abs. 1 BGB ist zur Änderung des Inhalts eines Schuldverhältnisses ein Vertrag zwischen den Beteiligten erforderlich, soweit nicht das Gesetz etwas anderes vorschreibt. Die nachträgliche Änderung eines Vertrages erfolgt also ihrerseits durch einen Vertrag zwischen den ursprünglichen Vertragsparteien. Dabei können durch eine Vertragsänderung einzelne Vertragspflichten aufgehoben, eingeschränkt, erweitert oder ergänzt werden. Die Parteien können den Inhalt des bestehenden Schuldverhältnisses z.B. im Hinblick auf Höhe, Umfang und Modalitäten der Hauptleistungspflichten, ebenso aber auch bezüglich der Nebenpflichten sowie etwaiger Einreden oder der Geltungsdauer, ändern.

Da im deutschen Recht der Grundsatz der Formfreiheit von Rechtsgeschäften herrscht,[18] bedürfen Rechtsgeschäfte zu ihrer Wirksamkeit grundsätzlich keiner bestimmten Form. Für die im Vordergrund dieser Arbeit stehende Wirksamkeit nachträglicher Vertragsänderungen folgt hieraus, dass diese grundsätzlich formfrei und daher mündlich vereinbart werden können.

Der Grundsatz der Formfreiheit wird als solcher im BGB nicht ausdrücklich normiert. Zwar hatte der erste Entwurf des Bürgerlichen Gesetzbuchs – nach einer ausführlichen Auseinandersetzung der Kommission mit dem Für und Wider der Form[19] – in § 91 Abs. 1 noch die ausdrückliche Regelung vorgesehen, das für ein Rechtsgeschäft eine besondere Form nur dann erforderlich sei, wenn eine solche durch Gesetz oder Rechtsgeschäft bestimmt ist. Dieselbe Regelung findet sich auch noch in § 104 Abs. 1 des zweiten Entwurfs des Bürgerlichen Gesetzbuchs. Die zweite Kommission hielt diesen Satz jedoch für überflüssig, weshalb er im Dritten Entwurf gestrichen wurde.[20]

Es steht den Parteien jedoch frei, rechtsgeschäftlich eine bestimmte Form zu vereinbaren und deren Beachtung zur Wirksamkeitsvoraussetzung des Rechtsgeschäfts zu machen. Ausgangspunkt hierzu ist § 125 BGB, der in Satz 1 regelt,

18 MüKo/Einsele § 125 Rn 1.

19 Mugdan, Motive, Band 1, S. 451 f.

20 siehe auch Planck, Bürgerliches Gesetzbuch, Band I, 3. Aufl. 1903, 227.

dass ein Rechtsgeschäft, welches der durch Gesetz vorgeschriebenen Form ermangelt, nichtig ist. § 125 Satz 2 BGB lautet:

> „Der Mangel der durch Rechtsgeschäft bestimmten Form hat im Zweifel gleichfalls Nichtigkeit zur Folge".

Es ist den Vertragsparteien also möglich, bei grundsätzlich formfreien Rechtsgeschäften zu vereinbaren, dass das betreffende Rechtsgeschäft oder aber Änderungen und Ergänzungen desselben einer besonderen Form unterliegen sollen (sog. gewillkürte Form). Haben die Parteien ihr Rechtsgeschäft einer bestimmten Form unterstellt, hängt es von der Parteivereinbarung ab, ob das Rechtsgeschäft ohne Beachtung dieser Form unwirksam sein soll (konstitutive Bedeutung des Formerfordernisses)[21] oder ob die Einhaltung der Form nur Beweiszwecken dienen soll (deklaratorische Bedeutung des Formerfordernisses)[22]. Führt die Auslegung der Formklausel zu keinem Ergebnis, so greift die Vermutung des § 125 S. 2 BGB ein, wonach das rechtsgeschäftliche Formerfordernis im Zweifel konstitutive Bedeutung hat, so dass bei Formmangel das Rechtsgeschäft nichtig ist. Die nachträgliche mündliche Änderung eines mit einer Schriftformklausel versehenen Vertrags ist demnach bei strikter Anwendung der Auslegungsregel des § 125 S. 2 BGB nichtig.

Diese Auslegungsregel wurde nicht ohne Grund in das Bürgerliche Gesetzbuch aufgenommen, da vor Erlass des BGB äußerst umstritten war, welche Wirkung einer gewillkürten Formvereinbarung zukommt.[23] Die Bedeutung der Fra-

---

21 Siehe hierzu auch Larenz/Wolf, Allgemeiner Teil, § 27 Rn. 80.

22 Siehe hierzu auch Larenz/Wolf, Allgemeiner Teil, § 27 Rn. 79.

23 Siehe hierzu die Ausführungen bei Bekker, System des heutigen Pandektenrechts, Zweiter Band, 1889, 82. Er stellt in seinen Ausführungen zur gewilkürten Form zunächst fest, in welchen Fällen Parteien sich üblicherweise selbst einer bestimmten Form unterwerfen. Daraufhin stellt er dar, welche Bedeutung solche „Formverabredungen" haben können. Entweder entbehre die „Formverabredung" der rechtlich verbindlichen Kraft, so dass bis zur „Geschäftsherstellung in der gekürten Form jeder Teil ungebunden sei und beliebig zurücktreten könne oder selbige habe die Bedeutung eines verbindlichen „pactum de contrahendo" oder die „Formverabredung" hätte keinen Einfluß auf die verbindliche Kraft des Rechtsgeschäfts, so dass nur die Sicherung des Beweises bezweckt gewesen sei (S. 82 f.). Er ist der Meinung, dass „die Parteien häufig diese drei Möglichkeiten nicht genügend auseinander zuhalten wissen, dazwischen wol noch andere als vorhanden annemen, und sehr oft auch gar nicht wissen was sie wollen" (S. 83). Daher sei es angebracht, wenn die Gesetzgebung mit „Präsumptionen" nachhelfe. Eine solche fand sich damals bereits im Preußischen ALR I 5 § 117. Hier wurde „vermuthet, dass nicht blos der Beweis, sondern selbst die verbindliche Kraft des Vertrages von der

ge für die damalige Wissenschaft wird beispielhaft an den Abhandlungen von *Setzer* aus dem Jahre 1860 deutlich.[24] Gegenstand seiner 76-seitigen Untersuchungen ist einzig und allein die Streitfrage, „ob bei der Allgemeinen Verabredung der Schriftlichen Abfassung eines Vertrages die Schrift Erfordernis der Perfection sei, oder nur die Bedeutung eines Beweismittels habe."[25] Bereits vor ihm hatten sich die von ihm zitierten und namhaften Juristen wie *Eichhorn*, *Puchta*, *Seuffert*, *Donellus*, *Vinnius*, *Pufendorf*, *Höpfner*, *Glück*, *Thibaut*, v. *Wening-Ingenheim*, uvm.[26] mit dieser Frage beschäftigt.

§ 125 S. 2 BGB entschied diese gemeinrechtliche Kontroverse über die Bedeutung der Vorschrift 1. 17 Cod. de fide instr. 4, 21, (Justinian),[27] indem er eine Auslegungsregel dahingehend aufstellt, dass ein Rechtsgeschäft, das der gewillkürten Form ermangelt, ebenso nichtig ist, wie ein Rechtsgeschäft das der gesetzlichen Form ermangelt.[28] Zur Begründung heißt es in den Motiven:

> „Wenn die Absicht der Betheiligten in Bezug auf die Bedeutung der vereinbarten Form zweifelhaft ist, so ist jedenfalls die Möglichkeit nicht ausgeschlossen, daß die Gültigkeit des vorzunehmenden Rechtsgeschäftes von der Einhaltung der Form abhängen sollte, und dieser Möglichkeit muss durch Anerkennung der strengeren Regel Rechnung getragen werden." [29]

Hieraus folgt, dass eine vereinbarte Schriftformklausel im Zweifel konstitutive Wirkung hat, so dass die nachträgliche mündliche Änderung eines mit einer Schriftformklausel versehenen Vertrags bei strikter Anwendung der Auslegungsregel des § 125 S. 2 BGB nichtig ist.[30]

---

schriftlichen Abfassung abhängen solle". Siehe hierzu auch Fischer, Lehrbuch des preußischen Privatrechts, 1887, 92; Mugdan, Motive, Band 1, 452.

24 Setzer, Abhandlungen aus dem Civilrecht Band 1: Über die Verabredung der Schrift, insbesondere von der 1,17 cod. de fide instrumentorum, 1860.

25 Setzer, Abhandlungen aus dem Civilrecht Band 1: Über die Verabredung der Schrift, insbesondere von der 1,17 cod. de fide instrumentorum, 1860, 3.

26 Setzer, Abhandlungen aus dem Civilrecht Band 1: Über die Verabredung der Schrift, insbesondere von der 1,17 cod. de fide instrumentorum, 1860, 4 f.; siehe auch die Entscheidung des ROHG, ROHG VII Nr. 25, S. 92 ff.

27 Rehbein, Das Bürgerliche Gesetzbuch, I Band, Allgemeiner Theil, 1899, 159; siehe zu 1. 17 Cod. de fide instr. 4, 21 auch RG, RGZ 4, 199 ff.

28 siehe auch Mugdan, Motive, Band 1, 452.

29 Mugdan,Motive, Band 1, 452.

30 Zu diesem Ergebnis kommt auch Breitling, Bedeutung und Wirkung von Schriftformklauseln, S. 105 ff., nach einer Untersuchung der Entstehungsgeschichte von § 125 S. 2 BGB, wobei er auch Bezug nimmt auf das Gemeine Recht, das Preußische Allgemeine

B. Schriftformklauseln in der Rechtsprechung

Anders sieht dies die Rechtsprechung, die in Deutschland keine Entwicklung genommen hat, sondern vielmehr frühzeitig in „bis heute bewahrten Argumentationsmustern erstarrt“ ist.[31] Der *BGH*, und mit ihm die Instanzgerichte, hat lediglich an die Rechtsprechung des Reichsgerichts angeknüpft, wobei der immer wiederkehrende Verweis auf eine „ständige Rechtsprechung“ offenbar eine eigenständige dogmatische Auseinandersetzung mit der Problematik entbehrlich macht.[32] Dies wird zuletzt deutlich in einem Urteil des KG[33], das die Rechtsprechung sowohl zu einfachen als auch zu qualifizierten Schriftformklauseln treffend zusammenfasst. Dort heißt es:

> „Nach der Rechtsprechung des BGH können auch bei der Vereinbarung einer sog. einfachen Schriftformklausel mündliche Absprachen über die Begründung vertraglicher Pflichten, für ihre Ergänzung und für ihre Einschränkung gleichwohl bindend sein. Die Gültigkeit derartiger formfreier - nicht notwendig ausdrücklicher – Absprachen wird dann bejaht, wenn die Parteien übereinstimmend die Maßgeblichkeit des mündlich Vereinbarten gewollt haben, sich also darüber einig waren, dass für ihre vertraglichen Beziehungen neben dem Urkundeninhalt auch die mündliche Abrede gelten soll (BGHZ 55, 378): Als „actus contrarius“ zur formfreien Begründung des Formzwangs ist die Aufhebung der Formabrede gleichfalls formfrei. Die Parteien müssen die Schriftformklausel nicht ausdrücklich aufheben; einfache Schriftformklauseln können stillschweigend abbedungen werden (BGH, NJOZ 2002, 833). Der Mietvertrag … enthält jedoch … eine qualifizierte Schriftformklausel. … Diese Klausel hat ersichtlich den Zweck, die Aushöhlung des Schriftformerfordernisses durch Bindung der Vertragspartner an mündliche Erklärungen oder gar an schlüssiges Verhalten unmöglich zu machen. … Eine so formulierte Schriftformklausel kann durch eine die Schriftform nicht wahrende Vereinbarung nicht abbedungen werden (BGHZ 66, 378).“

Landrecht und die Materialien zum Bürgerlichen Gesetzbuch.

31 So Böhm, AcP 1979, 425 (427).

32 BGH NJW 1976, 1395, vgl. BGH JZ 1967, 287 (287): „Es entspricht ständiger, vom Schrifttum gebilligter Rechtsprechung, dass die Vertragschließenden auch eine ausdrücklich getroffene Abrede, wonach nur das schriftlich Vereinbarte gültig sein soll, durch formlose, nicht notwendig ausdrückliche Vereinbarung aufheben können.“

33 KG, NZM 2005, 908 f.

I. Rechtsprechung von der Zeit der Entstehung des BGB bis zur Abschaffung des Reichsgerichts durch die Alliierten 1945

Die Rechtsprechung des *Reichsgerichts* und später des *BGH* hielt mündliche Änderungen von Verträgen mit einfachen Schriftformklauseln von Beginn an für wirksam. Lediglich einige Instanzgerichte hielten mündliche Änderungen ohne eine vorherige ausdrückliche oder schriftliche Aufhebung der Schriftformklausel für unwirksam.

Das erste zur Wirksamkeit von Schriftformklauseln nach Inkrafttreten des BGB ergangene Urteil fällte das *Bayrische ObLG*[34] im Jahre 1903. Es führte aus, dass sich die Parteien eines mit einer Schriftformklausel versehenen Vertrags jederzeit von der Schriftformklausel lösen könnten, da sie sich durch eine Vereinbarung, die sie nur in ihrem eigenen Interesse träfen, nicht die Möglichkeit nehmen könnten, eine den gesetzlichen Erfordernissen entsprechende neue Vereinbarung ohne Beachtung der früheren rechtswirksam zu treffen. Zwar führe eine Schriftformklausel grundsätzlich dazu, dass mündliche „Beredungen" über eine Änderung des Vertrags als unverbindliche Vorbesprechungen anzusehen seien. Wenn die Ernstlichkeit des Willens der Parteien aber dadurch zu Tage trete, dass sie das mündlich Vereinbarte in Vollzug setzten, sei die Schriftformklausel „außer Kraft gesetzt", der neue Vertrag ohne Beachtung der vereinbarten Form gültig.

Drei Jahre später hielt auch das *Dresdner OLG*[35] eine mündliche Vertragsänderung trotz Schriftformklausel für wirksam. Es hatte einen Fall zu entscheiden, in dem ein Mietvertrag eine Klausel enthielt, nach der „Änderungen oder Zusätze zu demselben, um rechtswirksam zu sein, der schriftlichen Abfassung und der Unterschrift beider Teile bedürfen". Unabhängig davon, ob konstitutive oder deklaratorische Form gewollt sei, entschied das *OLG*, könne eine Schriftformklausel nicht verhindern, dass die Parteien selbige außer Kraft setzen, solange „die Parteien hierüber einig geworden sind". In der mündlichen Vereinbarung läge zugleich das stillschweigende Abkommen, dass die Schriftformklausel „ausgeschaltet" sei.

Vier Jahre später (1910) folgte das *Reichsgericht* in seinem ersten Urteil zur Wirksamkeit von Schriftformklauseln dem durch die Instanzgerichte bereits

---

34 Bay ObLG, Recht 1903, 359, Nr. 1942.

35 OLG Dresden, ROLG 14, 26.

vorgezeichneten Weg.[36] Die Parteien hatten einen schriftlichen Mietvertrag über ein Grundstück geschlossen, der in § 29 eine Schriftformklausel enthielt. Im Folgenden hatten die Parteien den Vertrag lediglich mündlich geändert. Das *RG* entschied, dass die Parteien ein gewillkürtes Formerfordernis jederzeit durch *contrarius consensus* wieder außer Kraft setzten könnten.[37] Dieser Abänderungsvertrag könne auch formlos und durch schlüssige Handlungen zustande kommen. Das Gericht fährt fort: „Eine solche schlüssige Handlung, welche die Annahme eines derartigen Vertragswillens rechtfertigt, ist namentlich die tatsächliche Bewirkung der vertragsmäßigen Leistung.“ Dies begründet das Gericht damit, dass Parteien, die sich durch tatsächliche Vertragserfüllung über ein Formerfordernis hinwegsetzten, obwohl sie sich der Erfüllung leicht durch eine Berufung auf das Formerfordernis hätten entziehen können, erklären, dass sie das Formerfordernis nicht mehr für und gegen sich gelten lassen wollen.[38] Der andere Vertragsteil, der diese Leistung annehme, erkläre hierdurch stillschweigend sein Einverständnis mit dieser Erklärung des Gegners.

In den folgenden Jahren blieb das Reichsgericht seiner Rechtsprechung treu. 1911[39] entschied es, dass die Parteien ohne Einhaltung der Form wirksame Änderungen vereinbaren können, obwohl sie für Änderungen des Vertrags die Schriftform vorgesehen haben. Denn es stehe den Parteien jederzeit frei, von der

36 JW 1911 Nr. 15. Im Jahre 1907 (RG v. 15.11.1907, WarnR 1908, 33 Nr. 38) hatte das Reichsgericht noch offen gelassen, ob die Parteien eine Schriftformklausel „nachträglich jederzeit beliebig und formlos ändern können“, da das Gericht sein Urteil auf die Einrede der Arglist stützen konnte, denn der Kläger hatte selbst eine schriftliche Abfassung für unnötig erklärt.

37 Das RG verweist hierzu auf Danz, Die Auslegung der Rechtsgeschäfte, 2 Aufl., 1906, 195 ff. Danz geht davon aus, dass die Vertragsparteien eine für Vertragsänderungen vorgesehene Schriftformklausel jederzeit auch formlos wieder aufheben können. Er fährt fort: „Denn den Parteien steht es jederzeit frei, die für die Zukunft bestimmte Vereinbarung durch eine nachfolgende aufzuheben, und wenn sie eine solche Abänderung ernstlich formlos abschließen und damit zu erkennen geben, dass diese Abänderung jetzt zwischen ihnen gelten solle, so liegt darin zugleich der Wille ausgedrückt, dass die bisherige Bestimmung aufgehoben sein soll.“

38 Das Reichsgericht impliziert hier, dass im Bewusstsein des Bestehens der Klausel gehandelt werden muss. Dies wird dadurch deutlich, dass das Reichsgericht den Aufhebungswillen insbesondere dadurch begründet, dass sich der Leistende durch Berufung auf das Formerfordernis seiner Verpflichtung hätte entziehen können. Siehe zur Frage ob ein Aufhebungswille erforderlich ist auch unten unter Kap. 2 C II 2.

39 RG, Das Recht 1911, Nr. 3415.

Einhaltung der nicht auf Gesetz, sondern auf ihrem Willen beruhenden Formvorschrift – auch stillschweigend - abzusehen. Mit Verweis auf das Urteil des *RG* von 1910[40] und des *OLG Dresden*[41], jedoch ohne eigene Begründung, kam das *RG* auch 1912[42] zu folgendem Urteil:

> „Die Vereinbarung der Form, ..., konnte von den Vertragsteilen, auf deren Willkür sie beruhte, auch wieder außer Kraft gesetzt werden, sei es allgemein oder für den einzelnen Fall, und zwar auch stillschweigend durch schlüssige Handlungen, die erkennen ließen, dass das ohne Einhaltung der Form Besprochene nicht eine Vorverhandlung, sondern schon eine bindende Vereinbarung sein sollte.“

Ein Großteil der Urteile des *BGH* nimmt keinen Rückgriff auf die zuvor genannten Urteile des *Reichsgerichts*, sondern irrtümlich auf ein Urteil des *Reichsgerichts* aus dem Jahre 1919[43], dem folgender Sachverhalt zugrunde lag: Der Beklagte hatte mit dem Kläger einen schriftlichen, mehrjährigen Mietvertrag über eine Schankwirtschaft geschlossen. Während der Vertragsverhandlungen hatte der Beklagte (Vermieter) dem Kläger mündlich „völlige Brauereifreiheit“ zugesichert. In dem zwischen den Parteien geschlossenen schriftlichen Vertrag befand sich eine Schriftformklausel, die Ergänzungen und Änderungen des Vertrags für formbedürftig erklärte. Unmittelbar nach der Eröffnung der Schankwirtschaft wurde der Mieter – entgegen der Zusicherung des Vermieters – von einer ortsansässigen Brauerei unter Berufung auf eine zwischen ihr und dem Vermieter bestehende Vereinbarung in Anspruch genommen. Die Brauerei veranlasste in der Folgezeit alle mit ihr zu einem Ring vereinigten Brauereien, dem Kläger die Lieferung von Bier zu verweigern. Den aus dieser Streitigkeit entstandenen Schaden machte der Mieter gegenüber dem Vermieter geltend. Das *RG* stellt zunächst fest, dass nach der Feststellung des Oberlandesgerichts die völlige Brauereifreiheit im Zuge der Vertragsverhandlungen vom Vermieter tatsächlich zugesichert worden sei. Im Weiteren geht das Gericht davon aus, dass die Parteien eine konstitutive Schriftformklausel wirksam vereinbart hatten[44] und prägt den oft zitierten Satz[45]:

---

40 RG, JW 1911, 94 Nr. 15

41 Hierzu soeben.

42 RG, WarnR 1912, 402.

43 RGZ 95, 175.

44 RGZ 95, 175 (175): “Im § 15 des Mietvertrages ist freilich die Bestimmung enthalten, dass Abänderungen und Zusätze zur Rechtswirksamkeit der schriftlichen Abfassung und der Unterschrift beider Teile bedürfen.“

45 BGH NJW 1962, 1908 f.; BGH WM 1966, 1335 (1336); BGHZ 66, 378 (381); BGH

„Diese [die Parteien] können aber eine solche Vertragsklausel für den Einzelfall außer Kraft setzen, und das geschieht, wenn sie darüber einig sind, daß für ihre vertraglichen Beziehungen neben dem Urkundeninhalt auch eine bestimmte mündliche Abrede maßgebend sein soll".[46]

Der Sachverhalt zeigt aber bereits, dass Gegenstand dieser Entscheidung des Reichsgerichts nicht eine nachträgliche mündliche Änderung eines Vertrages war, sondern vielmehr die Frage, ob der Umfang der Formklausel eingeschränkt war, also ob die vereinbarte Form gewisse Vereinbarungen von vornherein nicht erfasste.[47] Denn die mündliche Zusicherung der Brauereifreiheit erfolgte bereits im Zuge der Vertragsverhandlungen und nicht nach Vertragsschluss. Mithin geht es hier nicht um die konkludente Aufhebung eines Formerfordernisses, sondern um die stillschweigende Einschränkung des Umfangs eines solchen.

Den zuvor zur Wirksamkeit nachträglicher mündlicher Änderungen ergangenen Urteilen folgte 1939 auch das *KG*[48], allerdings mit dem Unterschied, dass auf einen abändernden Willen der Parteien auch dann geschlossen werden könne, wenn ein vertraglich nicht erlaubter Zustand geduldet werde. In dem zu entscheidenden Fall waren Geschäftsräume zu rein geschäftlichen Zwecken vermietet worden und dann für viereinhalb Jahre privat genutzt worden. Nach Ansicht des Gerichts lag in dieser viereinhalb jährigen Duldung der Nutzung eines Teils der gemieteten Geschäftsräume als Wohnung eine stillschweigende Änderung der Schriftformklausel.[49]

NJW 1965, 293 (293).

46 RGZ 95, 175 (175).

47 So auch Körnig, Schriftformklausel und Mündliche Abreden, 50 ff.; Rutkowski, Gewillkürte Schriftform, 59.

48 RG, DR 1940, 395, siehe hierzu auch die Kritik von Roquette, DR 1940, 961 ff.

49 Hier wäre es erforderlich gewesen, zwischen einer Änderung der Schriftformklausel und einer Änderung des Vertrages zu unterscheiden, da die stillschweigende Duldung eines vertragswidrigen Zustands aus rechtsgeschäftlichen Gesichtspunkten nicht zu einer stillschweigenden Änderung der Schriftformklausel führen kann. Vielmehr hätte das Gericht die Überlegung anstellen müssen, ob in der Duldung des vertragswidrigen Zustands nicht ein Verzicht des Vermieters auf die Geltendmachung seiner Rechte liegt, die ihm daraus zustehen, dass der Mieter die Räume vertragswidrig nutzt. Auch aus dem Urteil des RG vom 23.11.1942, DR 1943, 487 geht hervor, dass die Duldung eines vertragswidrigen Zustandes nicht zu einer Änderung des Vertrages führt; siehe hierzu auch Roquette, Anm. zu RG v. 23.11.1942, DR 1943, 488.

Anderer Ansicht waren nur das *OLG Braunschweig* und das *OLG Königsberg*. Bereits 1911 entschied das *OLG Braunschweig*[50], dass Schriftformklauseln nur schriftlich aufgehoben werden können. In dem Urteil heißt es:

> „Der vertragsmäßige Verzicht auf die … Schriftformklausel bedurfte … als Änderung des Vertrages infolge der vorgängigen bindenden Parteifestsetzung zu seiner Gültigkeit ebenso der Schriftform, wie dies jede andere Änderung bedurfte."

Das *OLG Königsberg*[51] entschied 1939 in einem Fall über eine angeblich nachträglich mündlich vereinbarte Aufrechnung trotz Aufrechnungsverbots im Mietvertrag, dass die im Mietvertrag vereinbarte Schriftformklausel zwar nachträglich mündlich aufgehoben werden könne, dies aber ausdrücklich geschehen müsse. Im vorliegenden Fall wäre jedoch nur die nachträgliche Änderung der Klausel behauptet worden, nicht auch deren Aufhebung. Daher könne der Einwand der Aufrechnung gegen die Mietzinsforderung nicht durchgreifen.

Das letzte Urteil des *RG* zur Wirksamkeit von Schriftformklauseln erging 1942[52]. In diesem Urteil blieb zwar eine ausdrückliche Klärung der Frage aus, da eine solche für die Entscheidung des vorliegenden Falles nicht notwendig war, das Gericht lässt jedoch zumindest Zweifel an seiner bisherigen Rechtsprechung aufkommen,[53] denn der Rechtsspruch des Urteils lautet:

> „Bedenken bestehen gegen die Rechtsprechung (RGZ 95, 175), dass eine Vertragsbestimmung, etwaige Vertragsänderungen müssen schriftlich abgefasst sein, durch bloß mündliche Abrede, sogar durch schlüssiges Verhalten außer Kraft gesetzt werden könne."

Im Urteil heißt es, dass eine mündliche Änderung nur dann in Betracht komme, wenn jedenfalls zweifelsfrei eine auf Dauer wirkende Vertragsänderung gewollt gewesen sei und nicht nur ein Entgegenkommen einer Partei vorliege. Die Beweiserfordernisse hierfür „seien nicht gering zu stellen".

---

50 ROLG 24, 355.

51 HRR 1940 Nr. 349.

52 RG, DR 1943, 487.

53 Dies mag an der in der Literatur von Wassertrüdinger, JR 1928, 82 und Roquette, DR 1940, 961 geäußerten Kritik liegen.

II. Rechtsprechung nach 1945

Diese Entscheidung entging dem *BGH*[54], der sich der Problematik erstmals 1962[55] zuwandte und ohne Begründung die Aufhebung einer einfachen Schriftformklausel durch spätere mündliche Vereinbarungen zuließ. Mit fehlerhaftem Rückgriff auf die Entscheidung des RG von 1919,[56] entschied er:

> „Ist deshalb, wie hier, in einem Mietvertrag vereinbart, dass Änderungen und Ergänzungen der Schriftform bedürfen, so können mündliche Änderungen dennoch wirksam sein, wenn nur die Parteien die Maßgeblichkeit der mündlichen Vereinbarung übereinstimmend gewollt haben, wenn sie also darüber einig waren, dass für ihre vertraglichen Beziehungen neben dem Urkundeninhalt auch eine bestimmte mündliche Abrede maßgebend sein soll (RGZ 95, 175)."[57]

1964 führte der *BGH*[58] diese Rechtsprechung fort, indem er entschied, dass eine konkludente Aufhebung auch dann vorliege, wenn die Parteien an die Formklausel gar nicht gedacht haben.[59] Das Urteil lautet:

> „Wenn die Parteien sich durch die Vereinbarung einer im Gesetz nicht vorgeschriebenen Schriftform gebunden haben, so kann diese Bindung nur bestehen bleiben, solange und soweit sie keinen anderen Willen zum Ausdruck bringen. Der Revision ist zuzugeben, dass damit der Zweck der Klausel ...häufig nicht erreicht wird. Das liegt aber daran, dass die Parteien selbst übereinstimmend von der Beobachtung der gesetzlich nicht vorgeschriebenen Form, über die sie allein zu bestimmen haben, absehen. ... Dass die Parteien an den § 8 des Vertrags bei ihrer mündlichen Abmachung nicht gedacht haben, schließt deren Wirksamkeit nicht aus."[60]

Diese Ausführungen lassen darauf schließen, dass lediglich ein Neuregelungswille der Parteien notwendig ist und eine vorherige Aufhebung der Schriftform-

---

54 Gesehen hat sie der 7. Zivilsenat in BGH NJW 1965, 293 (293), der vom RG entschiedene Fall habe allerdings nur „mündlich gemachte vorübergehende Zugeständnisse ohne Bindung für die Zukunft" zum Gegenstand gehabt.

55 BGH NJW 1962, 1908 f.

56 Hierzu oben Kap. 1 B I.

57 BGH NJW 1962, 1908 (1908). Diese Formel wurde in mehreren Entscheidungen aufgegriffen, siehe beispielsweise BGH WM 1966, 1200.

58 BGH NJW 1965, 293.

59 Ebenso BGH NJW 1965, 293; BGH JZ 1967, 287; WM 1974, 105; NJW 1975, 1653.

60 BGH WM 1965, 175 (175). Dem folgend BGH WM 1966, 1335 (1336); BGH WM 1974, 105; BGH WM 1982, 902; BGH NJOZ 2002, 833 (834); BAG NZA 1988, 425 (426); BAG NZA 1989, 797 (798); BAG NJW 2003, 3725 (3727); OLG Frankfurt MDR 1975, 488 (488).

klausel nicht erforderlich ist.[61] Für die Notwendigkeit eines sich zumindest konkludent manifestierenden Aufhebungswillens spricht die jüngere Rechtsprechung des *BGH*[62] und *BFH*[63].

Um dem Sinn und Zweck von Schriftformklauseln dennoch gerecht zu werden, wurden an den Beweis der mündlichen Abrede erhöhte Anforderungen gestellt. In einem Urteil von 1969 führt der *BGH*[64] aus:

> „Haben die Parteien Schriftform vereinbart, so ist bei der Prüfung, ob nur mündlich Besprochenes gleichwohl Gültigkeit haben soll …, besondere Zurückhaltung geboten. Das die formlose Abrede gelten soll, muss klar erkennbar sein, wenn nicht der Zweck der Schriftformvereinbarungen völlig ausgehöhlt werden soll.“[65]

Verunsichert durch die Rechtsprechung zur Wirksamkeit mündlicher Abreden trotz Schriftformklausel begannen Vertragsparteien in der Praxis, qualifizierte Schriftformklauseln in ihre Verträge aufzunehmen. Das erste Urteil hierzu erging durch das *OLG Frankfurt*[66]. Selbiges hatte entschieden, dass zwar an der bisherigen Rechtsprechung für die Regelfälle festgehalten werde, etwas anderes jedoch dann gelte, wenn die Parteien neben der Klausel noch einen zusätzlichen ausdrücklichen Verzicht auf die Geltendmachung mündlicher Nebenabreden in einem Individualvertrag vereinbarten. Auch der 8. Zivilsenat des *BGH* entschied sich 1976 für die Unwirksamkeit mündlicher Abreden bei qualifizierter Schriftformklausel.[67] In dem vorliegenden Fall hatten Kaufleute einen Mietvertrag mit einer qualifizierten Schriftformklausel geschlossen.[68] Nach Abschluss des Mietvertrags teilte die eine Mietpartei der anderen mit, sie wolle das in einem Gespräch mündlich unterbreitete Angebot des Vermieters annehmen und auf die Eröffnung des Warenhauses verzichten. Der Vermieter erklärte daraufhin, dass ein solches Angebot nicht unterbreitet worden sei und berief sich zudem auf die

---

61 So auch Medicus, Allgemeiner Teil des BGB, 9. Aufl., Rn. 643.

62 BGH NJW 1976, 1395; BGHZ 71, 162 (164); BB 1981, 266 (267); Bei qualifizierten Schriftformklauseln BGH NJW-RR 1991, 1289 (1290).

63 NJW 1997, 1327 (1328).

64 WM 1970, 93 (94).

65 Dieses Erfordernis stellt auch bereits das RG, DR 1943, 487 auf, indem es verlangt, dass „die Absicht einer dauernd wirksamen Vertragsänderung … wirklich klar und zweifelsfrei“ zum Ausdruck kommen muss.

66 MDR 1975, 488.

67 BGH DB 1976, 1328; siehe hierzu auch Reinicke, DB 1976, 2289.

68 Die Klausel lautet: „Jede Änderung oder Ergänzung dieses Vertrages oder eine Vereinbarung über dessen Aufhebung bedarf, um Gültigkeit zu erlangen, der Schriftform. Auf das Formerfordernis kann nur durch schriftliche Erklärung verzichtet werden.“

vereinbarte Schriftformklausel. Der 8. Senat gab der Klage des Vermieters auf Zahlung des Mietzinses statt und entschied, dass eine qualifizierte Schriftformklausel zeige, dass die Vertragsschließenden auf Sicherheit gerade entscheidenden Wert legten. Eine solche Bindung an starre Formen sei - insbesondere im kaufmännischen Verkehr - durch die Vertragsfreiheit gedeckt. Ferner verdiene die Klausel strikte Beachtung, weil sie ersichtlich den einzigen Zweck habe, die Aushöhlung der Schriftformvereinbarung durch Bindung der Vertragspartner an mündliche Erklärungen oder gar an schlüssiges Verhalten unmöglich zu machen. Diesem Urteil folgte der 12. Zivilsenat des *OLG Koblenz* im Jahre 2004. Auch hier handelt es sich um einen unter Kaufleuten geschlossenen Vertrag, diesmal einen Pachtvertrag. Mit Verweis auf die vorgenannte Entscheidung entschied das Gericht:

> „Bei der Annahme, eine qualifizierte Schriftformklausel sei einvernehmlich formfrei aufgehoben worden, ist besondere Zurückhaltung geboten. Daß die formfreie Absprache gelten soll, muss klar erkennbar sein, wenn nicht der Zweck der Schriftformvereinbarung, immer Klarheit über den Vertragsinhalt zu haben, völlig ausgehöhlt werden soll (vgl. BGHZ 66, 378 [381]).“[69]

Auch das eingangs zitierte[70] Urteil des *KG* aus dem Jahre 2005 erklärt mündliche Änderungen bei qualifizierter Schriftformklausel unter Kaufleuten für unwirksam.[71] Der 9. Senat des *BAG* hat diese Rechtsprechung auch auf Nichtkaufleute erstreckt und im Jahre 2003 entschieden, dass eine „doppelte“ (also qualifizierte) Schriftformklausel in einem Arbeitsvertrag sogar der Entstehung einer betrieblichen Übung entgegen stehe.[72]

III. Zusammenfassung

Die Rechtsprechung ging von Anfang an davon aus, dass mündliche Änderungen trotz einer vereinbarten Schriftformklausel wirksam sind. Bereits das erste nach Inkrafttreten des BGB ergangene Urteil[73] spricht den Parteien die Möglichkeit ab, sich an eine Schriftformklausel zu binden, weil sie sich „nicht die

---

69 NJOZ 2005, 2919 (2923).

70 Oben Kap 1 B II.

71 NZM 2005, 908 (909); zum Erfordernis der vorherigen Aufhebung einer qualifizierten Schriftformklausel BGH NJW-RR 1991, 1289 (1290).

72 BAG NZA 2003, 1145 (1147); a.A. zu einfachen Schriftformklauseln BAG NZA 1988, 425 (426 f.). Vertiefend hierzu Roloff NZA 2004, 1191 ff.; Hromadka, DB 2004, 1261 ff.

73 Bay ObLG, Recht 1903, 359 Nr. 1942, hierzu ausführlich oben Kap 1 B I.

Möglichkeit nehmen [könnten], eine den gesetzlichen Erfordernissen entsprechende neue Vereinbarung ohne Beachtung der früheren rechtswirksam zu treffen“. Angedeutet wird hier ein Problem, das im Folgenden genauerer Betrachtung bedarf.[74] Denn das Gericht bringt zum Ausdruck, dass den Vertragsparteien nicht die Möglichkeit zusteht, ihre privatautonomen Gestaltungsmöglichkeiten für die Zukunft durch Vereinbarung einer Schriftformklausel einzuschränken. Darüber hinaus ist das Gericht der Ansicht, dass die Parteien die Schriftformklausel bereits dann „außer Kraft setzen“, wenn nur die „Ernstlichkeit des Willens“ deutlich wird. Der Wille der Parteien spielt mithin eine zentrale Rolle für die Frage, ob eine nachträgliche mündliche Änderung wirksam ist oder nicht. Auf dieselben Argumente wird auch das nächste Urteil gestützt,[75] dass jedoch zudem die stillschweigende „Außerkraftsetzung“ einer Schriftformklausel für möglich erachtet, wenn „die Parteien hierüber einig geworden sind.“ Die Rechtsprechung nimmt mithin unproblematisch die konkludente Aufhebung einer Schriftformklausel durch eine mündliche Änderung an.[76] In diesem Sinne entscheidet sich dann auch das *RG*,[77] dass 1910 den Grundstein für die Rechtsprechung bis zum heutigen Tage legte: die Parteien können mittels einer auch stillschweigend möglichen Aufhebung der Schriftformklausel Verträge mündlich wirksam ändern.

Der *BGH* übernimmt mit Verweis auf das Reichsgericht dessen Rechtsprechung zu einfachen Schriftformklauseln und weitet sie noch dahingehend aus, dass die Parteien auch dann wirksame mündliche Vertragsänderungen vornehmen können, wenn sie an die Schriftformklausel nicht einmal gedacht haben. Eine von den Parteien vereinbarte gewillkürte Formbindung steht also im Ergebnis der Gültigkeit einer formlosen Abrede praktisch nie im Wege. Der formlose Abschluss ist immer auch als konkludente Außerkraftsetzung der Formvereinbarung zu werten, sofern erkennbar ist, dass die Parteien übereinstimmend die Maßgeblichkeit des formlos Vereinbarten gewollt haben. So kehrt die Rechtsprechung die Regel des § 125 S. 2 BGB in ihr Gegenteil um, da der „Mangel der durch Rechtsgeschäft bestimmten Form“ keineswegs die Nichtigkeit der mündlichen Vereinbarung nach sich zieht. Der *BGH* deutet § 125 S. 2 BGB folglich anders, als der Gesetzgeber ursprünglich beabsichtigt hatte. In einem Urteil des *BGH* heißt es, die Worte „im Zweifel“ in § 125 S. 2 BGB bedeuteten

---

74 Siehe unten Kap. 1 C III.

75 OLG Dresden, ROLG 14, 26, hierzu ausführlich oben Kap 1 B I.

76 Hierzu ausführlich in Kap. 4.

77 RG JW 1911, 1915, hierzu oben Kap 1 B I.

„wenn nicht die Parteien bei Abschluß der formlosen Abrede die Formvereinbarung zumindest für diesen Fall aufheben wollten".[78] Der Gesetzgeber ging aber davon aus, dass die Nichtigkeitsfolge dann eintritt, wenn die Parteien nicht bei Vereinbarung der Schriftformklausel eine andere Sanktion als die der Nichtigkeit gewollt haben (bspw. deklaratorische Form).[79] Dies geht eindeutig aus den Motiven hervor, in denen es heißt:

> „Vereinbaren die Parteien für ein Rechtsgeschäft, dessen Errichtung nach dem Gesetz formfrei ist, die Beobachtung einer Form, so kann dies ebensowohl die Bedeutung haben, daß die Gültigkeit des Rechtsgeschäfts von der Einhaltung der Form abhängen, als die, daß in und mit der Form nur ein Beweismittel für das Zustandekommen des Rechtsgeschäfts geschaffen werden solle. Für den Fall, daß hierüber im Einzelfalle Zweifel bestehen, erscheint es angemessen, eine Auslegungsregel dahin aufzustellen, daß die Gültigkeit des Rechtsgeschäftes als durch die Beobachtung der Form bedingt anzusehen sei."[80]

Seinem Unbehagen gegenüber der Konsequenz, dass „der Zweck der Schriftklausel, ..., häufig nicht erreicht wird"[81], versucht der *BGH* dadurch entgegenzuwirken, dass die mündliche Vereinbarung nur dann gelte, wenn sie als maßgeblich gewollt[82] sei oder der Parteiwille „klar erkennbar"[83] sei oder „zweifelsfrei zum Ausdruck kommen" müsse[84]. Dabei übersieht er, dass diese Voraussetzungen doch für jede vertragliche Einigung vorliegen müssen.[85] Jedoch gelingt es dem *BGH* auf diese Weise, den (Beweis-)zwecken, die die Parteien durch Einführung der Klausel verfolgt haben, zumindest bedingt doch noch Rechnung zu tragen. Denn die hohen Anforderungen die der *BGH* an den Beweis der mündlichen Änderung stellt, führen dazu, dass eine Vertragsänderung nicht vor Gericht durchgesetzt werden kann, wenn sie nicht tatsächlich erfolgt ist. Einzig

---

78 BGH NJW 1962, 1908.

79 So auch Böhm, AcP 1979, 425 (430 Fn. 42); Enneccerus/Nipperdey, Allgemeiner Teil des Bürgerlichen Rechts, Zweiter Halbband, 15. Aufl. 1960; 972; Wassertrüdinger, JR 1928, 82 (83); Meyer, Wirksamkeit mündlicher Abreden trotz vereinbarter konstitutiver Schriftform, 28; ähnlich Eisner, NJW 1969, 118 (119); wie die Rechtsprechung Rutkowski, Gewillkürte Schriftform, 58.

80 Mugdan, Motive, Band 1, S. 452.

81 BGH NJW 1965, 293 (293).

82 BGH NJW 1962, 1908; 1965, 293; BGH WM 1974, 105.

83 BGH NJW 1976, 1395.

84 BGH NJW 1968, 32.

85 Ähnlich Eisner, NJW 1969, 118 (119); Böhm, AcP 1979, 425 (431).

für Verträge, in denen qualifizierte Schriftformklauseln vereinbart sind, verneint der *BGH* die Wirksamkeit lediglich mündlich getroffener Vertragsänderungen. Nach der Rechtsprechung ist es den Parteien mithin unmöglich, den mit einer Schriftformklausel verfolgten Zweck[86] – stets Klarheit über den genauen Vertragsinhalt zu haben – zu erreichen. Vielmehr läuft die Rechtsprechung des *BGH* diesem Interesse zuwider, was der *BGH* sogar verschiedentlich zugegeben[87] hat. Denn wenn sich die Vertragsparteien jederzeit wirksam mündlich über Vertragsänderungen einigen können und gleichzeitig konkludent die Schriftformklausel abändern, wird die ursprünglich vereinbarte Schriftformklausel geradezu obsolet. Sie zeigt keinerlei Wirkung und könnte somit genauso gut unterbleiben.[88]

C. Schriftformklauseln in der Literatur

I. Die frühe Literatur zum BGB

Im Hinblick auf einen Hinweis in den Motiven[89] wenig überraschend, äußern in der frühen Literatur zum BGB viele Autoren, dass grundsätzlich gewillkürte Formabreden jederzeit durch Parteiwillen wieder aufgehoben werden können und es für eine solche Aufhebung einer besonderen Form nicht bedürfe. Eine Formvorschrift könne auch durch konkludente Handlungen wieder „beiseite geschoben werden“,[90] mithin stillschweigend erfolgen[91]. Solche Stimmen, die

---

86 Zum Sinn und Zweck von Schriftformklauseln ausführlich sogleich unter C. II. 2. c) bb).

87 BGH NJW 1965, 293.

88 So auch Böhm, AcP 1979, 425 (428).

89 Mugdan, Motive, Band 1, 453: „... wie es in ihrem Belieben steht, die Form zu bestimmen, so können sie [die Parteien] diese Bestimmung wieder aufheben.“

90 Loewe, Die Form der Rechtsgeschäfte im Bürgerlichen Gesetzbuch, 1899, 82. Auch bei Düringer/Hachenburg, Das Handelsgesetzbuch, 2. Aufl. 1910, findet sich, dass die Abrede einer Form für ein Rechtsgeschäft jederzeit durch Parteiwillen wieder beseitigt werden könne. Während die gesetzliche Formvorschrift der Disposition der Parteien entzogen sei, könnten die Parteien ihre eigene Vorschrift auch selbst wieder aufheben. Dies könne auch stillschweigend geschehen. So auch Rehbein, Das Bürgerliche Gesetzbuch, I Band Allgemeiner Theil, 1899, 160: „Greift der Satz 2 § 125 durch, so kann auch hier Erfüllung das nichtige Geschäft nicht gültig machen, wenn nicht anzunehmen ist, dass die Parteien die Abrede ausdrücklich oder stillschweigend aufgehoben haben, was ihnen zweifellos zusteht.“ Endemann, Einführung in das Studium des Bürgerlichen Gesetzbuchs, 1899, 274.

91 Goldmann/Lilienthal, Das Bürgerliche Gesetzbuch, Band I, 2 Aufl. 1903, 156. „Das

schlüssiges Verhalten nicht genügen lassen, „wenn eine Form (§ 125) ... erfordert wird“[92], sind einzelne geblieben.

Aus der damaligen Literatur zum Bürgerlichen Gesetzbuch ergibt sich dabei eindeutig, dass Schriftformklauseln bereits um 1900 gängiger Weise vereinbart wurden. Bereits im Jahre 1903 findet sich bei *Planck* der Hinweis, dass gewillkürte Schriftform von Vertragsparteien vereinbart werde, so dass „gewisse von den Parteien ... in Zukunft vorzunehmende Rechtsgeschäfte, z.B. eine Änderung des Vertrages, ... an die Beobachtung der Form gebunden sein soll“.[93] Selbiges ergibt sich auch aus den Äußerungen *Heilfrons* (1904):

> „Meist findet sich in den formularmäßigen Mietverträgen auch der Vermerk, dass später getroffene Vereinbarungen zu ihrer Gültigkeit der Schriftform bedürfen.“[94]

Auch in Gesellschaftsverträgen war es bereits üblich, Schriftformklauseln zu vereinbaren.[95]

Bereits um die Jahrhundertwende wurde die Auffassung vertreten, die formlose Änderung eines Vertrags mit Schriftformklausel sei wirksam.[96] Selbst wenn sich die Parteien für Vertragsänderungen an eine Form gebunden hätten, seien sie dennoch jederzeit in der Lage, dieses Formerfordernis, dass lediglich auf ihrem freien Willensentschluss beruhe, formlos, auch stillschweigend aufzuheben.[97] Eine solche stillschweigende Aufhebung des Formerfordernisses könne

---

durch Rechtsgeschäft bestimmte Formerfordernis kann durch ein neues Rechtsgeschäft wieder beseitigt werden. Die Beseitigung kann auch stillschweigend erfolgen.“; Tauber, Gruchot 49 (1905), 228 (232).

92 Fischer/Henle, Bürgerliches Gesetzbuch, 1902, 63.

93 Planck, Bürgerliches Gesetzbuch, Band I, 3. Aufl. 1903, 227.

94 Heilfron, Lehrbuch des Bürgerlichen Rechts, 1904, 512 Fn. 7a); ebenso Danz, Die Auslegung der Rechtsgeschäfte, 1906, 198.

95 Düringer/Hachenburg, Das Handelsgesetzbuch, 2. Auflage 1910, 32: „Für die in Gesellschaftsverträgen und ähnlichen eingehend geregelten Kontrakten sich findende Klausel: „Jede Abänderung bedarf der schriftlichen Form“ ist daher die Eigenschaft als Formvorschrift anzunehmen. ... Die ohne diese Form abgegebene Erklärung ist ohne Wirkung.“

96 Loewe, Die Form der Rechtsgeschäfte im Bürgerlichen Gesetzbuch, 1899, 82 f.; Gareis Der Allgemeine Theil des Bürgerlichen Gesetzbuchs, 1900, § 125 Anm.3; Tauber Gruchot 49 (1905), 228 (233 ff.); Windscheid/Kipp Lehrbuch des Pandektenrechts, 1906, Band II, § 310 4a und 5, S. 276; Danz, Die Auslegung der Rechtsgeschäfte, 1906, 198.

97 Beitzen, Abänderung und Aufhebung formbedürftiger Verträge, 29; Danz, Die Auslegung der Rechtsgeschäfte, 1906, 198.

auch in der formlosen Abänderung selbst liegen.[98] Wenn in zweifelsfreier Weise festgestellt werden könne, dass der übereinstimmende und ernstliche Wille der Beteiligten bei der formlos vereinbarten Änderung des Vertrags darauf gerichtet gewesen sei, dass die Änderung trotz des Mangels der Schriftform Geltung haben solle, sei die mündliche Änderung wirksam.[99] Denn es sei nicht davon auszugehen, „daß die Parteien der von ihnen selbst ohne gesetzlichen Zwang nur im eigenen Interesse errichteten Formschranke ein so großes Gewicht haben beilegen wollen, daß es ihrem gemeinschaftlichen ernstlichen Willensentschlusse nicht möglich sein sollte, sich über diese Formschranke hinwegzusetzen und sie zu beseitigen."[100]

Andere Autoren sind etwas zurückhaltender und nehmen an, dass die Parteien die Schriftformklausel durch eine neue mündliche Vereinbarung zumindest für den fraglichen Fall haben beseitigen wollen.[101] *Gareis* hält es zwar für möglich, dass der Wille der Parteien darauf gerichtet gewesen sei, die vorangehende Formverabredung wieder aufzuheben. Der Richter müsse jedoch prüfen, ob die Auslegungsregel des § 125 S. 2 BGB Platz greife.[102] Demgegenüber schränkt *Loewe* die Möglichkeit, die Schriftformklausel auch konkludent wieder aufzuheben, in den Fällen ein, in denen die Parteien mit der Vereinbarung der gewillkürten Form denselben Zweck erreichen wollten wie durch gesetzliche Formvorschriften. Die Folgen der Nichtbeachtung seinen in diesem Fall auch die gleichen. Dies gelte auch dann, wenn die Parteien für weitere an das ursprüngliche Rechtsgeschäft anknüpfende Willenserklärungen Formvorschriften getroffen haben (z.B. für Kündigung oder Verlängerung des Vertrages).[103]

Im Gegensatz dazu geht *Wolf* davon aus, dass bei rechtsgeschäftlicher Vereinbarung einer Form selbige von den Vertragsparteien jederzeit auch formlos wieder aufgehoben werden könne[104] und fährt fort, dass eine solche Aufhebung unter besonderen Umständen schon in der formlosen Vornahme des formbedürf-

---

98 Beitzen, Abänderung und Aufhebung formbedürftiger Verträge, 29; ähnlich Gareis, Der Allgemeine Theil des Bürgerlichen Gesetzbuchs, 1900, § 125 Anm. 3 b); Danz, Die Auslegung der Rechtsgeschäfte, 1906, 198.

99 Tauber, Gruchot 49 (1905), 228 (234); ähnlich Danz, Die Auslegung der Rechtsgeschäfte, 1906, 198.

100 Beitzen, Abänderung und Aufhebung formbedürftiger Verträge, 1909, 30.

101 So beispielsweise Heilfron, Lehrbuch des Bürgerlichen Rehts, 1904, 512 Fn. 7a).

102 Gareis, Der Allgemeine Theil des Bürgerlichen Gesetzbuchs, 1900, 153.

103 Loewe, Die Form der Rechtsgeschäfte im Bürgerlichen Gesetzbuch, 1899, 82.

104 Wolf, Das Bürgerliche Gesetzbuch unter Berücksichtigung der gesamten Rechtsprechung der oberen Gerichte des Deutschen Reichs, 1908, 26.

tigen Rechtsgeschäft zu sehen sei[105], zumindest jedoch in dem Vollzug des formlos vorgenommenen Rechtsgeschäfts[106].

Diese Ansicht hält sich in der Literatur der folgenden Jahrzehnte hartnäckig.[107] *Heldrich* vertritt selbige Ansicht sogar für qualifizierte Schriftformklauseln.[108] Es melden sich jedoch auch erste Stimmen, die Schriftformklauseln für wirksam und mündliche Änderungen für unwirksam halten.[109] Es reiche nicht aus, die Gültigkeit einer Abrede damit zu begründen, dass eine stillschweigende Aufhebung stattgefunden habe. Denn dann würde der rechtsgeschäftlichen Vereinbarung einer Form, die § 125 BGB doch ausdrücklich als wirksam vorsehe, nicht die mindeste Bedeutung zukommen.

> „Das kann unmöglich richtig sein … den Parteien darf … eine Aufhebung nicht unterstellt werden, an die beide oder wenigstens eine von ihnen gar nicht gedacht hat."[110]

Andernfalls werde der Zweck von Formbindungsklauseln nicht erreicht.[111]

II. Literatur nach den ersten *BGH* Entscheidungen

Seit der ersten Entscheidung des *BGH* zur Wirksamkeit mündlicher Abreden ist eine durchaus beachtliche Menge an Literatur erschienen, die die Recht-

---

105 Mit Verweis auf OLG 14, 26.

106 Mit Verweis auf Bay OBLG 03, 468.

107 Heldrich, AcP 1941, 89 (126): „Ähnlich ist es, wenn ein Vertrag vorsieht, dass Änderungen nur schriftlich erfolgen können, später aber mündlich eine Änderung vorgenommen wird. Ist nachweisbar, daß die Parteien sich dadurch binden wollen, so ergibt sich aus ihrem Verhalten dass sie für diese Änderung die Formabrede außer Kraft gesetzt haben."; Warneyer, Kommentar zum Bürgerlichen Gesetzbuch für das Deutsche Reich, Bd. 1, 1923, § 125 II, 199; Berner, Die durch Rechtsgeschäft bestimmte Form, 1940, 56 f.

108 Heldrich, AcP 147, 89 (126 f.): „Auch eine Bestimmung in einem Vertrag, dass Änderungen der Schriftform bedürfen und dass diese Bestimmung nur schriftlich aufgehoben werden kann, vermag daran nichts zu ändern. Es bestehen dann im Grunde zwei Formabreden, eine die sich auf Änderungen des Vertrages, und eine, die sich auf die Aufhebung der ersten Abrede bezieht. Auch diese zweite Formabrede kann natürlich wieder formlos aufgehoben werden, und damit kann auch die erste formlos beseitigt werden. Die Parteien können mit anderen Worten einen Formzwang nicht zwingend vorschreiben."

109 Wassertrüdinger, JR 1928, 82 (84); Roquette, DR 1940, 961 (962).

110 Wassertrüdinger, JR 1928, 82 (84).

111 Roquette, DR 1940, 961 (962).

sprechung jedoch keineswegs beeinflusst hat. Selbst nach den Anfang der Neunziger Jahre erschienenen Dissertationen von *Geldsetzer*[112] und *Breitling*[113], die nach rechtsvergleichenden Darstellungen ein Umdenken der Gerichte fordern,[114] hat sich die Rechtsprechung nicht mit der teils konträren Literatur befasst.[115]

Einigkeit besteht unter den Autoren darüber, dass sich die Vertragsparteien von ihrer privatautonom geschaffenen Bindung an eine Form später auf rechtsgeschäftlichem Weg wieder lösen können.[116] Streitig ist jedoch zum einen, ob die Schriftformklausel im Falle einer mündlichen Änderung des Vertrags zuvor aufgehoben werden muss und zum anderen, welche Voraussetzungen an die Aufhebung einer gewillkürten Formvorschrift zu stellen sind.

1. Erfordernis der Aufhebung der Schriftformklausel

Einige Autoren, ihr prominentester Vertreter ist *Flume*[117], gehen davon aus, dass die Wirksamkeit der mündlichen Änderung eines Vertrags eine vorherige Aufhebung der Schriftformklausel nicht voraussetzt.[118] *Flume* begründet dies damit,

---

112 Geldsetzer, Einvernehmliche Änderung und Aufhebung von Verträgen, Eine rechtsvergleichende Darstellung des deutschen, des amerikanischen und des Einheitskaufrechts, 1993.

113 Breitling, Bedeutung und Wirkung von Schriftformklauseln, Eine Untersuchung mit Bezug auf Individualvereinbarungen und Allgemeine Geschäftsbedingungen unter Einbeziehung des schweizerischen Rechts, des amerikanischen UCC sowie des UN-Kaufrechts.

114 Breitling, Bedeutung und Wirkung von Schriftformklauseln, S. 254: „Die deutsche und schweizerische Rechtsprechung sollten letztere Rechtslage zum Anlaß nehmen, ihre Praxis hinsichtlich Bedeutung und Wirkung von Schriftformklausel im nationalen deutschen bzw. schweizerischen Recht zu überdenken und – so die Empfehlung aufgrund der Ergebnisse vorliegender Arbeit – zu korrigieren."

115 Eisner äußert bereits 1969 dass es zu begrüßen sei, „wenn der BGH Gelegenheit fände, die einschlägigen Rechtsfragen nochmals zu überprüfen", NJW 1969, 118 (122).

116 So Böhm, AcP 1979, 425 (437); Kliemt, Formerfordernisse im Arbeitsverhältnis, 451; Körnig, Schriftformklausel und mündliche Abreden, 58; Larenz, Allgemeiner Teil des Bürgerlichen Rechts, 1997, § 27 Rn. 61; Meyer, Wirksamkeit mündlicher Abreden trotz konstitutiver Schriftformklausel, 21; Reiling, JA 2000, 866 (869); Reinicke, Rechtsfolgen formwidrig abgeschlossener Verträge, 154; Tiedtke, MDR 1976, 367 (367); Schmidt-Salzer, NJW 1968, 1258 (1258); Häsemeyer, Die gesetzliche Form der Rechtsgeschäfte, 207.

117 Flume, Allgemeiner Teil II, § 15 III 2.

118 Rutkowski, Gewillkürte Schriftform, 50, 67, der die Schriftformklausel fälschlicherweise für eine zum Hauptvertrag selbständige Nebenabrede hält; Tiedtke, MDR 1976, 367

dass eine rechtsgeschäftliche Bindung der Parteien an eine Form deren privatautonome Gestaltungsmöglichkeiten nicht beschränken könne.[119] Dies verwundert vor dem Hintergrund des § 311 BGB. Die Schriftformklausel ist wie jede andere Klausel Bestandteil des ursprünglichen Vertrags.[120] Gemäß § 311 BGB (§ 305 a.F.) bedarf aber jede Änderung eines Vertrags ebenfalls eines Vertrags, somit bedarf auch die Aufhebung einer Schriftformklausel eines Vertrags.[121] Die von *Flume* vorgebrachte Begründung zeigt deutlich, dass er die Aufhebung der Schriftformklausel nur deshalb für entbehrlich hält, weil er es nicht für möglich hält, dass Vertragsparteien sich wirksam an eine Form binden können. Diese Frage ist jedoch losgelöst von der Frage der Notwendigkeit der Aufhebung einer Schriftformklausel zu beantworten.[122] Denn unter rechtsgeschäftlichen Gesichtspunkten besteht die Schriftformklausel mangels Aufhebung fort.[123]

Rutkowski[124] begründet seine Auffassung damit, dass die Parteien, soweit sie später mündliche Vereinbarungen treffen, zum Ausdruck brächten, dass sie diesen eine verbindliche Bedeutung beimessen wollen. Diese spätere mündliche Regelung müsse Vorrang vor der früheren Schriftformvereinbarung haben, denn die zeitlich jüngere mündliche Absprache manifestiere einen abweichenden Willen der Parteien. Die Zweifelsregelung des § 125 S. 2 BGB komme nicht zum Tragen, weil ein abweichender Wille der Geschäftspartner einwandfrei zu ermitteln sei. Es bedürfe daher weder einer ausdrücklichen noch einer konkludenten Aufhebung des gewillkürten Formzwangs. Wie bereits oben dargestellt geht auch Rutkowski von einem fehlerhaften Verständnis der Zweifelsregelung des § 125 S. 2 BGB aus, da er diese auf die mündliche Änderung und nicht auf die ursprüngliche Vereinbarung der Klausel anwendet.

Es ist daher zunächst festzuhalten, dass die Mehrheit der Autoren zu Recht eine Aufhebung der Schriftformklausel für erforderlich hält.

---

(367); Reinicke, DB 1976, 2289 (2289).

119 Flume, Allgemeiner Teil II, § 15 III 2. So auch Rutkowski, Gewillkürte Schriftform, 67.

120 a.A. Rutkowski, Gewillkürte Schriftform, 50, der die Schriftformklausel nur für eine selbständige Nebenabrede zum Vertrag hält.

121 So auch Breitling, 76 m.w.N.

122 Hierzu sogleich.

123 Ähnlich Schmidt-Salzer, NJW 1968, 1257 (1258).

124 Rutkowski, Gewillkürte Schriftform, 67.

2. Form der Aufhebung

Zu der Frage, in welcher Form diese Aufhebung zu erfolgen hat, werden in der Literatur drei verschiedene Ansichten vertreten. Einige fordern eine schriftliche Aufhebung der Schriftformklausel, andere halten eine stillschweigende Aufhebung für ausreichend, wobei innerhalb dieser Ansicht zwischen denjenigen, die eine stillschweigende Aufhebung der Schriftformklausel zulassen, selbst wenn die Parteien zum Zeitpunkt der mündlichen Änderung des Vertrags nicht an die Schriftformklausel gedacht haben,[125] und denjenigen, die stets einen Aufhebungswillen der Parteien voraussetzen[126] oder eine stillschweigende Aufhebung zumindest ausschließen, wenn sich die Parteien des Formerfordernisses nicht bewusst waren[127], zu unterscheiden ist.

a) Schriftliche Aufhebungsvereinbarung

Der Ansicht des *OLG Braunschweig* folgend vertreten einige Autoren, dass eine Schriftformklausel lediglich schriftlich von den Parteien wieder aufgehoben werden könne.[128] Eine wirksame mündliche Änderung des ursprünglichen Vertrags sei nur dann möglich, wenn die Schriftformklausel vorher schriftlich aufgehoben worden sei. Die Autoren stützen ihre Ansicht auf das Argument, dass die vertragsmäßige Aufhebung der Schriftformklausel für Änderungen und Er-

---

125 Flume, Allgemeiner Teil II, § 15 III 2; Palandt/Heinrichs, § 125 Rn. 19; Kliemt, Formerfordernisse im Arbeitsverhältnis, 465; Medicus, Bürgerliches Recht, Rn. 187a; Tiedtke, MDR 1976, 367 (367); Häsemeyer, Die gesetzliche Form der Rechtsgeschäfte, 207; Reinicke, DB 1976, 2289 (2289).

126 Boergen, BB 1971, 202 (204); Larenz/Wolf, Allgemeiner Teil, § 27 Rn. 61; Enneccerus-Nipperdey, Allgemeiner Teil des Bürgerlichen Rechts II (1960) 973; Rutkowski, Gewillkürte Schriftform, 68; v. Thur, Allgemeiner Teil des Deutschen Bürgerlichen Rechts II 1 (1914/1957), 530; Erman, Anm. zu BAG AP, § 127, Nr. 1, Blatt 3; Körnig, Schriftformklausel und mündliche Abreden, 74; Oertmann, Bürgerliches Gesetzbuch, Allgemeiner Teil, 3 Aufl., 1927, § 127 Anm. 4.

127 Erman, AP Nr. 1 zu § 127 BGB; Larenz, Allgemeiner Teil des Bürgerlichen Rechts, § 27, S. 530; Erman, AP Nr. 1 zu § 127 BGB; Körnig, Schriftformklausel und mündliche Abreden, 72 ff.; Lehmann-Hübner, Allg. Teil des BGB, 1966, 225; Schmidt-Salzer, NJW 1968, 1257 (1258); Wassertrüdinger, JR 1928, 82 (84); Enneccerus-Nipperdey, Allgemeiner Teil des Bürgerlichen Rechts II (1960) 973; v. Thur, Allg. Teil des Deutschen Bürgerlichen Rechts II 1 (1914), 530.

128 Böhm, AcP 179, 425 (442), der allerdings einige Ausnahmen zulässt; Eisner, NJW 1969, 118 (120 ff.); Oswald, ZMR 1960, 198 (199); Roquette, DR 1940, 961 (962). Ernst Wolf, Allg. Teil des bürgerlichen Rechts, 1976, 252.

gänzungen selbst eine Änderung des Vertrags darstelle und daher zur Wirksamkeit ihrerseits der Schriftform bedürfe.[129] Wenn sich die Kontrahenten vor formlosen Änderungen schützen wollten, dürfe ihnen eben nicht unterstellt werden, sie wollten sich nicht auch vor allzu leichter Beseitigung ihrer Formvereinbarung schützen.[130] Eine mündliche Aufhebung soll nur dann ausnahmsweise zulässig sein, wenn der Formzweck auch auf andere Weise als durch Einhaltung der Form erreicht werden kann.[131]

b) Stillschweigende Aufhebung

Der überwiegende Teil der Lehre billigt jedoch die Rechtsprechung und vertritt die Ansicht, dass eine einfache Schriftformabrede aufgehoben werden muss, diese Aufhebung jedoch auch stillschweigend erfolgen kann.[132]

Diejenigen, die eine stillschweigende Aufhebung der Schriftformklausel zulassen, selbst wenn die Parteien zum Zeitpunkt der mündlichen Änderung des Vertrags nicht an die Schriftformklausel gedacht haben,[133] verlangen lediglich, dass die Parteien übereinstimmend wollen, dass das mündlich Vereinbarte gilt. Denn die Bindung, der sich die Parteien durch Vereinbarung der nicht im Gesetz vorgeschriebenen Schriftform unterworfen haben, könne nur so lange und soweit bestehen bleiben, wie die Vertragsschließenden keinen anderen Willen zum Ausdruck gebracht haben.[134] Weiterhin wird vorgebracht, dass es kein schützenswertes Parteiinteresse gebe, das einer mündlichen, auch unbedachten, Aufhebung des Schriftformerfordernisses entgegenstünde. Es falle vielmehr in die Risikosphäre der jeweiligen Partei, wenn sie die Existenz der Schriftformklausel

---

129 Oswald, ZMR 1960, 198 (199).

130 Böhm, AcP 179, 425 (443); ähnlich Eisner, NJW 1969, 118 (120).

131 Böhm, AcP 179, 425 (443); Eisner, NJW 1969, 118 (121).

132 Berner, Die durch Rechtsgeschäft bestimmte Form, 1940, 54; Danz, Die Auslegung der Rechtsgeschäfte, 3 Aufl., 1911, 246; Kliemt, Formerfordernisse im Arbeitsverhältnis, 463; Kötz, JZ 1967, 287 (289); Larenz/Wolf, Allgemeiner Teil, § 27 Rn. 61; Medicus, Bürgerliches Recht, Rn. 187a; Meyer, Wirksamkeit mündlicher Abreden, 30 ff.; Rutkowski, Gewillkürte Schriftform, 63 ff.; Tiedtke, MDR 1976, 367 (368); Hueck, DB 1968, 1207 (1210).

133 Flume, Allgemeiner Teil II, § 15 III 2; Palandt/Heinrichs, § 125 Rn. 19; Kliemt, Formerfordernisse im Arbeitsverhältnis, 465; Medicus, Bürgerliches Recht, Rn. 187a; Tiedtke, MDR 1976, 367 (367); Häsemeyer, Die gesetzliche Form der Rechtsgeschäfte, 207; Reinicke, DB 1976, 2289 (2289).

134 Flume, Allgemeiner Teil II, § 15 III 2; Tiedtke, MDR 1976, 367 (367).

vergessen habe.[135] Diese Ansicht führt im Ergebnis dazu, dass gar keine Aufhebung der Schriftformklausel erforderlich ist, da die Parteien eine Schriftformklausel nicht aufheben, wenn sie nicht an diese gedacht haben. Daher gelten für diese Ansicht die in diesem Kapitel unter C. II 1. gemachten Ausführungen.

Diejenigen, die stets einen Aufhebungswillen der Parteien voraussetzen[136] oder eine stillschweigende Aufhebung zumindest ausschließen, wenn sich die Parteien des Formerfordernisses nicht bewusst waren,[137] fordern als subjektives Element einen klar und deutlich zum Ausdruck kommenden Aufhebungswillen der Parteien. Die Parteien müssen sich der getroffenen Formabrede bewusst sein und wollen, dass die mündliche Abrede ungeachtet der Schriftformklausel gelten soll.[138] Auch dieser Teil der Lehre stützt seine Argumentation auf die privatautonome Bindung der Parteien an eine gewillkürte Form.[139] Die Bindung, die die Parteien sich selbst auferlegt haben, wirke so lange fort, bis es zu einer Aufhebungsabrede bezüglich des Formzwangs gekommen sei. Da die Einigung über die Schriftform nicht formbedürftig sei, sei auch die Aufhebung der Schriftformklausel als ihr *actus contrarius* formfrei.[140] Weiterhin wird vorgebracht, dass die Schriftformklausel andernfalls leer liefe.[141]

---

135 Kliemt, Formerfordernisse im Arbeitsverhältnis, 465.

136 Boergen, BB 1971, 202 (204); Larenz/Wolf, Allgemeiner Teil, § 27 Rn. 61; Enneccerus-Nipperdey, Allgemeiner Teil des Bürgerlichen Rechts II (1960) 973; Rutkowski, Gewillkürte Schriftform, 68; v. Thur, Allgemeiner Teil des Deutschen Bürgerlichen Rechts II 1 (1914/1957), 530; Erman, Anm. zu BAG AP, § 127, Nr. 1, Blatt 3; Körnig, Schriftformklausel und mündliche Abreden, 74; Oertmann, Bürgerliches Gesetzbuch, Allgemeiner Teil, 3 Aufl., 1927, § 127 Anm. 4.

137 Erman, AP Nr. 1 zu § 127 BGB; Larenz, Allgemeiner Teil des Bürgerlichen Rechts, § 27, S. 530; Körnig, Schriftformklausel und mündliche Abreden, 72 ff.; Lehmann-Hübner, Allg. Teil des BGB, 1966, 225; Schmidt-Salzer, NJW 1968, 1257 (1258); Wassertrüdinger, JR 1928, 82 (84); Enneccerus-Nipperdey, Allgemeiner Teil des Bürgerlichen Rechts II (1960) 973; v. Thur, Allg. Teil des Deutschen Bürgerlichen Rechts II 1 (1914/1957), 530.

138 Larenz/Wolf, Allgemeiner Teil, § 27 Rn. 62; Erman, Anm. zu BAG v. 4.6.1963, AP Nr. 1 zu § 127 BGB; Schmidt-Salzer, NJW 1968, 1257 (1258); Wassertrüdinger, JR 1928, 82 (84); Körnig, Schriftformklausel und Mündliche Abreden, 71 ff.

139 Körnig, Schriftformklausel und mündliche Abreden, 1972, 74.

140 Schmidt-Salzer, NJW 1968, 1257 (1258).

141 Schmidt-Salzer, NJW 1968, 1257 (1258).

c) Das Problem der Auslegung der Schriftformklausel

Insbesondere die beiden letztgenannten Ansichten stützen sich primär auf die privatautonome Bindungsmöglichkeit der Parteien. Diese wird deshalb als „schlagkräftiges“ Argument vorgebracht, weil die Frage, ob sich eine Schriftformklausel selbst erfasst oder nicht, nicht beantwortet werden kann. Aus der Tatsache, dass die von den Parteien vereinbarte gewillkürte Form gemäß § 125 S. 2 BGB im Zweifel konstitutive Wirkung hat, folgt im Grunde, dass alle Änderungen des Vertrags zu ihrer Wirksamkeit der Schriftform bedürfen, mithin auch die Änderung der Klausel selbst. Die Frage, ob die Schriftformklausel auch sich selbst erfasst oder nur den restlichen Vertrag, ob also auch ihre eigene Aufhebung und die damit verbundene Vertragsänderung schriftlich erfolgen muss oder nicht, kann nicht beantwortet werden, denn die typischerweise vereinbarten Klauseln („Nachträgliche Änderungen und Ergänzungen dieses Vertrages gelten nur bei schriftlicher Vereinbarung“.[142]) schweigen hierzu grundsätzlich. Ihr Wortlaut ist nicht eindeutig. Folglich könnte diese Frage nur durch eine Auslegung der Schriftformklausel beantwortet werden.[143] Eine eindeutige Auslegung einer einfachen Schriftformklausel ist jedoch, wie sich im Folgenden zeigen wird, nicht möglich, weshalb auch die Frage, in welcher Form die Aufhebung zu erfolgen hat, nicht eindeutig beantwortet werden kann.

Die bei der Auslegung von Schriftformklauseln auftretenden Probleme liegen darin begründet, dass gemäß § 133 BGB bei der Auslegung einer Willenserklärung der wirkliche Wille der Parteien zu erforschen und nicht an dem buchstäblichen Sinne des Ausdrucks zu haften ist. Gemäß § 157 BGB sind Verträge zudem so auszulegen, wie Treu und Glauben mit Rücksicht auf die Verkehrssitte es erfordern. Eine Auslegung der gängigen Schriftformklauseln scheitert daran, dass der wirkliche Wille der Parteien zum Zeitpunkt des Vertragsschlusses nicht erforscht werden kann. Denn über die Frage, wie die Klausel wieder aufgehoben werden kann, machen sich die Parteien zum Zeitpunkt des Vertragsschlusses keine Gedanken. Vielmehr wollen sie lediglich sicherstellen, dass zukünftige Vertragsänderungen zur Beweissicherung und Inhaltsklarheit ausschließlich schriftlich erfolgen können. Im Nachhinein lässt sich nicht mehr feststellen, ob die Parteien sich lediglich vor beiläufigen Vertragsänderungen schützen wollten[144] und daher keine generelle „Erschwerung des Abschlusses künftiger Ver-

142 BGH NJW 1975, 1653.

143 So auch Wagner von Papp, AcP 2005, 342 (359).

144 So Schmidt-Salzer, NJW 1968, 1257 (1258).

einbarungen“ erreichen wollten,[145] die Klausel sich selbst mithin nicht erfassen sollte, oder ob die Schriftform auch für die Klausel selbst Geltung haben soll. Es ist schlicht beinahe immer so, dass Schriftformklauseln „zu ihrem eigenen Bestand, der Form ihrer Aufhebbarkeit, nichts sagen.“[146] Einzig bei qualifizierten Klauseln ist das Ergebnis der Auslegung eindeutig: sie erfassen sich selbst.[147] Daher ist der Rechtsprechung zu qualifizierten Schriftformklauseln auch im Ergebnis zuzustimmen. Dies verkennen jedoch diejenigen Autoren, die keinen Unterschied zwischen einer einfachen und einer qualifizierten Schriftformklausel erkennen können, und daher die Rechtsprechung ablehnen. Sie sind der Ansicht, dass der Wille, mündlich wirksame Nebenabreden zu treffen, gleichzeitig auch den Willen umfasse, die Schriftformklausel inklusive der Qualifikation aufzuheben.[148]

aa) Ansichten der Literatur

Für einen Teil der Literatur ergibt die Auslegung der Schriftformklausel jedoch, dass auch die Änderung der Klausel selbst eine Änderung des Vertrags darstellt und sie sich somit selbst erfasst.[149] Folglich könne auch eine Änderung der Schriftformklausel nur schriftlich erfolgen. Eine als konstitutiv gewollte Formklausel ergäbe kaum einen Sinn, wenn sie selbst und eine logische Sekunde später auch der übrige Vertrag formlos abbedungen werden könnte. Daher werde man davon ausgehen können, dass „sich ihre eigenen Vorgaben ohne weiteres auch auf das Abweichen von ihr selbst beziehen“.[150] *Eisner*[151] kommt über eine „wort- und sinngetreue Interpretation der Schriftformklausel“ zum gleichen Ergebnis. Ausnahmen müssten jedoch gemacht werden, wenn der Inhalt der mündlichen Vereinbarung nicht streitig oder der Vertrag bereits erfüllt sei.

Andere sind der Ansicht, dass die Schriftformklausel nur Änderungen des Vertrags erfasse, sie selbst jedoch auch mündlich oder konkludent abgeändert werden könne. Die Schriftformklausel werde „im Gegensatz zu den sonstigen

145 Schmidt-Salzer, NJW 1968, 1257 (1258).

146 Boergen, BB 1971, 202 (204).

147 A.A. im Ergebnis Reinicke, DB 1976, 2289 (2290).

148 Meyer, Wirksamkeit mündlicher Abreden trotz vereinbarter konstitutiver Schriftform, 41 f.; Rutkowski, Gewillkürte Schriftform, 42 ff.

149 So auch in MüKo/Einsele, § 125 Rn. 66; Hau, Vertragsanpassung und Anpassungsvertrag, 57.

150 So auch Wagner von Papp, AcP 2005, 342 (359); Hau, Vertragsanpassung und Anpassungsvertrag, 57.

151 Eisner, NJW 1969, 118 (121).

Vertragsbestimmungen, selbst von den durch sie gewährten Abänderungsbestimmungen nicht erfasst."[152]

bb) Auslegung der Klausel nach deren Sinn und Zweck

Auch eine Auslegung der Klausel von deren Sinn und Zweck her, führt nicht zu einem eindeutigen Ergebnis.

Grundsätzlich wollen die Parteien dieselben Wirkungen erzielen, die sie von der gesetzlichen Schriftform kennen: Sie beabsichtigen den Schutz vor dem „leichthin gesprochenen Wort"[153], Klarheit über den Inhalt ihres Geschäfts[154] und Beweissicherung. Von den bei der gesetzlichen Form anerkannten Zwecken der Form - Abschlussklarheit, Inhaltsklarheit, Beweissicherung, Übereilungsschutz, Erkennbarkeit für Dritte, fachmännische Beratung, Überwachung im Sinne des Gemeinschaftsinteresses sowie Erschwerung des Vertragsschlusses im Interesse der Gemeinschaft[155] – sind bei der gewillkürten Form jedoch lediglich Abschlussklarheit, Inhaltsklarheit, Beweissicherung und der Schutz vor Übereilung relevant.[156]

Meist ist es Hauptzweck einer Schriftformklausel, die Vertragsparteien vor Streitigkeiten über den Inhalt ihres geschlossenen Vertrages zu schützen. Die Parteien nehmen diese Klauseln in ihre Verträge auf, um zu verhindern, dass sie unachtsame oder unkluge mündliche Änderungen ihres Vertrages vornehmen und um zu verhindern, dass ihr Vertragspartner treuwidrig versucht, eine mündliche Änderung des Vertrages zu behaupten.[157] Streitigkeiten über behauptete

---

152 Schmidt-Salzer erlangt dieses Ergebnis mit einer den Parteiwillen zur Zeit der Vereinbarung der Formklausel zugrundelegenden, teleologischen Auslegung, NJW 1968, 1257 ff.

153 Boergen, BB 1971, 202 (203).

154 Kliemt, Formerfordernisse im Arbeitsverhältnis, 465.

155 siehe auch schon Loewe, Die Form der Rechtsgeschäfte im Bürgerlichen Gesetzbuch, 1899, 20: „ Die Form soll ... die Ernstlichkeit des Geschäftswillens außer Zweifel setzen, Besonnenheit und Überlegung vor und bei Abschluss des Rechtsgeschäftes herbeiführen, Zweideutigkeit in der Bezeichnung des gewollten Rechtsgeschäfts und im Ausdrucke des Willens verhindern, den Willen zu vollständigem Ausdruck bringen, das abgeschlossene Rechtsgeschäft gegen Bestreitung und seine Beweisbarkeit für die Zukunft sichern. Auch die Wahrung der Interessen Dritter, ... , ist vielfach der Zweck bestimmter Formen."

156 Heldrich, AcP 1941, 89 (90 f.); Kliemt, Formerfordernisse im Arbeitsverhältnis, 465; Roloff, NZA 2004, 1191 (1192).

157 Hillman, Art. 29 (2) of the United Nations Convention on Contracts for the International Sale of Goods: A New Effort at Clarifying the Legal Effect of "No Oral Modification"

nachträgliche mündliche Änderungen des schriftlich Vereinbarten sollen von vornherein vermieden werden,[158] sei es, das sie wegen der Unredlichkeit eines der Vertragspartner auftreten oder einfach, weil die Parteien ein schlechtes Gedächtnis haben oder Missverständnisse aufgetreten sind.[159] Insoweit dient die Vereinbarung von Schriftformklauseln also auch der Beweissicherung.[160] Ausgehend von diesen Zwecken lässt sich aber nicht begründen, ob auch die Aufhebung der Schriftformklausel selbst ausschließlich schriftlich erfolgen sollte oder nicht.

In der Literatur wird hierzu vorgebracht, dass die Zwecke einer Schriftformklausel nur erreicht werden könnten, wenn man stillschweigenden Änderungen des Vertrags und damit auch der Klausel selbst, die Wirksamkeit von vornherein abspreche. Der Zweck einer Schriftformklausel werde vereitelt, wenn eine mündliche Aufhebung der Schriftformklausel zugelassen werde:

> „Weil sich die Kontrahenten vor formlosem Abschluss schützen wollten, darf ihnen eben nicht unterstellt werden, sie wollten sich nicht auch vor allzu leichter Beseitigung ihrer Formvereinbarung zum Zwecke des formlosen Kontrahierens schützen."[161]

Auch *Meyer* will die Aufhebbarkeit der Klausel dann einschränken, wenn es Zweck der Klausel war, einen oder beide Vertragspartner vor übereilten Vertragsänderungen zu schützen.[162] Dieses Ergebnis wird jedoch für die Fälle eingeschränkt, in denen der Zweck der Schriftformklausel auch anders als durch Einhaltung der verabredeten Form erreicht werde oder wenn anderenfalls gegen Treu und Glauben verstoßen würde.[163]

Clauses, 21 Corn. Intern. Law Journal 1988, 449 (449).

158 Eisner, Die Schriftformklausel in der Praxis, 118 (119).

159 Boergen, Die Effektivität vertraglicher Schriftformklauseln, BB 1971, 202 (203).

160 Hromadka, DB 2004, 1261 (1261); Kliemt, Formerfordernisse im Arbeitsverhältnis, 465; Roloff, NZA 2004, 1191 (1192); Roquette, Formlose Aufhebung der Schriftformklausel bei Mietverträgen, DR 1940, 961 (962); Rutkowski, Gewillkürte Schriftform, 1978, 7. Siehe hierzu auch Oswald, ZMR 1960, 198 (200): „...so kommt es, wie derartige Prozesse erweisen, zu Beweisschwierigkeiten, denen der Richter so gut wie ohnmächtig gegenüber steht, denn in aller Regel werden Angehörige der Prozeßparteien als Zeugen aufgeboten, von denen die einen schwarz sagen, die anderen weiß..."

161 Böhm, AcP 1979, 425 (443).

162 Meyer, Wirksamkeit mündlicher Abreden trotz vereinbarter konstitutiver Schriftform, S. 36 f.

163 Böhm, AcP 179 (1979), 425 (443).

Kötz[164] hingegen ist zwar der Ansicht, dass für die Frage, unter welchen Voraussetzungen eine stillschweigende Aufhebung möglich sein solle, der Zweck maßgeblich sei, den die Parteien mit der Vereinbarung verfolgt haben. Eine stillschweigende Aufhebung der Klausel könne in der mündlichen Vertragsänderung jedoch immer schon dann gesehen werden, wenn „konkrete Umstände vorgetragen sind, aus denen sich entnehmen lässt, dass die Parteien bei Abschluss der Änderungsvereinbarung keinen Wert mehr auf den Schutz gelegt haben, den sie durch die Aufnahme der Schriftformklausel in den Vertrag ursprünglich für sich anstrebten." Denkbar sei es etwa, dass für den durch die Änderungsvereinbarungen geregelten Punkt ein Schutz gegen Übereilung nach der Sachlage nicht in Betracht komme.[165] Auch *Körnig* vertritt die Ansicht, dass auch durch eine konkludente Aufhebung der Formklausel der Sinn und Zweck von Schriftformklauseln gewahrt bleibe, da so dem autonomen Parteiwillen Rechnung getragen werde.[166]

Eine zweckgerichtete Auslegung der Schriftformklausel muss jedoch zumindest daran scheitern, dass der Zweck, den die Parteien mit der Schriftformklausel verfolgen, nur äußerst selten für den Einzelfall eindeutig auszumachen sein wird.[167] So hat auch *Kötz*[168] seine Schwierigkeiten; es heißt: „Die Beantwortung der Frage hängt – wie dargelegt – davon ab, welchen Zweck die Parteien mit der Aufnahme der Schriftformklausel in den Bürgschaftsvertrag verfolgt haben. Zwar gestattet der mitgeteilte Sachverhalt insofern keine eindeutige Beurteilung." Im folgenden geht er aber davon aus, dass die von den Parteien im vorliegenden Fall vereinbarte Schriftformklausel „wohl" – wie bei anderen Parteien auch – Beweiszwecken dienen sollte. Die Problematik erscheint noch deutlicher in einer Entscheidung des *BGH*[169] zur *OHG*, in der der *BGH* untersucht, welche Auslegung der Klausel nach Ansicht des Gerichts dem Interesse der Gesellschafter am besten Rechnung trage, um dann von hier aus auf einen angeblichen Willen der Parteien zurück zu schließen.[170]

---

164 Kötz, JZ 1967, 287 ff.

165 Kötz, JZ 1967, 287 (290).

166 Körnig, Schriftformklausel und mündliche Abreden, S. 74.

167 Kliemt, Formerfordernisse im Arbeitsverhältnis, 465; Meyer, Wirksamkeit mündlicher Abreden, 37. Siehe hierzu auch Hueck, DB 1968, 1207 (1208) und Tiefenbacher, BB 1968, 607 (608).

168 Kötz, JZ 1967, 287 (290).

169 BGH, DB 1968, 931 ff.

170 Roloff versucht eine Lösung der widerstreitenden Interessen über die Auslegung der

III. Die Möglichkeit der Selbstbindung der Parteien

Die Beantwortung der Frage, ob die mündliche Änderung eines mit einer Schriftformklausel versehenen Vertrags möglich ist oder nicht muss daher davon abhängig gemacht werden, ob es den Parteien möglich ist, sich selbst an eine gewillkürte Form zu binden oder nicht. Obwohl diese Frage in der Literatur bisher nicht gänzlich unerkannt geblieben ist, wurde doch weitestgehend nicht erkannt, dass an diesem Punkt die Frage der Wirksamkeit von mündlichen Änderungen dogmatisch zu verorten ist.[171] Denn der Bindung der Parteien an eine gewillkürte Form kommt in einer Rechtsordnung nur dann wirklich Bedeutung zu, wenn es den Parteien im Nachhinein ausschließlich formgerecht und damit schriftlich möglich ist, den Vertrag zu ändern oder die Schriftformklausel aufzuheben. Hält man auch eine nachträgliche mündliche Änderung des Vertrags für wirksam, kommt der Bindung der Parteien an eine gewillkürte Form faktisch keine Wirkung zu. Man spricht ihnen also die Möglichkeit ab, sich an eine gewillkürte Form zu binden. Denn nur wenn eine spätere mündliche Änderung des Vertrages nicht möglich wäre, wären die Parteien dazu in der Lage, ihre Vertragsfreiheit durch die Vereinbarung einer gewillkürten Form einzuschränken und sich einer dem späteren Parteiwillen entzogenen, d.h. nur schriftlich aufhebbaren Selbstbindung an eine Form zu unterwerfen.

Zu unterscheiden sind hierbei zwei Zeitpunkte, und zwar der Zeitpunkt des Abschlusses des ursprünglichen schriftlichen Vertrags, also der Zeitpunkt der Vereinbarung der Schriftformklausel und der Zeitpunkt der nachträglichen

---

mündlichen Willenserklärungen der Vertragsparteien, also nicht über eine Auslegung der Schriftformklausel selbst zu finden. Es treffe zwar zu, dass die Aufhebung der Schriftform den gleichen rechtsgeschäftlichen Anforderungen unterliege, wie ihre Begründung, weshalb die Parteien sich eigentlich über die Aufhebung einigen müssten. Da es an einer ausdrücklichen Einigung aber zumeist fehle, seien ihre Willenserklärungen auszulegen. Grundsätzlich wollten Vertragsparteien im Zweifel stets die wirksame Geltung des später Vereinbarten. Um dieses Ziel zu erreichen, müssten sie die Schriftformklausel zunächst aufheben. Zudem wollten die Parteien ihrer Abrede regelmäßig eine rechtserhebliche Bedeutung beimessen. Diese käme der Parteiabrede aber nur zu, wenn die Formabrede auch aufgehoben würde. Bestünde ein solcher übereinstimmender Wille der Parteien, sei dieser allein maßgebend, auch wenn die Parteien ihn nur unvollkommen zum Ausdruck brächten. Maßgeblich sei lediglich, dass die Parteien ihrer formlosen Vereinbarung übereinstimmend Geltung verschaffen wollten.

171 Erstmals ausführlich beschäftigt sich Wagner-von Papp, AcP 2005, 342 ff. mit diesem Problem.

mündlichen Änderung des Vertrags.[172] Lässt man eine mündliche oder konkludente Aufhebung der Schriftformklausel zu, spricht man den Parteien gleichzeitig die Möglichkeit der Selbstbindung im Zeitpunkt des Abschlusses des ursprünglichen Vertrages ab. Sie sind zwar insoweit an die Schriftformklausel gebunden als sie sich selbst daran gebunden halten können - eine Partei kann also ihre Zustimmung zu einer Vertragsänderung von der Einhaltung der Form abhängig machen. Trotz Vereinbarung einer Schriftformklausel können die Parteien den Vertrag nach der Rechtsprechung jedoch wirksam mündlich ändern, da ihnen unterstellt wird, sie würden die Schriftformklausel gleichzeitig mündlich oder konkludent aufheben. Die Parteien haben also de facto – nach Rechtsprechung und herrschender Literatur - nicht die Möglichkeit, sich wirksam privatautonom an eine Form zu binden.

1. Ältere Ansätze

Dies erkennt *Wassertrüdinger*[173] bereits 1928 und legt dar, dass die Frage der Möglichkeit der Selbstbindung der Parteien vorrangig beantwortet werden muss:

> „Werden sie [Schriftformklauseln] nicht beachtet, dann taucht die Frage auf, was vorgeht. Die Selbstbindung der Parteien an die von ihnen vereinbarte Form oder das Recht der Parteien, die vereinbarte Form durch eine Vereinbarung formlos wieder aufzuheben."

Im Folgenden weist er darauf hin, dass das BGB vom Prinzip der Vertragsfreiheit beherrscht werde und die Parteien daran nichts ändern könnten, ihre Vertragsfreiheit zum Zeitpunkt der Vertragsänderung also nicht im Vorhinein einschränken könnten. Für einzelne Fälle macht er hiervon jedoch wieder Ausnahmen. Dies klingt auch bei *Kötz*[174] an, der formuliert, dass „als logisch vorrangig" die Frage zu stellen sei, wie weit die Bindung der Parteien gehe, die sie durch die Vereinbarung der Formklausel eingegangen seien. Eine Beantwortung der Frage nimmt er jedoch nicht vor, sondern geht dazu über, den von den Parteien verfolgten Zweck durch Auslegung zu ermitteln.[175] Auch *Körnig*[176] und

---

172 So auch Wagner-von Papp, AcP 2005, 342 ff.

173 Wassertrüdinger, JR 1928, 82 (83).

174 Kötz, JZ 1967, 288 (288).

175 Kötz, JZ 1967, 288 (288 f.).

176 Körnig, Schriftformklausel und mündliche Abreden, 69: „... übersehen wird, daß das Kernproblem bei der Frage, ob die Schriftformklausel mündlich aufhebbar ist, in der Tragweite des Grundsatzes der Privatautonomie liegt."

Kliemt[177] bezeichnen die Möglichkeit der Selbstbindung als Kernproblem.[178] *Körnig* wendet sich von dieser Frage aber wieder ab, weil er deren Beantwortung für überflüssig hält, wenn „auch bei Zulassung mündlicher, auch konkludenter Außerkraftsetzung der Schriftformklausel, vernünftige Ergebnisse zu erzielen sind."[179] *Kliemt* ist der Ansicht, dass sich aus der Privatautonomie kein Rechtssatz des Inhalts ableiten lasse, dass die Parteien auch in der Lage sein müssten, ihre Privatautonomie für die Zukunft einzuschränken.[180] Die Parteien könnten ihr eigenes, aus dem Prinzip der Privatautonomie folgendes Recht, einmal getroffene Vereinbarungen später wieder einverständlich aufzuheben, nicht beseitigen.[181]

Diejenigen Autoren, die nicht erkennen, dass die Frage der Möglichkeit der Selbstbindung vorrangig beantwortet werden muss, führen die Privatautonomie auf der einen Seite ins Feld, um zu argumentieren, dass Parteien gegenüber der von ihnen autonom gesetzten Regelung souverän bleiben und somit das später in der mündlichen Änderung zum Ausdruck kommende Einverständnis der Parteien den früheren Parteiwillen überwinde.[182] Es wird daher argumentiert, dass die

---

177 Kliemt, Formerfordernisse im Arbeitsverhältnis, 460: „Vorstehende, die Ebene der Auslegung der Schriftformklausel nicht verlassende Argumentation geht allerdings an der eigentlichen Problematik vorbei. Das Kernproblem liegt vielmehr darin, welche Folgerungen sich aus dem Grundsatz der Privatautonomie für die Aufhebbarkeit von Formerfordernissen ergeben."

178 Ebenso Rutkowski, Gewillkürte Schriftform, 1978, 63, der zwar darauf hinweist, dass die Frage beantwortet werden muss, in welchem Verhältnis die Formvereinbarung zu der späteren Abrede steht, im weiteren jedoch auch zu spät ansetzt und sich lediglich mit den in der Literatur vorgebrachten Argumenten auseinander setzt. Seine Ausführungen zur Selbstbindung basieren lediglich auf der Feststellung, dass die spätere mündliche Regelung Vorrang vor der früheren Schriftformklauseln haben müsse (S. 67); Reiling, JA 2000, 866 (869); Tiedtke, MDR 1976, 367 (367). Schmidt-Salzer, NJW 1968, 1257 (1258), geht soweit zu behaupten, daß nicht die „Souveränität" der Parteien maßgeblich sei, sondern der „Gedanke des Mißbrauchsverbots" als Korrektiv heranzuziehen sei. Böhm weißt auf die Beschneidung der Privatautonomie durch die Rechtsprechung hin (S. 429), postuliert aber dann, dass Gültigkeit der formlosen Übereinkunft immer (aber auch nur) dann angenommen werden sollte, wenn dies mit dem Zweck der Schriftformklausel vereinbar sei (S. 432).

179 Körnig, Schriftformklausel und mündliche Abreden, 71.

180 Kliemt, Formerfordernisse im Arbeitsverhältnis, 461.

181 Kliemt, Formerfordernisse im Arbeitsverhältnis, 462.

182 Körnig, Schriftformklausel und Mündliche Abreden, 69; siehe auch Kliemt, Formerfordernisse im Arbeitsverhältnis, 460.

Parteien eines Vertrages frei sein sollten, ihre Meinung über jede Frage ändern zu können, auch über die von ihnen vereinbarte Schriftformklausel.[183] Das vereinbarte Formerfordernis beruhe ausschließlich auf dem Willen der Parteien und falle deshalb weg, „wenn diese anderen Sinnes geworden sind".[184] Die Parteien könnten keine Vereinbarung treffen, die sie auch dann binde, wenn sie nicht mehr gebunden sein wollen.[185] Auch *Flume* stützt seine Ansicht, dass überhaupt keine Aufhebung der Schriftformklausel erforderlich sei, auf die Privatautonomie. Die Parteien müssten gegenüber ihrer eigenen Formbestimmung frei sein.[186] Die rechtsgeschäftliche Bindung könne die Beteiligten in ihren privatautonomen Gestaltungsmöglichkeiten nicht beschränken.[187]

Andere Autoren sind der Ansicht, dass die Privatautonomie es den Parteien ermögliche, sich selbst unaufhebbar zu binden. *Eisner* geht sogar soweit, zu behaupten, dass der wirkliche Wille der Parteien darauf gerichtet gewesen sei, die Schriftformklausel zu einer „überrangigen Rahmennorm für das Vertragsverhältnis zu erheben – gleichsam zu einer vertraglichen Verfassungsnorm".[188] Den Parteien eine solche Möglichkeit zu versagen, beschränke in Wirklichkeit deren Vertragsfreiheit. Auch der *BGH*[189] scheint der Ansicht zu sein, dass sich Kaufleute zumindest im Falle von qualifizierten Schriftformklauseln wirksam an die Form binden können, da er erklärt:

> „Die Vertragsfreiheit erlaubt es ihnen (den Parteien), ihre rechtsgeschäftlichen Beziehungen starr an bestimmte Formen zu binden."

Dem hält *Rutkowski* wiederum entgegen, dass eine solche Beschränkungsmöglichkeit unserer Rechtsordnung fremd sei.[190] *Böhm* weist darauf hin, dass die Rechtsmeinung des *BGH* den Vertragspartnern schlicht die Fähigkeit nehme, sich zu binden, d.h. die an sich bestehende Formfreiheit wirksam zu beschränken.[191] Auch *Medicus* ist der Ansicht, dass man allgemein Individualvereinba-

183 Geldsetzer, Einvernehmliche Änderung und Aufhebung von Verträgen, 129. Für das Südafrikanische Recht siehe Kahn, Contract & Mercantile Law: A Source Book I, 462; van der Merwe et al, Contract General Principles, 139.

184 Rutkowski, Gewillkürte Schriftform, 63; Tiedtke, MDR 1976, 367 (367)

185 Reinicke, DB 1976, 2289 (2289); Tiedtke, MDR 1976, 367 (368).

186 Flume, Allgemeiner Teil II, § 15 III 2, S. 264.

187 Flume, Allgemeiner Teil II, § 15 III 2, S. 265.

188 Eisner, NJW 1969, 118 ff.

189 BGH NJW 1976, 1395 (1395).

190 Rutkowski, Gewillkürte Schriftform, 53; ebenso Reinicke, DB 1976, 2289 (2290).

191 Böhm, AcP 1979, 425 (429).

rungen zulassen sollte, die auch eine Aufhebung der Formklausel dem Formzwang unterstellen. Dies bedeute nicht etwa eine Einschränkung, sondern im Gegenteil gerade die volle Anerkennung der Privatautonomie.[192]

2. Privatautonomie als Ausgangspunkt

Die Beantwortung der Frage, ob die Vertragsfreiheit der Parteien nur dann gewahrt ist, wenn sie sich an eine Form wirksam binden können, oder wenn sie den Vertrag auch jederzeit mündliche ändern können, begegnet jedoch den folgenden Schwierigkeiten:

a) Vertragsfreiheit bei der Vereinbarung von Schriftformklauseln

Die Vertragsfreiheit ist die praktisch bedeutsamste Erscheinungsform der Privatautonomie,[193] wobei es eine genaue Definition des Begriffs der Privatautonomie nicht gibt. Vielmehr ist es bis heute nicht zu einer Verständigung über den exakten Sinngehalt der Privatautonomie gekommen.[194] Unstreitig ist, dass die Vertragsfreiheit sich als zentraler Bestandteil der Privatautonomie erweist[195] und verfassungsrechtlich insbesondere durch Art. 2 I GG gewährleistet ist[196]. Sie wird als die Freiheit einzelner Rechtssubjekte verstanden, ihre Beziehungen zu-

---

192 Medicus, Allgemeiner Teil des BGB, 9. Aufl., Rn. 643. Ebenso Müko/Einsele, § 125 Rn. 66.

193 Larenz, Allgemeiner Teil des Bürgerlichen Rechts, § 34, Rn. 22; Staudinger/Olzen, Einl. zu §§ 241 ff., 2009, Einl. zu §§ 241 ff. Rn. 52. Insgesamt konstituiert sich die Privatautonomie aus den vier Wirkbereichen der Vertragsfreiheit, der Eigentumsfreiheit, der Testierfreiheit und der Vereinigungsfreihet, s. Busche, Privatautonomie und Kontrahierungszwang, 46, 63.

194 Siehe hierzu vertiefend Busche, Privatautonomie und Kontrahierungszwang, 14; Mayer-Maly, JbRSoz, XIV (1989), 268 (273). Auf der einen Seite wird die Privatautonomie definiert als das Prinzip der Selbstgestaltung des Rechtsverhältnisses durch den Einzelnen nach seinem Willen (Flume Allgemeiner Teil II, § 1, 2; Busche, Privatautonomie und Kontrahierungszwang, 13). Andere bezeichnen als Privatautonomie im weiteren Sinne die rechtliche Anerkennung der Möglichkeit, durch Willensäußerung Rechtsfolgen herbei zu führen oder zu verhindern, und entsprechend der eigenen Bedürfnisse seine Rechtsverhältnisse selbstverantwortlich ordnen zu können (Bydlinski, Privatautonomie und objektive Grundlagen des verpflichtenden Rechtsgeschäftes, 1967, 127).

195 Hau, Vertragsanpassung und Anpassungsvertrag, 2003, 49.

196 BVerfGE 4, (7, 15 ff.); 12, 341 (347); Raiser, JZ 1958, 1 (5); hierzu auch Canaris, Verfassungs- und europarechtliche Aspekte der Vertragsfreiheit in der Privatrechtsgesellschaft, in: Wege und Verfahren des Verfassungslebens, Festschrift für Peter Lerche zum 65. Geburtstag, 1993, 873 (874).

einander einverständlich zu regeln.[197] Zur Vertragsfreiheit gehört auch die inhaltliche Gestaltungsfreiheit (auch Inhaltsfreiheit genannt).[198] Sie lässt, soweit sie besteht, die Parteien über die Ausgestaltung ihres Rechtsverhältnisses in eigener Verantwortung bestimmen.[199] Zur Vertragsfreiheit ist darüber hinaus auch die Formfreiheit zu zählen, die es dem Erklärenden überlässt, in welcher Weise er seine Erklärung abgibt,[200] und den Parteien erlaubt, sich jeglicher Mittel zu bedienen, um ihre vertragliche Einigung zum Ausdruck zu bringen. Ein Formzwang besteht nur ausnahmsweise dann, wenn dieser ausdrücklich gesetzlich vorgesehen ist.[201] Weiterhin beinhaltet die Vertragsfreiheit die Freiheit der Vertragsparteien, ihren Vertrag abzuändern (Vertragsabänderungsfreiheit).[202] Die Vertragsabänderungsfreiheit als Ausprägung der Vertragsfreiheit, wird meist als selbstverständlich und ohne weitere Erläuterungen berücksichtigt.[203] Sie umfasst, wie die Vertragsfreiheit beim Erstkontakt, Abschluss-, Inhalts- und Formfreiheit.[204]

Die Vertragsfreiheit ermöglicht es den Parteien also, ihren Vertrag beliebig auszugestalten (Gestaltungsfreiheit). Hieraus folgt, dass die Vertragsparteien grundsätzlich eine Schriftformklausel in ihren Vertrag aufnehmen können und sich hierdurch an eine gewillkürte Form binden können. Dies ist in der Literatur auch grundsätzlich anerkannt; es heißt:

> „Im Rahmen der Vertragsfreiheit steht es den Vertragsparteien grundsätzlich frei, ein Formerfordernis vertraglich zu vereinbaren, auch soweit gesetzlich keine Form vorgeschrieben ist – oder ein strengeres als das gesetzliche Formerfordernis festzulegen."[205]

---

197 Erman/Armbrüster, BGB, Vor § 145, Rn. 26.

198 Larenz, Allgemeiner Teil des Bürgerlichen Rechts, § 34 Rn. 45; Erman/Armbrüster, BGB, Vor § 145, Rn. 26; MüKo/Kramer, Vor § 145, Rn. 8. Diesen Aspekt nennen nun auch ausdrücklich die PECL in Art. 1.102. Die Inhaltsfreiheit im Sinne nicht typengebundener Verträge entwickelte sich historisch betrachtet erst relativ spät durch die Anerkennung der pacta nuda im römischen Recht, hierzu ausführlich unten Kap. 3 A.

199 Larenz, AT, § 34 Rn. 22.

200 Larenz, AT, § 34 Rn. 17; MüKo/Kramer, Vor § 145 Rn. 8; Di Fabio, DNotZ 2006, 342 (343).

201 Larenz, § 34 Rn. 63; MüKo/Kramer, Vor § 145 Rn. 18.

202 Busche, Privatautonomie und Kontrahierungszwang, 70.

203 Busche, Privatautonomie und Kontrahierungszwang, 70; Larenz, Schuldrecht AT, 41 f.

204 So auch Hau, Vertragsanpassung und Anpassungsvertrag, 49.

205 Staudinger/Hertel, §§ 90-133 BGB, 2004, § 125 Rn. 121.

Weiterhin erlaubt es die Vertragsfreiheit den Parteien aber grundsätzlich auch, eine Änderung des Vertrags zu vereinbaren (Änderungsfreiheit) - und zwar mündlich - weil alle Willenserklärungen für die keine gesetzliche Form vorgesehen ist, auch mündlich wirksam sind (Formfreiheit). Da die Änderungsfreiheit von der Vertragsfreiheit erfasst wird, muss die Rechtsordnung Änderungsverträge mithin grundsätzlich anerkennen und durchsetzen.[206]

Deshalb lässt sich mit der Vertragsfreiheit selbst nicht argumentieren, ob sie nur dann gewährleistet ist, wenn man den Parteien erlaubt, sich selbst an eine Form zu binden oder wenn sie von der Form formfrei wieder abgehen können. Geht man davon aus, dass die Parteien sich im Zeitpunkt des ursprünglichen Vertragsschlusses wirksam selbstbinden können, schränkt man automatisch die Freiheit (Formfreiheit, Änderungsfreiheit) zum Zeitpunkt der Vornahme der Vertragsänderung ein. Lässt man eine konkludente Aufhebung der Formvereinbarung durch mündliche Änderung des ursprünglichen Vertrages zu, schränkt man die Gestaltungsfreiheit der Parteien im Zeitpunkt des ursprünglichen Vertragsschlusses ein. Eine unbeschränkte Freiheit in beiden Zeitpunkten kann es also nicht geben.[207] Folglich muss die – in der Literatur vorgenommene - Anführung der Vertragsfreiheit als zwingendes Argument für eine der Ansichten, zu kurz greifen.[208]

Der Vollständigkeit halber[209] sei darauf hingewiesen, dass weder durch die Vereinbarung einer Schriftformklausel noch durch die Änderung eines Vertrags die Grenzen der Vertragsfreiheit erreicht werden.[210] Grundsätzlich wird die Vertragsfreiheit durch die §§ 134, 138, 242 BGB beschränkt: Der Vertragsinhalt darf weder gegen zwingendes Recht verstoßen (§ 134 BGB) oder gegen die guten Sitten (§ 138 BGB), noch gegen den Grundsatz von Treu und Glauben (§ 242 BGB).[211] Funktion der genannten Normen ist es, Auswüchsen der Vertrags-

206 So auch Hau, Vertragsanpassung und Anpassungsvertrag, 52.

207 So auch Wagner von Papp, AcP 2005, 342 (352).

208 So auch Wagner von Papp, AcP 2005, 342 (352).

209 Hierzu auch noch einmal ausführlich unten, Kap. 3 F IV.

210 Im ersten Entwurf des BGB, in dem die Vertragsfreiheit noch ausdrücklich beschrieben wurde - die Endfassung enthält bekanntlich keine ausdrückliche Stellungsnahme mehr - wurde die Vertragsfreiheit folgendermaßen beschrieben (Mugdan, Motive, Band 2, 1): „Vermöge des Prinzips der Vertragsfreiheit, von welchem das Recht der Schuldverhältnisse beherrscht wird, können die Parteien ihre Rechts- und Verkehrsbeziehungen nach ihrem Ermessen mimt obligatorischer Wirkung unter sich bestimmen, soweit nicht allgemeine oder bestimmte einzelne absolute Gesetzesvorschriften entgegenstehen.“

211 MüKo/Kramer, Vor § 145 Rn. 19; Busche, Privatautonomie und Kontrahierungszwang,

freiheit zu begegnen, die im Hinblick auf die Gesamtrechtsordnung nicht hinnehmbar sind.[212] Insoweit bilden sie die äußeren Grenzen der Vertragsfreiheit. Weder im Schrifttum noch in der Rechtsprechung finden sich jedoch Hinweise darauf, dass die Vereinbarung eine Schriftformklausel gegen die genannten Paragraphen verstößt.[213] Auch die Änderung eines einmal vereinbarten Vertrags erreicht diese Grenzen nicht (vgl. § 311 BGB).

b) Die Lösung der Konkurrenz der Vertragsfreiheit

Diese Konkurrenz der Vertragsfreiheit in beiden Zeitpunkten ist folglich nicht einfach zu lösen. Die Problematik ist in der von *Di Fabio* angesprochenen Schwierigkeit begründet:

> „Es gibt keine probate Formel, mit der das Verhältnis von Freiheit und Form, von Form und Freiheit stets ins rechte Lot gebracht werden kann."[214]

Lässt man eine Bindung der Parteien an eine Schriftformklausel zu, bedeutet das gleichzeitig, dass die im Zeitpunkt der Vertragsänderung bestehende Freiheit, eine solche in jeder beliebigen Form vorzunehmen, aufgehoben wird, die Freiheit im Zeitpunkt des ursprünglichen Vertragsschlusses, derjenigen im Zeitpunkt der Änderung also vorgeht. Umgekehrt führt die Rechtsprechung des *BGH* dazu, dass den Parteien faktisch die Möglichkeit abgesprochen wird, sich selbst an eine gewillkürte Form zu binden.

Wagner von Papp ist der Ansicht, dass die Privatautonomie nicht für alle Zeitpunkte, die nach dem ursprünglichen Vertragsschluss liegen, aufgegeben werden kann.[215] Anderer Ansicht ist allein *Eisner*, der davon ausgeht, dass die Parteien die Schriftformklausel zu einer „überrangigen Rahmennorm für das Vertragsverhältnis" machen, mithin eine „vertragliche Verfassungsnorm" schaffen wollen. Dieses Bestreben der Parteien müsse anerkannt werden, da andernfalls ihre Vertragsfreiheit beschränkt werde.[216] Die Ansicht *Eisners* ist zu Recht eine einzelne geblieben. Sie impliziert, dass die Parteien eine unaufhebbare Selbstbindung eingehen können. Eine solche ist dem deutschen Recht jedoch

---

83.

212 Busche, Privatautonomie und Kontrahierungszwang, 83.

213 Breitling, Bedeutung und Wirkung von Schriftformklauseln, 63.

214 Di Fabio, DNotZ 2006, 342 (350).

215 Ebenso Geldsetzer, Einvernehmliche Änderung, 33 Fn. 7: „...denn die Vertragsfreiheit kann keine Vereinbarungen zulassen, durch die sie selbst völlig aufgehoben wird."

216 Eisner, NJW 1969, 118 (120).

fremd.[217] Auch in der Literatur wird diese Ansicht abgelehnt, da so zum einen eine früher gesetzte Regel zum verselbständigten, für die Schöpfer unantastbaren Souverän über den Parteiwillen würde, und zum anderen die Berechtigung der Vertragsparteien - die grundsätzlich die höchste Instanz für die Regelung ihrer Beziehungen sind - zu eigener und selbstverantwortlicher Gestaltung ihres Daseins erlösche.[218] Es muss den Parteien also zumindest möglich sein, sich von der einmal eingegangenen Bindung wieder zu lösen, etwa durch Aufhebung der Schriftformklausel. Denn auch im allgemeinen Vertragsrecht sind vertragliche Schuldverhältnisse nicht geläufig, die zwar zunächst privatautonom eingegangen werden können, sodann aber selbst dem einvernehmlich und frei gebildeten Willen beider Parteien gegenüber völlig anpassungsresistent sind. Abweichendes gilt nur in besonders gelagerten Ausnahmekonstellationen, so etwa für das Arbeitsvertragsrecht gemäß § 613 I BGB. Diese Vorschrift sieht im Fall eines Betriebsübergangs eine zeitlich begrenzte Veränderungssperre vor.[219] Dies gibt gleichzeitig zu erkennen, dass das deutsche Recht grundsätzlich nur ausnahmsweise eine unaufhebbare Bindung der Parteien an den ursprünglich geschlossenen Vertrag gesetzlich vorsieht.

Auch sonst lassen sich wenige Argumente dafür finden, ob die Freiheit der Parteien im Zeitpunkt des ursprünglichen Vertragsschlusses oder der Vertragsänderung vorgeht. Denn das deutsche Recht enthält grundsätzlich auch keine Vorschriften, die weitergehende Voraussetzungen an die Änderung von Verträgen stellen als an den Vertragsschluss selbst.[220] Im Gegenteil: die Änderung von schriftlich abgeschlossenen Verträgen ist grundsätzlich auch mündlich möglich.

Diesen Mangel an objektiven Entscheidungskriterien stellt auch *Englerth*[221] im Zusammenhang mit ähnlich gelagerten Fragestellungen bei Spielsperren[222] fest:

---

217 So auch Boergen, BB 1971, 202 (204); Hau, Vertragsanpassung und Anpassungsvertrag, 55.

218 Körnig, Schriftformklausel und mündliche Abreden, 1972, 70.

219 Hau, Vertragsanpassung und Anpassungsvertrag, S. 52.

220 Hau, Vertragsanpassung und Anpassungsvertrag S. 53.

221 Englerth, Behavioral Law and Economics – eine kritische Einführung, 2004, Preprints of the Max-Planck-Institute for Research on Collective Goods, abrufbar unter http://www.coll.mpg.de/pdf_dat/2004_11online.pdf.

222 Siehe hierzu weiterhin Wagner-von Papp, AcP 2005, 342 (364 ff.); Peters, JR 2002, 177 ff.; Grunsky, EWIR § 157 BGB 1/96, 11 f.

„Natürlich fällt es bislang schwer zu begründen, warum eine vergangene Präferenz (nicht zu spielen) gewichtiger sein soll als die gegenwärtige (doch wieder die Karten in die Hand zu nehmen). Indes scheint es in Ermangelung eines objektiven Kriteriums sinnvoll, dem Individuum selbst die Entscheidung in die Hand zu geben und seinen Spielraum um die Möglichkeit zu erweitern, sich selbst zu paternalisieren und rechtlich zu binden.“

Auf dieser Linie liegt auch *Hau*,[223] der es den Parteien wenigstens ermöglichen will, den Inhalt ihres Schuldverhältnisses nur solchen Änderungen zugänglich zu machen, die durch eine Form besonders qualifiziert sind, wenn es Ihnen schon nicht möglich sei, sich vollends gegen sich selbst zu schützen.

Für die Bindung der Parteien an eine gewillkürte Form spräche lediglich das internationale Vertragsrecht, dass den Parteien durchaus die Möglichkeit zugesteht, sich privatautonom an eine Form zu binden. Die insbesondere einschlägige Regelung in Art. 29 CISG[224] lautet:

“1) Ein Vertrag kann durch bloße Vereinbarung der Parteien geändert oder aufgehoben werden.[225]

---

223 Hau, Vertragsanpassung und Anpassungsvertrag, 56.

224 Das Übereinkommen der Vereinten Nationen über Verträge über den Internationalen Warenkauf (CISG) wurde am 1. April 1980 auf einer Konferenz der UNCITRAL (United Nations Commission on International Trade Law, eine Unterorganisation der Vereinten Nationen) in Wien verabschiedet. Von den 25 Mitgliedsstaaten der Europäischen Union sind 20 Vertragsstaaten des CISG. Das CISG trat jedoch erst am 1.1.1988 in Kraft, nachdem die vereinbarte Anzahl von Ländern das Übereinkommen ratifiziert hatte. In der Bundesrepublik Deutschland gilt das Übereinkommen seit dem 1. Januar 1991.

225 Art. 29 (1) ist auf den ersten Blick für europäische Juristen selbstverständlich. Erforderlich wurde diese Regelung jedoch, weil im anglo-amerikanischen Recht die Wirksamkeit einer vertragsändernden Abrede in Frage gestellt sein kann, wenn sie ohne Gegenleistung („consideration“) erfolgt. Nach anglo-amerikanischem Recht ist eine Vertragsänderung dann unwirksam, wenn lediglich eine Partei eine zusätzliche Leistung verspricht, ohne dass dieser eine Gegenleistung der anderen Partei gegenübersteht, hierzu ausführlich unten Kap. 3 D. Abs. 1 stellt daher eine Abkehr von dem im angloamerikanischen Recht vorherrschenden Wirksamkeitserforderniss der consideration dar, Dateh-Bah in Bianca/Bonell, Commentary on the International Sales Law, 241; Honnold, Uniform Law for International Sales, 230; Hillmann, Art. 29 (2) of the United Nations Convention on Contracts for the International Sale of Goods: A New Effort in Clarifying the Legal Effect of “No Oral Modification” Clauses, 21 Corn. Intern. Law Journal 1988, 449 (452); Magnus in Ferrari et al, The Draft UNCITRAL Digest and Beyond: Cases, Analysis and Unresolved Issues in the U.N. Sales Convention, 611;

2) Enthält ein schriftlicher Vertrag eine Bestimmung, wonach jede Änderung oder Aufhebung durch Vereinbarung schriftlich zu erfolgen hat, so darf er nicht auf andere Weise geändert oder aufgehoben werden. Eine Partei kann jedoch aufgrund ihres Verhaltens davon ausgeschlossen sein, sich auf eine solche Bestimmung zu berufen, soweit die andere Partei sich auf dieses Verhalten verlassen hat.“[226]

Da das CISG in den Mitgliedstaaten des Abkommens – mithin auch in Deutschland – geltendes Recht darstellt und direkt anwendbar ist, sind die Parteien eines unter den Anwendungsbereich des CISG fallenden Vertrags an ihre Schriftformklausel gebunden. Gemäß Art. 1 (1) CISG ist das CISG auf Kaufverträge über Waren zwischen Parteien anwendbar, die ihre Niederlassung in verschiedenen Staaten haben, wenn diese Staaten Vertragsstaaten sind (a) oder wenn die Regeln des internationalen Privatrechts zur Anwendung des Rechts eines Vertragsstaates führen (b).[227]

Reinhart, UN-Kaufrecht, Art. 29 Rn. 2.

226 (1) A contract may be modified or terminated by the mere agreement of the parties.
(2) A contract in writing which contains a provision requiring any modification or termination by agreement to be in writing may not be otherwise modified or terminated by agreement. However, a party may be precluded by his conduct from asserting such a provision to the extent that the other party has relied on that conduct.

227 Das CISG findet also nicht auf Kaufverträge mit reinem Inlandsbezug Anwendung, diese unterfallen weiterhin dem jeweiligen nationalen Recht, Bonell in Bianca/Bonell (Hg), Commentary on the International Sales Law, 7. Diese Regelung des Anwendungsbereichs wird in den Art. 2 bis 6 ergänzt. Besonders zu beachten ist, dass das CISG nur für Warenkäufe, also Käufe von beweglichen körperlichen Sachen anwendbar ist, Honnold, Uniform Law for International Sales, 56 B (1); Lorenz in Witz/Salger/Lorenz, International Einheitliches Kaufrecht, Art. 1 Rn. 5; Reinhart, UN-Kaufrecht, Art. 1 Rn. 3. Die fast identische Regelung der Unidroit-Principles enthält deren Art. 2.1.18. Er lautet: „Ein schriftlicher Vertrag, der eine Klausel enthält, nach der jede Änderung oder Aufhebung durch Vereinbarung in einer bestimmten Form zu erfolgen hat, kann nicht auf andere Weise geändert oder aufgehoben werden. Eine Partei kann jedoch aufgrund ihres Verhaltens das Recht verwirken, sich auf eine solche Klausel zu berufen, soweit die andere Partei im Vertrauen auf dieses Verhalten gehandelt hat.“ Die Unidroit Principles stellen in den einzelnen Staaten jedoch kein geltendes Recht dar. Wie aus der Präambel der Unidroit Principles hervorgeht, enthalten sie allgemeine Grundregeln für internationale Handelsverträge. Sie sollen global angewandt werden und den Ansprüchen internationaler Handelsbeziehungen gerecht werden; Bonell, An International Restatement of Contract Law, 1997, 5. Die Arbeiten an den Unidroit Principles begannen 1979, als Mitglieder aus allen Teilen der Welt - meist Akademiker – begannen die Principles zu entwerfen, sie erschienen im Jahre 1994. Die Unidroit principles sind nur auf Handelsverträge anwendbar, und sind lediglich als soft-law zu betrachten. Sie wurden jedoch

Festzuhalten bleibt daher, dass den Parteien sowohl zum Zeitpunkt der Vereinbarung der Schriftformklausel als auch zum Zeitpunkt der mündlichen Vertragsänderung eine uneingeschränkte Vertragsfreiheit nicht zustehen kann. Aus der Rechtsprechung des *BGH* folgt zum jetzigen Zeitpunkt, dass bei einfachen Schriftformklauseln der Privatautonomie im Zeitpunkt der Vertragsänderung Vorrang eingeräumt wird und bei qualifizierten Schriftformklauseln der Privatautonomie im Zeitpunkt des ursprünglichen Vertragsschlusses. Denn bei Vereinbarung einer einfachen Schriftformklausel kommt die Rechtsprechung zu einer Wirksamkeit der mündlichen Vertragsänderung. Eine qualifizierte Schriftformklausel hindert dagegen die formlose Änderung des Vertrags. In der eingangs zitierten Entscheidung des *KG Berlin*[228] findet sich dementsprechend auch der folgende Satz:

> „Gegenüber einer solchen doppelten Schriftformklausel muss die Berufung auf die Privatautonomie zurücktreten, da ihr Vorrang auch in diesem Fall § 125 Satz 2 BGB weitgehend sinnlos machen würde (BAG NJW 2003, 3725)."

Hieraus folgt, dass eine Rechtsordnung entweder der Vertragsfreiheit in einem der beiden Zeitpunkte Vorrang einräumen kann oder aber – ausgehend von der Erkenntnis, dass es eine unbeschränkte Freiheit in beiden Zeitpunkten nicht geben kann – ein Ausgleich der Vertragsfreiheit in beiden Zeitpunkten erfolgen muss. Diesem Gedanken folgend will *Wagner-von Papp* eine „intertemporale praktische Konkordanz" zwischen den beiden Zeitpunkten herstellen. Die Wirkungen der in beiden Zeitpunkten getroffenen Vereinbarungen sollen dabei derart miteinander in Einklang gebracht werden, dass in jedem der beiden Zeitpunkte der Privatautonomie angemessene Bedeutung zukommt.[229] Denn die Privatautonomie im Zeitpunkt des ursprünglichen Vertragsschlusses werde vollständig vernachlässigt, wenn man die in diesem Zeitpunkt vereinbarte Formbindung, wie dies nach ständiger Rechtsprechung bei einfachen Schriftformklauseln geschehe, als völlig bedeutungslos ansähe. Dies habe zur Konsequenz, dass die Vertragsfreiheit nicht für alle Zeitpunkte, die nach dem ursprünglichen Vertragsschluss liegen, aufgegeben werden könne, prinzipiell müsse also die Möglichkeit der Lösung von der Bindung bestehen. Erster Schritt der Konkordanzprüfung sei die Bestimmung des Zwecks, den die Parteien mit der

---

bereits des Öfteren von internationalen handelsrechtlichen Schlichtungsstellen als lex mercatoria angewandt.

228 KG Berlin, NZM 2005, 908 (909).

229 Wagner-von Papp, AcP 2005, 342 (356 ff.).

Schriftformklausel verfolgten.[230] Dieser sei zu den Interessen der Parteien im Zeitpunkt der Aufhebungsvereinbarung in Relation zu setzen.

Dieser Ansatz *Wagner-von Papps* entspricht im Ergebnis – wie noch zu zeigen sein wird – der Rechtsprechung zu Schriftformklauseln im südafrikanischen Recht. Denn der Ausgleich der Vertragsfreiheit soll nach *Wagner-von Papp* zunächst dadurch, erfolgen, dass den Parteien eine Bindung an eine Schriftformklausel möglich sein soll. Weiterhin soll ihnen eine prinzipielle Lösungsmöglichkeit von der Schriftformklausel zugestanden werden, und zwar dadurch, dass die Parteien die Schriftformklausel durch eine formgemäße Vereinbarung aufheben können. Hierdurch sei weder die Freiheit im Zeitpunkt des ursprünglichen Vertragsschlusses noch im Zeitpunkt der Vertragsänderung übergebühr eingeschränkt. Weiterhin ist die Bindung an eine Schriftformklausel nicht übergebühr lange, denn sie kann jederzeit formgemäß aufgehoben werden und die Bindung ist darüber hinaus auch nicht unangemessen weitgehend. Die Einhaltung einer Form stellt keine derart unangemessene Einschränkung dar, da die nachträgliche Änderung des Vertrags „durch die geringe Mühe des förmlichen Abschlusses“[231] erfolgen kann.

D. Fazit

Bereits seit dem Anfang diesen Jahrhunderts besteht für die Rechtsprechung kein Zweifel daran, dass Vertragsparteien, die sich für zukünftige Vertragsänderungen einer Formbindung unterworfen haben, den zwischen ihnen bestehenden Vertrag dennoch jederzeit formlos ändern können. Unklar ist lediglich, ob die Parteien die Schriftformklausel zuvor aufheben müssen oder ob die Vertragsänderung auch dann wirksam ist, wenn die Parteien zum Zeitpunkt der mündlichen Änderung nicht an die Schriftformklausel gedacht haben. Abgesehen von zwei frühen Entscheidungen der Oberlandesgerichte *Königsberg* und *Braunschweig* ist diese Rechtsprechung bis zum heutigen Tage einheitlich. Kritik regte sich daher ausschließlich in der Literatur, wobei auch diese zu Beginn des 19. Jahrhunderts beinahe geschlossen die später auch von der Rechtsprechung vertretene Ansicht vertrat. Von einigen wenigen abgesehen[232] regte sich Kritik in der Literatur erst nach Erscheinen der ersten *BGH* Entscheidungen. Diese stützt sich

---

230 Wagner-von Papp, AcP 2005, 342 (359 f.).

231 So schon Böhm, AcP 1979, 425 (429). Auch Eisner hebt hervor, dass es lediglich „einer kurzen schriftlichen Fixierung einer solchen Abrede [bedürfe], die weder Mühen noch Kosten verursacht.“

232 Wassertrüdinger, JR 1928, 82 ff.; Roquette DR 1940, 961 ff.

insbesondere darauf, dass Vertragsparteien ein offensichtliches Interesse daran haben, eine Schriftformklausel in ihren Vertrag aufzunehmen, um zu jeder Zeit Klarheit über den genauen Vertragsinhalt zu haben und die Lösung des *BGH* diesem Interesse zu wieder läuft. Wenn sich die Parteien jederzeit wirksam mündlich über Vertragsänderungen einigen können und gleichzeitig konkludent die Schriftformklausel abändern, wird die ursprünglich vereinbarte Schriftformklausel geradezu obsolet. Sie zeigt keinerlei Wirkung und kann somit genauso gut unterbleiben.[233] Dass der Zweck, den die Parteien mit der Aufnahme einer Schriftformklausel in ihren Vertrag verfolgen, durch die Rechtsprechung des *BGH* unterlaufen wird, hat dieser sogar verschiedentlich zugegeben.[234]

Da die Auslegung von Schriftformklauseln in den meisten Fällen scheitert und damit nicht geklärt werden kann, ob die vereinbarte Schriftform auch für die Änderung der Schriftformklausel selbst gelten soll, ist es erforderlich, die Frage zu beantworten, ob die Rechtsordnung den Parteien die Möglichkeit einräumt, sich selbst an eine gewillkürte Form zu binden oder nicht.

Denn es darf nicht übersehen werden, dass es äußerst unwahrscheinlich ist, dass Parteien jemals schriftlich auf die im ursprünglichen Vertrag vereinbarte Schriftformklausel verzichten, diese also schriftlich aufheben.[235] Viel wahrscheinlicher und wesentlich häufiger kommen die Fälle vor, in denen die Vertragsparteien bei einer Änderung des Vertrags nicht mehr an die von ihnen vereinbarte Schriftformklausel denken.[236] Gerade wegen der Diskrepanz zwischen ursprünglich vereinbarter Form und formloser Änderungsabrede beschäftigen diese Fälle die Gerichte. Jeweils eine der beiden Parteien beruft sich im Nachhinein auf die Formnichtigkeit der nachträglichen mündlichen Änderung, um mündliche Vertragsabreden abzuwehren. Genau diese Fallkonstellation führt

233 Böhm, AcP 179 1979, 425 (428), m.w.N.; Körnig, Schriftformklausel und mündliche Abreden, 62; Kötz, JZ 1967, 287 (288); Tiedtke, MDR 1976, 367 (367); Wassertrüdinger, JZ 1928, 82 (84); a.A. Kliemt, Formerfordernisse im Arbeitsverhältnis, 467. In der Literatur hatte dies zur Folge, dass den Parteien Formulierungsvorschläge unterbreitet wurden, wie bspw. bei Tiefenbacher, DB 1968, 607 (608): „ Vertragsänderungen bedürfen der Schriftform. Die Schriftform ist – entgegen der Rechtsprechung des BGH – Vorraussetzung für die Wirksamkeit einer jeglichen Vertragsänderung“. Siehe weiterhin Boergen, der rechtsprechungssichere Klauseln vorschlägt, BB 1971, 202 (203).

234 BGH NJW 1965, 293.

235 So auch Kliemt, Formerfordernisse im Arbeitsverhältnis, 458; Roloff, NZA 2004, 1191 (1192); Rutkowski, Gewillkürte Schriftform, 64.

236 Kliemt, Formerfordernisse im Arbeitsverhältnis, 458; Roloff, NZA 2004, 1191 (1192).

auch im südafrikanischen Recht zu Schwierigkeiten. Daher ist zu untersuchen, wie diese Rechtsordnung die fraglichen Fälle löst.

2. Kapitel Schriftformklauseln im südafrikanischen Recht

Die nun folgenden Ausführungen beschäftigen sich mit der Behandlung von Schriftformklauseln im südafrikanischen Recht. Zunächst wird der Ausgangspunkt des südafrikanischen Rechts dargestellt (unten A.). Nach einem Blick auf die historische Entwicklung der südafrikanischen Bindung an Schriftformklauseln (unten B.), folgt eine Darstellung der Entwicklung der verschiedenen Möglichkeiten, diese Bindung doch noch zu umgehen (unten C.).

A. Ausgangspunkt im südafrikanischen Recht

Wie im deutschen Recht gilt auch im südafrikanischen Recht der gesetzlich nicht normierte,[237] aber im südafrikanischen Fallrecht niedergelegte Grundsatz der Formfreiheit.[238] Rechtsgeschäfte bedürfen zu ihrer Wirksamkeit nur dann einer bestimmten Form, wenn diese – meist gesetzlich - vorgeschrieben ist. Grundsätzlich sind Rechtsgeschäfte also formlos wirksam. Dem entsprechend ist es den Parteien möglich, Verträge nicht nur mündlich zu schließen, sondern auch mündlich durch Vertrag zu ändern, solange keine anders lautende gesetzliche oder vertragliche Bestimmung existiert.[239] Bedienen sich die Parteien gewillkürter Form, so ist wie im deutschen Recht zwischen deklaratorischer und konstitutiver Form zu unterscheiden.[240] Jedoch existiert im südafrikanischen Recht keine gesetzlich normierte, dem § 125 S. 2 BGB vergleichbare Auslegungsregel. Vielmehr ist – konträr zu § 125 S. 2 BGB - richterrechtlich entschieden worden, dass gewillkürte Form im Zweifel deklaratorische Wirkung hat.[241] In *Goldblatt v Fremantle*[242] heißt es ausdrücklich:

---

237 Normiert ist der Grundsatz schon allein deshalb nicht, weil es kein zum deutschen Bürgerlichen Gesetzbuch vergleichbares Gesetz gibt.

238 Goldblatt v Fremantle, 1920 AD 123 (128): "Subject to certain exceptions, mostly statutory, any contract may be verbally entered into; writing is not essential to contractual validity." Woods v Walters, 1921 AD 303 (305): "The broad rule is that writing is not essential to the validity of a contract."; Christie, The law of Contract in South Africa, 119.

239 Clemens v Russon Brothers (Pty) Ltd., 1970 (3) SA 686 (E) (689 F); Lubbe/Murray, Contract Cases Materials and Commentary, 185.

240 Christie, The Law of Contract in South Africa, 120; Van der Merwe, Contract General Principles, 138.

241 So auch Van der Merwe, Contract General Principles, 138: „The presumption is that

„And if during negotiations mention is made of a written document, the Court will assume that the object was merely to afford facility of proof of the verbal agreement, unless it is clear that the parties intended that the writing should embody the contract."

Das Gericht verweist hierbei auf *Grotius.*[243] Unter Verweis auf *Voet*[244] stellt das Gericht zudem fest, dass es den Parteien ebenso freistehe, eine konstitutive Wirkung zu vereinbaren.[245] In diesem Fall sei die Wirksamkeit des Vertrages von der Einhaltung der Form abhängig.[246] Eine formwidrige Vereinbarung ist dann grundsätzlich nichtig.[247] Diese grundlegende Entscheidung wurde in *Woods v Walters*[248] insoweit ergänzt, als die Beweislast der Partei obliegen sollte, die sich auf die konstitutive Wirkung der Form berief.[249] Wenige Jahre später wurde sie

---

parties who resort to writing of their own accord do so for evidential reasons rather than to impose formalities." Ebenso Lubbe/Murray, Contract, Cases Materials and Commentary, 183: "A written document is assumed merely to be a convenient record and a more substantial proof of the verbal agreement. It is however, open to parties to agree that inspite of verbal agreement, there shall be no contract between them until some or other formality, usually the writing down and signing of the agreement, have been complied with." Kerr, The principles of the law of contract, 141: "... whenever the intention of the speaker is not clear the rule is that in Goldblatt v Fremantle."

242 Goldblatt v Fremantle, 1920 AD 123 (128, 129). Die Rechtsprechung kehrt quasi die in Deutschland geltende Regelung des § 154 II BGB für die Phase der Vertragsverhandlungen um. Ebenso das Gericht in Woods v Walters, 1921 AD 303 (305): „But the mention of a written document during the negotiations will be assumed to have been made with a view to convenience of record and facility of proof of the verbal agreement come to, unless it is clear that the parties meant that the writing should constitute the contract."

243 Grotius, Inleiding tot de Hollandsche Rechtsgeleertheyd, III, 14 § 26.

244 Voet, Commentarius ad Pandectas, 1778, 5.1.73.

245 Voet hatte, als er 1687 das erste Mal Vorlesungen im mordernen Recht gab, Grotius Inleiding als Lehrbuch benutzt; die Vorlesungen wiederum bildeten die Grundlage für seinen eigenen berühmten Pandektenkommentar; hierzu Zimmermann, Römisch-holländisches Recht – ein Überblick, in: Feenstra/Zimmermann, Das römisch-holländische Recht, 1992, 9 (30 f.)

246 Goldblatt v Fremantle, 1920 AD 123 (129): „... and in that case there will be no binding obligation until the terms have been reduced to writing and signed."

247 Van der Merwe, Contract General Principles, 155; Wilken v Kohler, 1913 AD 135.

248 Woods v Walters, 1921 AD 303 (305, 306); ebenso Goldblatt v Fremantle, 1920 AD 123 (126).

249 In mehreren Folgeentscheidungen wurde konkretisiert, wann der Beweis der konstitutiven Form geführt sei. In Lordan v Pelunsky and Mervis, 1925 OPD 18 (19) reichte der

noch einmal in *De Bruin v Brink*[250] bestätigt. Eine Änderung der Rechtsprechung ist seitdem nicht erfolgt.[251]

Für die im Vordergrund dieser Arbeit stehende Vereinbarung von Schriftformklauseln folgt hieraus, dass es den Vertragsparteien grundsätzlich freisteht, eine gewillkürte Form zu vereinbaren.

B. Rechtsprechung und Literatur

Die Rechtsprechung zur Wirksamkeit von Schriftformklauseln war zunächst uneinheitlich; erst 1964 wurde die Streitfrage durch eine Entscheidung der *Appellate Division* zu einem Ende gebracht.

I. Young v Land Values

Im Jahre 1924 erlangte eine vertraglich vereinbarte Schriftformklausel erstmals die Aufmerksamkeit der Gerichte.[252] In *Young v Land Values*[253] schlossen die Parteien einen Grundstückskaufvertrag, der eine Schriftformklausel enthielt. § 5 des Kaufvertrags sah vor, dass der Käufer die Übertragung des Eigentums mit Zahlung der letzten Kaufpreisrate von 1 £ verlangen könne. Zwei Jahre nach Vertragsschluss vereinbarte der Käufer mit den Vertretern des Verkäufers, dass anstelle der noch ausstehenden 150 £ eine Zahlung von weiteren 135 £ als letzte Rate akzeptiert und daraufhin kurzfristig (*in reasonable time*) das Eigentum übertragen werde. Der Käufer zahlte den ausstehenden Betrag von £ 135 und forderte vergeblich die Übertragung des Eigentums. Weil der Verkäufer seiner Verpflichtung zur Übertragung des Eigentums nicht nachgekommen war, erklärte der Käufer schließlich den Rücktritt vom Kaufvertrag und forderte die Rückzahlung der bereits erfolgten Zahlungen auf den Kaufpreis. Vor Gericht stützte er sich darauf, dass die Kaufvertragsurkunde hinsichtlich der Zahlungsmodalitäten im Nachhinein mündlich geändert worden sei. Das Gericht erkannte zwar die entscheidende Bedeutung der Frage nach der Wirksamkeit der nachträglichen

---

Beweis, dass die mündliche Übereinkunft eine Reihe von Details enthielt, die die Parteien nicht würden behalten können, in Mitchell v Knox-Gore, 1935 NPD 490 (494, 507) wurde der Beweis geführt, dass eine der Parteien auf einen schriflichen Vertrag gedrängt hatte, um mit Vertragsunterzeichnung gebunden zu sein und genau zu wissen, wo die Parteien stünden.

250 De Bruin v Brink, 1925 OPD 68 (73).

251 Siehe hierzu auch Christie, The Law of Contract in South Africa, 120 ff.

252 Soweit ersichtlich jedoch nicht der Literatur.

253 Young v Land Values Ltd., 1924 WLD 216.

Vertragsänderung. Es ging jedoch schlicht davon aus, dass die Schriftformklausel abbedungen worden war, da während der Änderungsverhandlungen auf die Klausel kein Bezug genommen wurde.[254] Die vorranging zu klärende Frage, ob eine Schriftformklausel überhaupt abbedungen werden kann und in welcher Form dies geschehen muss, wurde nicht erörtert.[255] Es liegt vielmehr nahe, dass das Gericht von einer konkludenten Aufhebung der Schriftformklausel ausging. Die Entscheidung ist jedenfalls wenig aufschlussreich, was die Frage der Wirksamkeit von Schriftformklauseln anbelangt.[256]

II. Bank v Grusd

Im Zusammenhang mit Schriftformklauseln wird in der Literatur häufig auf die 15 Jahre später ergangene Entscheidung in *Bank v Grusd*[257] hingewiesen.[258] In diesem Fall hatten die Parteien jedoch keine Schriftformklausel vereinbart sondern in einem Bauvertrag festgelegt, dass keinerlei Extraarbeiten ohne die vorherige schriftliche Zustimmung der Eigentümerin durchgeführt werden sollten. Im Laufe der Zeit wurden dennoch Extraarbeiten mit lediglich mündlicher Zustimmung der Eigentümerin durchgeführt, die für die Kosten der Arbeiten jedoch nicht aufkommen wollte. Das Gericht entschied, dass die Eigentümerin nicht das Recht habe, sich auf die Klausel des Vertrages zu berufen um die Zahlung von Extraarbeiten zu verwehren. Sie habe mündlich der Durchführung von Extraarbeiten zugestimmt, gewusst, dass Extraarbeiten durchgeführt wurden und den Nutzen daraus gezogen.[259] Daher müsse sie auch für die Kosten der Arbeiten aufkommen. Der Fall trägt daher nicht zu der Beantwortung der Frage bei, ob eine Partei sich auf eine Schriftformklausel berufen kann, wenn ein Vertrag lediglich mündlich geändert wurde. [260]

---

254 Young v Land Values Ltd., 1924 WLD 216 (220): "But that clause was not referred to during the argument and it must be taken to have been waived."

255 Die Stelle im Urteil Young v Land Values, Ltd., 1924 WLD 216 (220) lautet: „It is true that clause 15 of the deed of sale provides that it cannot be altered except by endorsement written or printed thereon and signed by seller and purchaser. But that clause was not referred to during the argument and it must be taken to have been waived."

256 So auch Francis, SALJ 1963, 395 (395).

257 Bank v Grusd, 1939 T.P.D. 286.

258 So bei Murray, SALJ 1958, 15 (18); Francis, SALJ 1963, 395 (395).

259 Die Klage war auf vertragliche Ansprüche gestützt, nicht auf Ansprüche aus ungerechtfertigter Bereicherung (enrichment); das Urteil wurde dementsprechend gefällt.

260 Weiterhin kam Maritz J. in Bank v Grusd auch primär deshalb zu dem dargestellten

III. Independent Picture Palaces

In diesem Fall[261] hatte sich die Beklagte vertraglich verpflichtet, der Klägerin - einer Kinogesellschaft - Filme zu vermieten; die Klägerin sollte die Miete wöchentlich entrichten. Der Vertrag wurde über 15 Monate hinweg durchgeführt, wobei beinahe alle Zahlungen der Klägerin verspätet vorgenommen wurden. Als zwei weitere Zahlungen ausblieben, kündigte die Beklagte den Vertrag fristlos, wobei sie sich auf eine Klausel stützte, die ihr ein Kündigungsrecht für den Fall der verspäteten Zahlung einräumte.[262] Die Klägerin brachte vor, die Kündigung sei unwirksam, da die Beklagte monatelang die verspäteten Zahlungen angenommen habe, ohne den Eindruck zu erwecken, deshalb gegebenenfalls von ihrem Kündigungsrecht Gebrauch zu machen. Dadurch sei zum einen die ursprünglich zwischen den Parteien vereinbarte Schriftformklausel konkludent abbedungen und zum anderen die Klausel bezüglich der Zahlungsmodalitäten abgeändert worden.

Das Gericht wies die Klage jedoch mit der Begründung ab, dass einer mündlichen Änderung des Vertrags die von den Parteien vereinbarte Schriftformklausel[263] entgegenstehe. Diese Klausel sei im Interesse beider Parteien in den Vertrag aufgenommen worden um mündliche Vertragsänderungen zu vermeiden. Das Gericht betrachtete die Schriftformklauseln somit als wirksam und bindend.[264] Darüber hinaus merkte der entscheidende Richter in *Independent Picture Palaces* an, dass aus den Umständen auch weder ein auf eine Vertragsänderung gerichtetes Angebot noch eine Annahme ersichtlich sei. In späterer Zeit

---

Ergebnis, weil er der Ansicht war, dass ansonsten ein arglistiges Verhalten der Eigentümerin nicht sanktioniert würde. Insoweit stützt er sich auf das Urteil in Hill v The South Staffordshire Railway Company, 12 LT 63, indem es zu einem gleichgelagerten Fall hieß: „... it would be a fraud on the part of this company to have desired, by their engineer, these alterations to be made ... and then to refuse payment on the ground that the expenditure was incurred without proper orders having been given for the purpose."

261 Independent Picture Palaces (Pty) Ltd. v Independent Film Distributors (Pty) Ltd., 1936 NPD 456.

262 § 27 des Vertrages lautete: "In the event of the hirer failing to comply with and carry out any of the covenants of this agreement or committing a breach of any of the conditions hereof, the suppliers shall be entitled, but shall not be obliged, to cancel this agreement ..."

263 § 21 des Vertrages lautete: "No conditions of this agreement may be suspended or modified unless in writing and signed by the suppliers and hirers."

264 So auch Turpin, Annual Survey of South African Law, 1959, 54 (57); Francis, SALJ 1963, 395 (395); Murray, SALJ 1958, 15 (16).

wurden ähnlich gelagerte Fälle unter der Problematik des Verzichts (*waiver*) diskutiert.[265]

IV. Sette v Saker

1. Die Entscheidung des Gerichts

Die erste Entscheidung zur Wirksamkeit von Schriftformklauseln, die auch in der Literatur Beachtung fand, erging im Jahre 1957. In *Sette v Saker*[266] hatten die Parteien einen Kaufvertrag mit Schriftformklausel[267] geschlossen und gleichzeitig Ratenzahlung vereinbart. Der Käufer kam jedoch mit seinen Ratenzahlungen in Rückstand, weshalb ihn der Verkäufer in Arrest nehmen ließ, bis der Käufer Sicherheiten für die Forderungen des Verkäufers stellen konnte. Später griff der Käufer die Rechtmäßigkeit des Arrests mit der Begründung an, ein Vertreter des Verkäufers habe – wie durch den Kreditmanager des Verkäufers bestätigt werde - bereits vor dem Arrest einen rückdatieren Scheck in Höhe des noch ausstehenden Betrags akzeptiert. Der Verkäufer wies diesen Vortrag mit der Begründung zurück, das geschilderte Vorgehen bedeute eine mündliche Änderung des ursprünglichen Vertrags,[268] was durch die Schriftformklausel verhindert werde. Mithin sei der Beweis für diese Behauptung unzulässig (*parol evidence rule*), da andernfalls der Beweis einer mündlichen Vertragsänderung zugelassen werde. Der Käufer berief sich demgegenüber auf die Unwirksamkeit der Schriftformklausel. Den Vertragsparteien stünde es nicht zu, ihre vertraglichen Möglichkeiten durch eine Schriftformklausel derart einzuschränken. Vielmehr könnten sie sich von dieser Klausel jederzeit lösen, da alles andere zu absurden Ergebnissen führe.

In dieser Situation entschied das Gericht, der Beweis einer mündlichen Vertragsänderung sei zulässig. Es sei durchaus möglich, dass die Parteien die Schriftformklausel nachträglich aufgehoben hätten. Eine einmal vereinbarte Schriftformklausel könne die Parteien nicht daran hindern, den Vertrag im Nachhinein jederzeit mündlich zu ändern.

---

265 Ein solcher Verzicht wäre dann an § 27 des Vertrages gescheitert, siehe hierzu ausführlich unten Kap. 2 C I 1.

266 Sette v D. H. Saker (Pty), Ltd., 1957 (2) SA 87 (W).

267 § 20 des Vertrages lautete: "No agreement varying in any way the terms and conditions of the contract shall be of any force or effect unless contained in writing and signed by the seller and purchaser."

268 Nämlich des Fälligkeitsdatums für die Zahlung.

Das Gericht stützte seine Begründung zunächst fälschlicherweise auf die zuvor dargestellte Entscheidung in *Independent Picture Palaces*[269] aus dem Jahre 1936, in der das Gericht die dort vereinbarte Schriftformklausel als wirksam und bindend betrachtet hatte.[270] Vermutlich beruht dieser Irrtum darauf, dass der entscheidende Richter in *Independent Picture Palaces* nachfolgend anmerkte, dass aus den Umständen weder ein auf eine Vertragsänderung gerichtetes Angebot noch eine Annahme ersichtlich sei. Hieraus schloss das Gericht in *Sette* v *Saker* offensichtlich, dass in *Independent Picture Palaces* eine mündliche Vertragsänderung für möglich aber unbewiesen gehalten worden war.

Seine Ansicht, dass eine Schriftformklausel die Parteien nicht daran hindern könne, den Vertrag mündlich zu ändern, stützte das Gericht weiterhin auf die folgenden Argumente: Es gebe keine Rechtsprechung oder Rechtsquelle, die besage, dass nach südafrikanischem Recht eine von den Parteien gewählte Formvorschrift diese für alle Zukunft an die vorgeschriebene Form binde. Gäbe es eine solche Rechtsprechung, so müsse er dieser widersprechen. Denn nichts könne die Parteien daran hindern, eine einmal vereinbarte Schriftformklausel aufzuheben, solange die Voraussetzungen des Vertragsschlusses (*justa causa* und *consensus ad idem*) gewahrt seien; eine solche Aufhebung müsse dementsprechend nicht in der durch die Schriftformklausel vorgesehenen Form erfolgen. Vielmehr würde es zu untragbaren, absurden Ergebnissen führen, wenn Vertragsparteien die Möglichkeit hätten, sich durch eine Schriftformklausel derart zu binden, dass sie in der Zukunft nicht mehr frei und in jeglicher Form Verträge miteinander schließen können. Ob eine Schriftformklausel im Einzelfall aufgehoben worden sei, sei eine Tatsachenfrage.[271] In *Independent Picture Palaces* sei eine solche Aufhebung lediglich nicht bewiesen worden.[272]

Die Entscheidung in *Sette v Saker* ist jedoch insoweit offen, als nicht deutlich wird, ob bereits in jeder nicht schriftlichen Vertragsänderung eine konkludente Aufhebung der Schriftformklausel liegt, oder ob die Parteien die Schriftformklausel zunächst ausdrücklich aufheben müssen und dann den Vertrag mündlich ändern können.

---

269 Independent Picture Palaces (Pty) Ltd. v Independent Film Distributors (Pty) Ltd., 1936 NPD 456.

270 So auch Turpin, Annual Survey of South African Law, 1959, 54 (57); Francis, SALJ 1963, 395 (395); Murray, SALJ 1958, 15 (16).

271 Sette v D. H. Saker (Pty), Ltd., 1957 (2) SA 87 (W) (91, 92).

272 Hierzu oben unter Kap 2 B III.

2. Die Literatur

In der Literatur stieß die Entscheidung des Gerichts auf Kritik. Insbesondere *Murray*[273] wandte sich aus Gründen der Praktikabilität vehement gegen die Wirksamkeit mündlicher Änderungen. Er wies darauf hin, dass solche Klauseln seit Jahrzehnten von Parteien in dem Glauben benutzt würden, wirksam vor ungewollten mündlichen Vertragsänderungen geschützt zu sein.[274] Weiterhin würden Schriftformklauseln vielfach in Verträgen benutzt, in denen eine der Parteien ein großes Unternehmen sei. Nur dann, wenn Schriftformklauseln anerkannt und wirksam seien, wäre jedem Mitarbeiter des Unternehmens zu jeder Zeit der genaue Vertragsinhalt bewusst. Andernfalls käme es genau zu jener Unsicherheit über den Vertragsinhalt, den die Parteien verhindern wollten.

Zudem stützt sich die Literatur auf den in *Goldblatt v Fremantle*[275] festgelegten Grundsatz,[276] wonach es den Parteien grundsätzlich freisteht, die Wirksamkeit eines Rechtsgeschäfts von der Einhaltung einer bestimmten Form abhängig zu machen. Auf Vertragsänderungen angewandt bedeute dies, dass es den Parteien nicht möglich sei, Verträge im Nachhinein mündlich zu ändern, wenn zuvor eine Schriftformklausel vereinbart worden sei.[277]

Schließlich bringt *Murray* vor, dass die Entscheidung in *Sette v Saker* dem Grundsatz *pacta sunt servanda* widerspreche.[278] In Südafrika hat dieser Grundsatz große Bedeutung[279] und es wird in vielen Urteilen klargestellt, dass - als Kehrseite der Vertragsfreiheit - wirksam vereinbarte Verträge durchgesetzt werden müssen.[280] *Murray* weist beispielhaft darauf hin, dass eine Person, die in einen Verein eintrete, sich auch dessen Regeln unterwerfen und somit ihre Ver-

273 SALJ 1958, 15 ff.

274 Er spricht davon, dass die Parteien davon ausgingen, eine „good and valid clause" zu benutzen.

275 Goldblatt v Fremantle, 1920 A.D. 123; so auch entschieden in Woods v Walters, 1921 A.D. 303; Amoils v Amoils, 1924 W.L.D. 88; Cole v Stuart, 1940 A.D. 399.

276 Murray, SALJ 1958, 15 (19).

277 Marais, J. hatte in Sette v Saker einen solchen Rechtsgrundsatz nicht sehen können.

278 Murray, SALJ 1958, 16 (20).

279 Hierzu ausführlich unten Kap. 4 F.

280 Henderson v Hanekom, 1903 20 SC 513: „All modern commercial dealings proceed upon the assumption that binding contracts will be enforced by law." Weiterhin Osry v Hirsch, Loubser & Co Ltd, 1922 CPD 531 (546); Wells v SA Alumenite, 1927 AD 69; Linstrom v Venter, 1957 (1) SA 125 (SWA) 127. Ausführlich hierzu in Kap. 3 F.

tragsfreiheit einschränken würde.[281] Hieraus zieht er den Schluss, dass es Parteien auch möglich sein müsse, ihre Vertragsfreiheit durch die Vereinbarung einer Schriftformklausel einzuschränken. Zudem führe die Durchsetzung von Schriftformklauseln auch nicht zu einer unbilligen Härte, da Schriftformklauseln die Änderung von Verträgen nicht generell ausschlössen, sondern lediglich eine besondere Form vorschrieben. Hierzu hätten sich die Parteien jedoch freiwillig verpflichtet.[282]

Die Entscheidung fand aber auch ihre Anhänger in der Literatur.[283] Diese erkennen zwar, dass Schriftformklauseln viel von ihrem Zweck einbüßen, wenn die Parteien den Vertrag doch mündlich ändern können. Trotzdem sei es den Parteien möglich, Schriftformklauseln mündlich aufzuheben oder den Vertrag mündlich zu ändern und gleichzeitig ausdrücklich oder konkludent zu beschließen, dass die Schriftformklausel auf diese Änderung nicht anwendbar ist.

V. Fick v Crewe

Auch in der nur zwei Jahre nach *Sette v Saker* ergangenen Entscheidung in *Fick v Crewe*[284] hielt das Gericht eine mündliche Änderung trotz Schriftformklausel für wirksam.

Die Parteien des Rechtsstreits hatten sich im März 1952 scheiden lassen und kurz vorher, im Oktober 1951, einen Vertrag geschlossen, der ihre Eigentumsrechte regelte. Dieser wurde im Januar 1952 durch einen weiteren Vertrag ergänzt. Im Dezember 1952 wurden beide Verträge durch einen dritten Vertrag ersetzt, der eine Schriftformklausel enthielt. Eine zuletzt unterzeichnete vierte Vertragsurkunde, in der die Klägerin dem Beklagten gegenüber auf jegliche ihr zustehenden Zahlungen verzichtete, wies aber lediglich die Unterschrift des Beklagten und nicht die der Klägerin auf. Die Klägerin klagte Schadenersatz für einen Vertragsbruch des dritten Vertrages ein, nach dem ihr verschiedene Zahlungen zustanden, die sie bisher nicht erhalten hatte. Der Beklagte behauptete, der dritte Vertrag sei im Nachhinein durch die vierte Vertragsurkunde abgeändert worden. Da der vierte Vertrag aber nur die Unterschrift des Beklagten ent-

281 Siehe hierzu die Entscheidungen in Matthews v Young, 1922 AD 492; Marlin v Durban Turf Club, 1942 AD 112.

282 Murray, SALJ 1958, 15 (20) schließt seinen Aufsatz daher mit den Worten: „We submit, therefore, that the decision of Marais, J., in the Sette case, on the non-variation clause point, is incorrect and should not be followed."

283 Van Heerden, 24 THRHR 1961, 61 ff.

284 Fick v Crewe, 1959 (2) SA 331 (N).

hielt, kam insoweit lediglich eine mündliche Änderung des dritten Vertrags in Betracht.

Trotz des Echos in der Literatur nahm das Gericht auf die zuvor ergangene Entscheidung in *Sette v Saker* und die weitere zu dieser Frage ergangene Rechtsprechung keinen Bezug.[285] Ausgehend von der Grundregel, dass die Parteien einen schriftlichen Vertrag jederzeit ändern können, wenn er keine Schriftformklausel enthält, kam es zu dem Schluss, dass - sofern ein Vertrag eine Schriftformklausel enthält - die Partei, die sich auf eine Änderung des Vertrags beruft, die mündliche Änderung beweisen muss. Die Frage, ob die Parteien für eine solche mündliche Änderung die Schriftformklauseln vorher aufgehoben haben müssen, blieb hingegen unbeantwortet.[286]

Kritisiert wurde in der Literatur, dass sich das Gericht weder mit den bereits entschiedenen Fällen noch mit der Literatur oder den Grundlagen des Vertragsrechts auseinander setzte.[287] Zudem müsse dringend entschieden werden, ob – vorausgesetzt eine mündliche Änderung sei möglich – die Parteien die Schriftformklausel vorher ausdrücklich aufheben müssen.[288]

VI. Sotiriadis v Patel

Genau entgegengesetzt fiel die Entscheidung des Gericht in *Southern Rhodesia* bereits ein Jahr später (1960) in *Sotiriadis v Patel*[289] aus, die gleichzeitig die heute geltende Rechtsprechung einläutete.

1. Die Entscheidung des Gerichts

Obwohl es sich eigentlich um einen Fall handelt, in dem eine *non-waiver-clause*[290] vereinbart worden war, nahm das Gericht auch zur Frage der Wirk-

---

285 Fick v Crewe, 1959 (2) SA 331 (N) (335): „No authorities were cited to me, nor have I been able to find any, which dealt with the rights of one party to set up a verbal agreement to cancel or alter an agreement which contains such a clause."

286 Anders Murray, SALJ 1959, 251 (253), der die Entscheidung trotzdem dahingehend versteht.

287 Murray, SALJ 1959, 251; Turpin, Annual Survey 1959, 56 (57).

288 Turpin, Annual Survey 1959, 56 (57).

289 Sotiriadis v Patel, 1960 (2) SA 812 (SR).

290 Die non-waiver-clause war wie folgt ausgestaltet: "Notwithstanding any express or implied provisions of this agreement to the contrary, any latitude of extension of time which may be allowed by the lessor in respect of payments of rent or any relaxation of any provisions of this lease shall not under any circumstances be deemed to be a waiver of the lessor's rights under these presents."

samkeit von Schriftformklauseln Stellung, da die Parteien auf die Entscheidungen in *Independent Picture Palaces*, *Sette v Saker* und *Fick v Crewe* Bezug genommen hatten. Diesmal hielt das Gericht Schriftformklauseln für wirksam und bindend und vertrat die Ansicht, dass in der Entscheidung in *Sette v Saker* ein grundlegendes Prinzip des Vertragsrechts übersehen worden sei, nämlich die in *Woods v Walters*[291] festgelegte Regel, dass Vertragsparteien die Wirksamkeit eines Vertrages von der Einhaltung einer bestimmten Form abhängig machen können.[292] Es gebe keinen logischen Grund dafür, den Parteien die Möglichkeit abzusprechen, eine Formvereinbarung für Vertragsänderungen zu vereinbaren. Hierdurch werde die Vertragsfreiheit der Parteien zwar beschränkt, jedoch nicht völlig aufgegeben.

2. Reaktion der Literatur

Zwar fand dieses Urteil zum Teil die Zustimmung der Literatur,[293] jedoch blieb auch die Kritik an der Entscheidung des Gerichts nicht aus.[294] Die Kritiker waren der Ansicht, dass die Entscheidungen in *Goldblatt v Fremantle* und *Woods v Walters*[295] nicht herangezogen werden könnten, um eine mündliche Änderung von Verträgen mit Schriftformklausel auszuschließen.[296] *Murray* und das Gericht in *Sotiriadis v Patel*[297] hatten die genannten Entscheidungen zitiert und argumentiert, dass auch im Falle der Vereinbarung einer Schriftformklausel Änderungen nur wirksam seien, wenn sie schriftlich erfolgten. Insbesondere *Francis*[298] benutzte diese Entscheidungen jedoch, um genau entgegengesetzt zu argumentieren: Da es keine Rechtsprechung dahingehend gebe, dass ein Abgehen von der ursprünglichen Schriftformabrede auch schriftlich erfolgen müsse, könne ein Abgehen von der für den Vertragsschluss vereinbarten Schriftform auch

---

291 Oben, Kap. 2 A.

292 Insoweit verwies Hathorn J. erneut auf die Entscheidungen in Goldblatt v Freemantle und Woods v Walters, siehe Sotiriadis v Patel, 1960 (2) SA 812 (SR) 815.

293 Wenig überraschend fand diese Entscheidung die Zustimmung Murrays, SALJ 1960, 278 f., der sich zuvor stets für die Wirksamkeit von Schriftformklauseln ausgesprochen hatte.

294 Van Heerden, THRHR 1961, 61; Francis, SALJ 1963, 395 ff.

295 siehe hierzu oben Kap. 2 A.

296 Francis, SALJ 1963, 395 (397).

297 Siehe hierzu oben Kap. 2 B VI.

298 Francis, SALJ 1963, 395 (396).

mündlich erfolgen. Diese Schlussfolgerung lasse auch die Entscheidung in *Goldblatt v Fremantle*[299] zu. Dort heißt es:

> „Here, as there, the agreement was to be embodied in writing; and until that has been done, no contract comes into existence *unless the facts show* that there has been a new agreement or a waiver of the original stipulation."

Mithin müsse es auch möglich sein, Schriftformklauseln mündlich aufzuheben.[300]

Darüber hinaus setzt sich *Francis* auch mit dem zuvor von *Murray* vorgebrachten Argument des *pacta sunt servanda* auseinander. Auch dieses Prinzip könne nicht herangezogen werden, weil es nicht vorschreibe, dass Parteien an einen Vertrag auch dann noch gebunden seien, wenn sie ihn aufheben wollen. Der Vertrag, der einen anderen aufhebt – in diesem Fall also die Vertragsänderung - müsse auch Beachtung finden, da der spätere Vertrag grundsätzlich den früheren „beende". Insoweit stimmt sie dem Gericht in *Sette v Saker*[301] zu, das eine vertragliche Vereinbarung für absurd gehalten hatte, mit der die Parteien ihre Vertragsfreiheit für die Zukunft beschränken können. Sie führt diesen Gedanken fort: Ließe man es zu, dass Parteien sich an eine Form für zukünftige Vertragsschlüsse binden können, folge daraus auch, dass ein Vertrag wirksam wäre, in dem die Parteien sich verpflichteten, nie wieder miteinander in vertraglichen Kontakt zu treten.

VII. S.A. Sentrale Ko-op Graanmaatskappy Bpk v Shifren en andere

1964 brachte die *Appelate Division*[302] die Streitfrage schließlich zu einem Ende. In *S.A. Sentrale Ko-op Graanmaatskappy Bpk v Shifren en andere*[303] entschied sie sich für die Wirksamkeit von Schriftformklauseln und die Unwirksamkeit nachträglicher mündlicher Änderungen.

---

299 Goldblatt v Fremantle, 1920 A.D. 123 (132).

300 Francis, SALJ 1963, 395 (397). Ebenso van Heerden, THRHR 1961, 61 (62). Anders Tager, SALJ 1976, 423 (426): "It can thus be seen that Shifren's case is an extension of the principle laid down in Goldblatt v Fremantle."

301 Sette v D. H. Saker (Pty), Ltd., 1957 (2) SA 87 (W).

302 Die Appellate Division des Supreme Court ist das höchte Gericht für Zivilsachen in Südafrika.

303 S.A. Sentrale Ko-op Graanmaatskappy Bpk v Shifren en andere, 1964 (4) SA 760 (A).

1. Entscheidung des Gerichts

Zur Entscheidung lag der *Appellate Division* ein Fall vor, in dem ein Mietvertrag eine einfache Schriftformklausel enthielt.[304] Darüber hinaus enthielt der Vertrag das Verbot, den Mietgegenstand ohne schriftliche Einwilligung des Vermieters unterzuvermieten oder einer dritten Person zu überlassen. Der Vermieter willigte später mündlich in eine Überlassung des Mietgegenstandes an einen Dritten ein, unter der Bedingung, dass der Mieter die Zahlung durch den Dritten garantiere. Später kündigte der Vermieter den Mietvertrag, weil der Mieter den Mietgegenstand ohne seine schriftliche Zustimmung an einen Dritten überlassen habe. Dagegen wandte sich der Mieter mit seiner Klage und stützte sich vor Gericht auf die mündliche Änderung des Vertrages.[305]

In den Schriftsätzen der Parteien wurden der *Appellate Division* beinahe sämtliche bisher entschiedenen Fälle und die dazugehörige Literatur vorgetragen.[306] In erster Instanz hatte *Erasmus AJ* entschieden, dass sich die Parteien

---

304 Paragraph 19 des Vertrages enthielt folgende Klausel: "Any variations in the terms of this agreement as may be agreed upon between the parties shall be in writing otherwise the same shall be of no force of effect."

305 Interessanterweise findet sich ein ähnlicher Fall schon 1905 bei Tauber, Wirksamkeit mündlicher Abänderungen eines schriftlichen Mietvertrags, Gruchot 49 (1905), 228 (235). Er bildet folgendes Fallbeispiel: „Nehmen wir z.B. einen schriftlichen Mietvertrag an, welcher folgende Bestimmungen enthält: § 9. Der Mieter ist nicht berechtigt, das Grundstück ohne schriftliche Erlaubnis des Vermieters an andere Personen weiterzuvermieten. § 10. Abänderungen dieses Vertrages sind nur wirksam, wenn sie in schriftlicher Form getroffen sind. Der Vermieter führt dem Mieter selbst einen Untermieter zu und bemerkt auf den Einwand des Mieters, dass zur Untermiete nach dem Vertrage schriftliche Erlaubnis erforderlich sei; er werde selbstverständlich in diesem Falle die Erlaubnis erteilen, da er ja selbst dem Mieter den Untermieter zugeführt habe; der Mieter solle ruhig an den Untermieter vermieten." Im folgenden will der Vermieter aus der vertragswidrigen Untervermietung Rechte gegen den Mieter herleiten. Im Unterschied zur Fallkonstellation in Shifren hat der Vermieter dem Mieter hier selbst eine Untervermietung vorgeschlagen. Wie in Shifren auch, hat der Vermieter der Untervermietung jedoch mündlich zugestimmt. Tauber führt aus, dass in diesem Falle das Verhalten des Vermieters arglistig sei und gegen Treu und Glauben verstoße. Hier sei zugunsten des Mieters die exceptio doli generalis gegeben, da niemand berechtigt sei, für sich rechtliche Vorteile aus einem Vorgang zu ziehen, zu dessen Vornahme er selbst den Gegner hinterlistig angeregt hat.

306 Der Kläger zog Sotiriadis v Patel, 1960 (2) SA 812; Sette v Saker, 1957 (2) SA 87 (W); Bank v Grusd, 1939 TPD 286; Young v Land Values, 1924 WLD 216; Murray, SALJ 1958, 15 und Francis, SALJ 1963, 395; heran; der Beklagte darüber hinaus Independent

trotz einer vereinbarten Schriftformklausel wirksam mündlich einigen können. Die der *Appellate Division* vorgelegte Frage lautete, ob Parteien trotz einer Schriftformklausel eine gültige mündliche Übereinkunft treffen können, im vorliegenden Fall also die mündliche Zustimmung zur Untervermietung ausreichend war.

Der Vorsitzende Richter (*Steyn, C.J.*) erkannte, dass es sich hierbei um keine neue Frage handelte. Er nahm Bezug auf die Entscheidungen in *Independent Picture Palaces* und *Sette v Saker*, wobei er klarstellte, dass der Sachverhalt in *Independent Picture Palaces* zu dem in *Shifren* nicht vergleichbar sei, da in diesem Fall keine zweiseitige Änderungsabrede zur Diskussion stand, sondern vielmehr ein einseitiger Verzicht. In Bezug auf die Vorlagefrage entschied er, dass auch die Schriftformklausel selbst - als Teil des ursprünglichen Vertrags - ausschließlich schriftlich geändert werden kann.[307]

Die eigentliche Begründung beginnt er mit der Feststellung, dass sich Vertragsparteien selbstverständlich und unstreitig für den Vertragsschluss derart „beschränken können", dass die Wirksamkeit des Vertrags von der Einhaltung einer bestimmten Form abhängt. Hierin liegt eine Bestätigung des in *Goldblatt v Freemantle* und *Woods v Walters* festgelegten Grundsatzes[308], dass Vertragsparteien die Wirksamkeit eines Vertrags von der Einhaltung einer gewillkürten Form abhängig machen können. Darüber hinaus sei unstreitig, dass Vertragsparteien im Nachhinein von einer solchen Abrede mündlich wieder abgehen können, indem sie mündlich vereinbaren, dass sie den Vertrag (doch) mündlich schließen werden.[309] Dies sei deshalb möglich, weil die frühere Abrede durch die spätere Abrede widerrufen werde und weil „nichts zwischen den Parteien bestehe, das einer mündlichen Abrede entgegenstehen könne". Hieraus könne jedoch nicht geschlossen werden, dass den Parteien dieselbe „Freiheit" für Vertragsänderungen zustünde, wenn sie sich zuvor an eine Schriftformklausel ge-

---

Picture Palaces, 1936 NPD 456, Murray, SALJ 1959, 251 und SALJ 1960, 278; van Heerden, THRHR 1961, 61.

307 S.A. Sentrale Ko-op Graanmaatskappy Bpk v Shifren en andere, 1964 (4) SA 760 (A) 766 B: „By die oorweging van die onderhawige vraag is dit van belang om in gedagte te hou dat die betrokke bepaling, d.w.s. klousule 19 van die kontrak, self en beding in die kontrak is en daarom, net soos ander bedinge, onder die verskansing van 'n skrifvereiste gestel word."

308 Siehe hierzu oben Kap. 2 A.

309 Auch dies war in der Rechtsprechung bereits anerkannt, siehe oben Kap. 2 A.

bunden hätten.[310] In diesem Fall könnten die Parteien den Vertrag nicht ändern, ohne die vereinbarte Form einzuhalten. Die Vereinbarung einer Form für den Vertragsschluss und für eine Vertragsänderung seien zwei verschiedene Fälle. Vereinbarten die Parteien eine Schriftformklausel, kämen sie nicht nur überein, einen Vertrag schriftlich zu schließen, sondern auch einen schriftlichen Vertrag ausschließlich schriftlich zu ändern. Hätten die Parteien eine Schriftformklausel vereinbart, die sich selbst erfasst, gäbe es keinen guten Grund, warum eine Partei die andere nicht an die Schriftformklausel gebunden halten könne. Das Gericht betonte, dass es die eindeutige Absicht der Parteien gewesen sei, Streitigkeiten und Beweisschwierigkeiten, die aus einer mündlichen Änderung resultieren könnten, zu vermeiden. Um beide Parteien vor diesen Streitigkeiten zu bewahren, hätten die Parteien ausdrücklich vereinbart, dass eine mündliche oder stillschweigende Änderung – auch der Schriftformklausel selbst - keinerlei Wirkung haben solle, solange sie nicht schriftlich erfolge. Verwehre man es einer der Vertragsparteien, sich auf die Schriftformklausel zu berufen, führe dies dazu, dass es einen Vertragstypen gäbe, der vor Gericht nicht durchgesetzt werden könne. Das wiederum wäre eine erhebliche Abweichung von dem grundlegenden Prinzip, dass Verträge, die frei und ernsthaft geschlossen wurden, auch durchgesetzt werden müssen. Hier verweist das Gericht auf die Entscheidung in *Wells v SA Alumenite*. Dieses Argument könne hingegen nicht auch auf die Vertragsänderung angewandt werden,[311] da die Parteien durch die Schriftformklausel ihre eigene Befugnis eingeschränkt hätten, indem sie sich selbst an eine bestimmte Form gebunden und im Vorhinein entschieden hätten, dass eine mündliche Vereinbarung nicht durchgesetzt werden könne. Würde ein Gericht die mündliche Änderung durchsetzen, würde es der anderen Partei genau den Vorteil wegnehmen, den sie mit der Schriftformklausel sichern wollte und auf den sie ein Recht habe.

Das Gericht betonte, dass die Grenzen der Sittenwidrigkeit, dadurch dass die Schriftformklausel durchgesetzt werde, nicht erreicht würden (*public policy*). Die Durchsetzung einer Schriftformklausel beschränke die Vertragsfreiheit der Parteien nicht übergebühr, sondern erfordere lediglich, dass die Parteien die Voraussetzungen erfüllten, die sie sich selbst auferlegt hätten. Im Ergebnis stellt das Gericht also fest: Ein mit einer Schriftformklausel versehener Vertrag kann

310 Hiermit erteilt er der Ansicht von Francis eine Absage.

311 anders Francis, SALJ 1963, 395. Auch Reinecke/van der Merwe, THRHR, 1965, 154 ff. können nicht einsehen, warum der Grundsatz des pacta sunt servanda nicht auch auf die Vertragsänderung angewendet werden muß; hierzu sogleich.

nicht mündlich geändert werden. Vielmehr muss zuvor die Schriftformklausel schriftlich geändert bzw. aufgehoben werden.

2. Reaktionen in der Literatur

Reinecke und *van der Merwe*[312] merkten unmittelbar an, dass das Urteil in *Shifren* nicht über jegliche Kritik erhaben sei.[313] Vielmehr sei das Gericht in *Shifren* einem Zirkelschluss erlegen, da der Grundsatz des *pacta sunt servanda* nicht allein auf den ursprünglichen Vertrag Anwendung finden müsse, sondern auch auf die Vertragsänderung. Zudem könne die Entscheidung, stets die Schriftformklausel durchzusetzen, nicht damit begründet werden, dass die Parteien sich selbst an die Form gebunden hätten. Es sei ja gerade fraglich, ob eine solche Bindung der Parteien überhaupt möglich sei. Das Gericht hätte sich fragen müssen, ob das Vertragsrecht eine Regel enthielte, wonach ein früherer Willensentschluss der Parteien einem späteren Willensentschluss standhielte, mit der Folge, dass der erste Willensentschluss die Vertragsfreiheit der Parteien einschränke. Die Regel sei jedoch vielmehr, dass ein späterer Willensentschluss den früheren ersetze.[314] Trotzdem zugunsten der Wirksamkeit von Schriftformklauseln zu entscheiden, bedeute eine Abkehr von dieser Regel. Es müsse jedoch möglich sein, eine Schriftformklausel durch spätere Willensübereinstimmung zu ändern.[315]

Auch *Hahlo*[316] weist darauf hin, dass die eigentlich zu beantwortende Frage die der Möglichkeit der Selbstbindung der Parteien ist, stimmt der *Shifren*-Entscheidung jedoch zu. Er hebt hervor, dass es keinen Grund gebe, den Parteien die Möglichkeit abzusprechen, sich für die Zukunft derart zu binden.[317] So-

---

312 Reinecke/van der Merwe, THRHR, 1965, 154 ff.

313 so auch Van Rensburg, Lotz & Van Rhijn, abgedruckt bei Lubbe/Murray, Contract, Cases, Materials and Commentary, 186.

314 So auch Van Rensburg, Lotz & Van Rhijn, abgedruckt bei Lubbe/Murray, Contract, Cases, Materials and Commentary, 186.

315 So auch Van Rensburg, Lotz & Van Rhijn, abgedruckt bei Lubbe/Murray, Contract, Cases, Materials and Commentary, 186, die weiterhin die Ansicht vertreten, dass die Änderung der Schriftformklausel ausdrücklich erfolgen kann oder dadurch dass sich die Parteien übereinstimmend entgegen der Vorgaben der Klausel verhalten.

316 Hahlo, SALJ 1965, 4 (5).

317 „It has been contended that a refusal to give effect to an oral variation would be incompatible with the principle of freedom of contract. But is it not equally well arguable that there is no freedom of contract if the law refuses to give effect to an agreement by which the parties have sought to tie their own hands as to the mode in which their con-

lange die Parteien nicht die Grenzen der Sittenwidrigkeit und Widerrechtlichkeit überschritten, gestatte die Vertragsfreiheit den Parteien, sich zu binden, wie immer sie wollten. Diese Grenze ist seiner Ansicht nach lediglich dann überschritten, wenn die Vertragsparteien sich einigen würden, ihren Vertrag nie wieder zu ändern, nicht jedoch dann, wenn sie lediglich eine besondere Form für Vertragsänderungen vorsehen.

VIII. Die Rechtsprechung nach Shifren

Die Rechtsprechung folgt der Entscheidung in *Shifren* bis zum heutigen Tag.

1. Impala Distributors v Taunus Chemical Manufacturing Co (Pty) Ltd.

In einer Entscheidung aus dem Jahre 1975 (*Impala Distributors v Taunus Chemical Manufacturing Co (Pty) Ltd.)*[318] stützte sich der Empfänger eines Schecks wirksam auf die Entscheidung in *Shifren.* Der Aussteller des Schecks gab zu, dass er einen Scheck zugunsten des Klägers ausgestellt hatte, um bei dem Kläger gekaufte Waren zu bezahlen. Er meinte aber, er müsse diese Verpflichtung nicht mehr erfüllen, da der Kaufvertrag zwischen ihm und dem Kläger mündlich aufgehoben worden sei. Der Kaufvertrag enthielt jedoch eine Schriftformklausel[319] sowie eine Klausel, die vorsah, dass der Vertrag so lange bestehen bleibe, bis er übereinstimmend schriftlich durch die Parteien beendet würde. Das Gericht legte seiner Entscheidung das *Shifren principle* zugrunde und kam zu dem Schluss, dass die mündliche Aufhebung des Vertrags unwirksam war. Der Aussteller des Schecks konnte sich daher nicht der Zahlung entziehen.

2. Van As v Du Preez

Sechs Jahre später versuchte sich der Beklagte in *Van As v Du Preez*[320] auf eine mündliche Vertragsänderung zu stützen. Der zwischen ihm und dem Kläger geschlossene Mietvertrag enthielt jedoch eine Schriftformklausel.[321] Das Gericht

---

tract may be varied?"

318 1975 (3) SA 273.

319 Klausel 18 (a): „ No variation of this agreement shall be of any force or effect unless evidenced in writing and dated and signed by a duly authorised director of the parties."

320 1981 (3) SA 760 (T).

321 „Geen wysiging van hierdie ooreenkoms sal van einige krag wees nie tensy dit op skrif gestel en deur beide partye onderteken is."

zog abermals die Entscheidung in *Shifren* heran und drückte seine Zustimmung zu dieser Entscheidung aus.

3. Brisley v Drotsky

Auch in der im Jahre 2002 ergangenen Entscheidung in *Brisley v Drotsky*[322] enthielt der Mietvertrag der Parteien eine Schriftformklausel.[323] Die vereinbarte Miete musste laut Mietvertrag zum Monatsbeginn gezahlt werden, und der Vertrag räumte dem Vermieter ein außerordentliches Kündigungsrecht für den Fall verspäteter Mietzahlung ein. Von Beginn an zahlte die Mieterin ihre Miete nicht pünktlich. Als sie mit ihrer Mietzahlung einen Monat in Verzug war, kündigte der Vermieter den Vertrag und räumte der Mieterin 14 Tage ein, um die Wohnung zu verlassen. Die Mieterin verließ die Wohnung jedoch nicht und zog stattdessen vor Gericht. Sie brachte vor, der Mietvertrag sei mündlich dahingehend geändert worden, dass sie die Miete in den ersten sechs Monaten zahlen könne, wann immer es ihr beliebe.

Das Gericht überdachte das – nunmehr bereits knapp vier Jahrzehnte alte – *Shifren principle* erneut und kam zu dem Schluss, dass die an der Entscheidung vorgebrachte Kritik es nicht rechtfertige, das *Shifren principle* aufzugeben. Die *Shifren* Entscheidung sei nach einer vorsichtigen Berücksichtigung aller Meinungen getroffen worden. Obwohl eine strikte Durchsetzung der Schriftformklauseln gegebenenfalls zu Ungerechtigkeit führen könne, sei daher an ihrer Gültigkeit festzuhalten.

IX. Zusammenfassende Bewertung

Zusammenfassend hat sich die Entwicklung der südafrikanischen Rechtsprechung wie folgt dargestellt: Nachdem das Gericht in *Independent Picture Palaces*[324] 1936 entschieden hatte, das eine Schriftformklausel wirksamen mündlichen Vertragsänderungen entgegensteht, erging 1957 die Entscheidung in *Sette v Saker*[325], in der das Gericht den Parteien die Möglichkeit der Selbstbindung an eine Form absprach und entschied, dass mündliche Änderungen wirk-

322 2002 (4) SA 1 (SCA).

323 "No alterations, variation or cancellation of any of the terms or conditions of this lease shall be of any force or effect unless it is recorded in writing and signed by the parties hereto."

324 Independent Picture Palaces (Pty) Ltd. v Independent Film Distributors (Pty) Ltd., 1936 N.P.D. 456.

325 Sette v D. H. Saker (Pty) Ltd., 1957 (2) SA 87 (W).

sam sind, wobei ungelöst blieb, ob die Schriftformklausel vorher aufgehoben werden muss. Ebenso entschied das Gericht 1959 in *Fick v Crewe*[326] bevor sich eine Änderung der Rechtsprechung abzeichnete. 1960 kamen die Richter in *Sotiriadis v Patel*[327] zu dem Schluss, dass die Vertragsfreiheit es den Parteien ermöglicht, sich selbst an eine Form zu binden, weshalb vereinbarte Schriftformklauseln durchgesetzt werden müssen. 1964 erging dann die bis heute geltende Rechtsprechung der *Appellate Division* in *Shifren.*

Festzuhalten bleibt daher zunächst, dass die Rechtsprechung in den sechziger Jahren des letzten Jahrhunderts restriktiver wurde. Die Gründe hierfür sind demgemäß im folgenden Kapitel zu untersuchen.[328]

Auffällig ist, dass auch im südafrikanischen Recht die Vertragsfreiheit und die damit einhergehende Möglichkeit der Parteien, sich selbst zu binden, bereits frühzeitig von den Vertretern beider Seiten zur Untermauerung ihrer Ansichten ins Feld geführt wurde. Auf der einen Seite wurde argumentiert, dass die Durchsetzung von Schriftformklauseln die Vertragsfreiheit der Parteien ungerechtfertigt beschränke.[329] Die andere Seite weist - nach den Ausführungen zum deutschen Recht wenig überraschend - darauf hin, dass den Parteien die Freiheit zugestanden werden müsse, zu vereinbaren was immer sie wollten, also auch eine Schriftformklausel. Diese Freiheit dürfe nicht dadurch beeinträchtigt werden, dass im Nachhinein mündliche Änderungen zugelassen werden.[330] Es kann also im südafrikanischen Recht ebenso wie im deutschen Recht sowohl dahingehend argumentiert werden, dass die Vertragsfreiheit der Parteien nur dann gewährleistet ist, wenn der ursprüngliche Vertrag respektiert wird und mündliche Änderungen folglich für unwirksam erachtet werden, als auch dahin, das der spätere übereinstimmende Wille der Parteien respektiert und die Schriftformklausel ig-

---

326 Fick v Crewe, 1959 (2) SA 331 (N).

327 Sotiriadis v Patel, 1960 (2) SA 812.

328 Unter E, F.

329 Van Heerden, 24 THRHR 1961, 61; Francis, SALJ 1963, 395 (397); Hunt, Annual Survey of South African Law, 1963, 137-141; Reinecke/van der Merwe, THRHR 1965, 154 ff.; Van Rensburg, Lotz & Van Rhijn, abgedruckt bei Lubbe/Murray, Contract, Cases and Materials and Commentary, 186.

330 Murray, SALJ 1958, 15, ders., SALJ 1959, 251; ders., SALJ 1960, 278; Christie, The Law of Contract in South Africa, 1983, 440: "When a restriction clause or a non-variation clause appears in a contract it creates a situation in which the same argument of freedom of contract can lead to two opposite conclusions." Kahn, Contract and Mercantile Law, 1988 vol I, 462; McLennan, SALJ 2001, 574 (575); Hahlo, SALJ 1965, 4 (5).

noriert werden muss.[331] Erkannt wurde auch, dass die Frage nach der Möglichkeit der Selbstbindung der Parteien die eigentlich zu beantwortende Frage ist.[332]

Spricht das Gericht den Parteien in *Sette v Saker* noch die Möglichkeit ab, sich für die Zukunft an eine bestimmte Form zu binden, hält das Gericht in *Sotiriadis v Patel* eine solche Beschränkung der Vertragsfreiheit der Parteien für die Zukunft für möglich. Auch in *Shifren* wird den Parteien die Möglichkeit zugestanden, sich an eine gewillkürte Form zu binden, da die Grenze der Sittenwidrigkeit hierdurch nicht erreicht werde. Diese Entscheidung wurde daher auch in der Literatur dahingehend verstanden, dass den Parteien zugestanden wurde, ihre Vertragsfreiheit so einzuschränken, dass spätere Änderungen eines Vertrages nur noch schriftlich erfolgen können, mithin für sich selbst „Recht zu schaffen".[333] *Van der Merwe* merkt später an, dass die Entscheidung dieser Frage letztlich eine *policy decision* sei, die im südafrikanischen Recht zugunsten von Rechtssicherheit und der Vermeidung von Gerichtsprozessen entschieden worden sei.[334]

Zur Begründung der Bindung der Parteien an ihre ursprünglich vereinbarte Schriftformklausel wird von Rechtsprechung und Literatur auch der Grundsatz *pacta sunt servanda* angeführt, der eine Bindung der Parteien an ihre einmal geschlossenen Verträge vorsehe und daher auch an die im ursprünglichen Vertrag vereinbarte Schriftformklausel.[335]

C. Folgen des Shifren Principles im südafrikanischen Recht

I. Umgehungsgründe (*grounds for escape*)

Im südafrikanischen Recht reagierten die Parteien auf die strikte Durchsetzung der Schriftformklauseln mit dem Versuch, sogenannte *grounds for escape* zu etablieren, also das *Shifren principle*[336] einzuschränken bzw. zu umgehen. Diese Versuche gingen jeweils von der Partei aus, die sich auf die nachträgliche münd-

331 Christie, The Law of Contract in South Africa, 1983, 440.

332 Hahlo, SALJ 1965, 4 (5); Reinecke/van der Merwe, THRHR 1965, 154 (155).

333 Tager, SALJ 1976, 423 (425).

334 Van der Merwe, 140: „... in the final instance, it is a policy decision."

335 S.A. Sentrale Ko-op Graanmaatskappy Bpk v Shifren en andere, 1964 (4) SA 760 (A) 767; Murray, SALJ 1958, 15 (20).

336 Hutchison, SALJ 2001, 720 ff., prägte in diesem Zusammenhang den Begriff der Shifren Straitjacket (Zwangsjacke).

liche Änderung eines Vertrages trotz Schriftformklausel berufen wollte. Meist führte in den den Gerichten vorliegenden Fällen die stringente Anwendung des *Shifren principles* aus Sicht einer der Parteien zu ungerechten Ergebnissen, weil sich eine der beiden Parteien auf die mündliche Änderung verlassen hatte, die andere Partei jedoch erkannte, dass die mündliche Änderung für sie nachteilig war und sich daraufhin –manchmal Jahre später- auf die Schriftformklausel berief.

Mit dem Ziel, die zuvor vereinbarte Schriftformklausel zu umgehen, haben daher sowohl Anwälte als auch Gerichte versucht, eine Vertragsänderung (variation) von anderen Modifikationen (modifications) zu unterscheiden. Sie wollten dem strikten Shifren principle dadurch entgehen, dass sie vortrugen, die jeweils getroffene mündliche Vereinbarung sei keine Vertragsänderung, unterfalle daher nicht dem Shifren principle und sei somit wirksam.

Daher mussten sich südafrikanische Gerichte sowohl mit der Abgrenzung zwischen Vertragsänderung und Verzicht (*waiver*) als auch zwischen Vertragsänderung und *pactum de non petendo* beschäftigen. Darüber hinaus versuchten die Parteien *estoppel* und *fraud* (arglistige Täuschung) heranzuziehen und stützten sich auf das Prinzip von Treu und Glauben (*good faith*).

1. Verzicht / *Waiver*

Ein Verzicht *(waiver)* wird im südafrikanischen Recht als die freiwillige Aufgabe oder Preisgabe eines bestehenden Rechts durch den Inhaber des Rechts definiert.[337] Hinsichtlich der Anforderungen, die an einen Verzicht gestellt werden, ist vieles streitig.[338] Geklärt ist, dass ein Verzicht sowohl ausdrücklich als auch stillschweigend erfolgen kann, wobei ein stillschweigender Verzicht aus einem Verhalten abgeleitet wird, dass mit der Absicht, ein Recht durchzusetzen, schlechthin unvereinbar ist.[339]

---

337 Die genaue Definition lautet : "Waiver is the deliberate abandonment, renunciation or surrender of an existing legal right by the right holder, acting with full knowledge of the right". Siehe auch Laws v Rutherfurd, 1924 AD 261 (263); Collen v Rietfontein Engineering Works, 1948 (1) SA 413 (A) (436); Alfred McAlpine & Son (Pty) Ltd v Transvaal Provincial Administration, 1977 (4) SA 310 (A) (324 A); Hutchison, SALJ 2001, 720 (723); Tager, SALJ 1976, 423 (436).

338 Siehe hierzu auch Hutchison, SALJ 2001, 720 (723 ff.).

339 Siehe hierzu Alfred McAlpine & Son (Pty) Ltd v Transvaal Provincial Administration, 1977 (4) SA 310 (A) (324 A); Collen v Rietfontein Engineering Works, 1948 (1) SA 413 (A) (436 note 15); Hutchison, SALJ 2001, 720 (723).

In der Entscheidung in *Shifren* hatte es für das Gericht keine Veranlassung gegeben, zu der Frage Stellung zu nehmen, inwieweit die Parteien trotz vereinbarter Schriftformklausel wirksam mündlich auf ihre Rechte verzichten können, da keine der Parteien diesen Aspekt vorgebracht hatte. In späteren Fällen mussten sich die Richter jedoch mit der Frage befassen, wann ein Verzicht nicht gleichzeitig zu einer Vertragsänderung führt und somit der Schriftformklausel unterfällt.[340] Die Problematik besteht darin, zwischen Verzicht und Vertragsänderung zu unterscheiden. Eine Vertragsänderung ist die Abänderung der rechtlichen Folgen eines Vertrags durch übereinstimmende Willenserklärungen der Parteien. Sie umfasst sowohl die Änderung der rechtlichen Wirkung einer Vertragsklausel als auch die Streichung von Vertragsklauseln.[341] Ein Verzicht, auf der anderen Seite, als freiwillige Aufgabe oder Preisgabe eines bestehenden Rechts, führt deshalb nicht zwangsläufig, aber möglicherweise, zu einer Änderung des Vertrages,[342] was es schwierig macht, zwischen Verzicht und Änderung zu unterscheiden.[343] Demgemäß weist das Gericht in *Van As v Du Preez*[344] darauf hin, dass in jedem einzelnen Fall genau geprüft werden müsse, ob durch das Verhalten oder die Vereinbarung der Parteien lediglich ein Verzicht oder vielmehr eine Vertragsänderung bewirkt werde.

In *Impala*[345] stellte das Gericht zunächst klar, dass die Parteien zumindest nicht mündlich auf die Schriftformklausel selbst verzichten könnten, da so das *Shifren principle* umgangen würde.[346] Es könne jedoch Situationen geben, in denen ein mündlicher Verzicht nicht gleichzeitig zu einer Änderung des Vertrages führe. Dies sei zum einen der Fall, wenn eine Vertragspartei auf ein Recht verzichte, dass ihr infolge eines Vertragsbruches zustehe, zum anderen dann, wenn eine Partei auf ein einseitiges Recht verzichte[347], also auf ein Recht, dass

340 Impala Distributors v Taunus Chemical Manufacturing Co (Pty) Ltd., 1975 (3) SA 273 und Van As v Du Preez, 1981 (3) SA 760.

341 Manamela, SAMercLJ 2001, 655 (657).

342 Van As v Du Preez, 1981 (3) SA 760 (764).

343 So auch Tager, SALJ 1976, 423 (435); Van der Merwe, Contract General Principles, 142.

344 Van As v Du Preez, 1981 (3) SA 760 (764 f.).

345 Impala Distributors v Taunus Chemical Manufacturing Co (Pty) Ltd., 1975 (3) SA 273; zum Sachverhalt siehe oben Kap. 2 B VII 1.

346 Impala Distributors v Taunus Chemical Manufacturing Co (Pty) Ltd., 1975 (3) SA 273 (277 B-D).

347 so auch Tager, SALJ 1976, 423 (438); Manamela, SAMercLJ 2001, 655 (658).

nur zu ihren Gunsten in den Vertrag aufgenommen wurde.[348] Dass in erstgenannter Situation keine Vertragsänderung vorliegt, ist unmittelbar einleuchtend, was beispielhaft aus folgender Fallgestaltung folgt: Ein Mieter zahlt seine Miete zu spät, was dem Vermieter je nach Ausgestaltung des Vertrages ein Recht zur Kündigung einräumt. Der Vermieter ist jedoch nicht verpflichtet, sein Kündigungsrecht auch auszuüben. Entscheidet er sich (mündlich oder konkludent) dafür, den Vertrag nicht zu kündigen, verzichtet er zwar auf sein Kündigungsrecht. Die Verpflichtung des Mieters zur Zahlung des Mietzinses besteht für die Zukunft aber unproblematisch weiter; der Vertrag wurde nicht geändert.[349]

Schwieriger ist die Beurteilung der Frage, wenn ein Recht nur zu Gunsten einer Partei besteht. Als Beispiel hierfür wird die Vereinbarung des Mietzinses genannt,[350] der offensichtlich nur dem Vermieter zum Vorteil gereicht. Zu dieser Situation nahm das Gericht in *Van As v Du Preez*[351] Stellung. In diesem Fall hatten die Vertragsparteien einen Mietvertrag mit Schriftformklausel abgeschlossen und sich im Nachhinein mündlich auf eine Reduzierung der Miete von 300 auf 100 Rand geeinigt. Dennoch forderte der Vermieter dreizehn Monate später den noch ausstehenden Betrag und stützte sich auf die Schriftformklausel. Der Mieter wandte indes ein, dass der Vermieter durch die mündliche Vereinbarung auf sein Recht auf volle Miete verzichtet habe.

Das Gericht gab dem Mieter insoweit Recht, als es bestätigte, dass die mündliche Vereinbarung einen Verzicht des Vermieters auf die volle Mietsumme darstelle. Obwohl dieses Recht lediglich zugunsten des Vermieters bestünde, könne er jedoch nicht mündlich auf die Miete verzichten,[352] da durch diesen

---

348 Impala Distributors v Taunus Chemical Manufacturing Co (Pty) Ltd., 1975 (3) SA 273 (277D-278B). Im Hinblick auf den Rechtsverzicht ist folglich zwischen Rechten die zugunsten einer Partei in den Vertrag aufgenommen wurden und beidseitigen Rechten zu unterscheiden. Handelt es sich um ein beidseitiges Recht, kann zwar jede der Parteien auf ihr Recht verzichten, nicht jedoch ohne die Zustimmung der anderen Partei.348
Wenn die Parteien aber übereinstimmend auf ihre Rechte verzichten führt dies zwangsläufig zu einer Änderung des Vertrages; siehe hierzu auch Tager, SALJ 1976, 423 (438); dies., Annual Survey of South African Law 1980, (96); Manamela, SAMercLJ 2001, 655 (658).

349 so auch Barnett v Van der Merwe, 1980 (3) SA 606 (T) (611); Van As v Du Preez, 1981 (3) SA 760 (763 f.).

350 Hutchison, SALJ 2001, 720 (727).

351 Van As v Du Preez, 1981 (3) SA 760 (T) 764.

352 Van As v Du Preez, 1981 (3) SA 760 765 B-C.

mündlichen Verzicht gleichzeitig der Mietvertrag abgeändert würde. Der Richter in *Van As v Du Preez* erläutert dies mit den folgenden Worten:

> „A rose by any other name smells just as sweet. An oral variation masquerading as or in the guise of a waiver remains for present purposes what it truly is; or at least it follows the same fate."

Das Gericht fand jedoch einen anderen Weg, um die Klage des Vermieters abzuweisen. Es entschied, dass der Vermieter dadurch, dass er jeden Monat den geringeren Betrag angenommen habe, jeweils auf sein Recht verzichtet habe, den vollen Betrag zu fordern. Hieraus folgt, dass Parteien sich für die Zukunft nicht wirksam mündlich auf eine geringere Miete einigen, aber in jedem einzelnen Monat auf ihr Recht auf volle Mietzinszahlung verzichten können.[353] In der Literatur wurde diese Rechtsprechung zu Recht als problematisch bezeichnet, weil zum einen völlig unklar ist, wann ein Verzicht anerkannt wird, und zum anderen nicht gänzlich geklärt ist, auf welche Rechte verzichtet werden kann.[354] Demgemäß ist eine Berufung auf einen Verzicht vor Gericht keine zuverlässige Möglichkeit, dem *Shifren principle* zu entgehen.

2. Estoppel

Bereits in der Entscheidung in *Shifren* hatte das Gericht angedeutet, dass *estoppel* unter Umständen die Wirksamkeit von Schriftformklauseln einschränken könne. Die Parteien hatten sich jedoch nicht auf *estoppel* berufen, so dass das Gericht nicht weiter auf diese Frage einging.

Die *doctrine of estoppel* wurde in Südafrika aus dem englischen Recht übernommen[355], basiert auf Vertrauensschutzgesichtspunkten und zeigt Parallelen zum Grundsatz des *venire contra factum proprium*.[356] Sie besagt folgendes[357]:

---

353 Dies entspricht auch der Ansicht Hutchison, SALJ 2001, 720 (730).

354 Lubbe & Murray, Contract Cases Materials and Commentarry, 191.

355 Connock's (SA) Motor Co Ltd v Sentrale Westelike Ko-operatiewe Maatskappy Bpk, 1964 (2) SA 47 (T) (49 A-B): "The English doctrine of estoppel by representation migrated to this country on the authority of a passport that is approximated the exceptio doli mali of the Roman law. However doubtful the validity of that passport might originally have been ... the doctrine has become naturalized and domiciled here as part of our law." ; Otto, Germany and South Africa, A comparative study of their concepts of contract law and mistake, 120; Rabie, The Law of South Africa 9, 401; Lubbe, European Review of Private Law 2006, 747 (748).

356 Sonnekus/Rabie, The Law of Estoppel in South Africa.

357 Aus Gründen der Genauigkeit sei auch die englischsprachige Definition genannt: „Where a person (the representor) has by his or her words or conduct made a represen-

hat eine Person (*representor*) durch eine Erklärung oder ihr Verhalten (*representation*) in einer anderen Person (*representee*) eine Vorstellung hervorgerufen, und hat der *representee* im Vertrauen auf diese Vorstellung gehandelt und dadurch einen Schaden (Rechtsnachteil) erlitten, wird es dem *representor* verwehrt, sich in Widerspruch zu seinem Verhalten zu setzen.[358] Der Schaden würde nur dann eintreten, wenn es dem *representor* erlaubt wäre, sein Verhalten abzustreiten; der Einwand des *estoppel* zielt also darauf ab, genau den Schaden auszugleichen, der dadurch entsteht, dass der *representor* sich in Widerspruch zu seinem Verhalten setzt.[359]

Für Vertragsgestaltungen, in denen eine Schriftformklausel vereinbart wurde, folgt aus der *doctrine of estoppel* folgendes: Nachdem die Vertragsparteien eine mündliche Änderung des Vertrages vereinbart haben, verlässt sich Vertragspartei A aufgrund des Verhaltens der anderen Partei (B) darauf, dass letztere die Wirksamkeit einer mündlichen Vereinbarung zu einem späteren Zeitpunkt nicht deshalb abstreiten werde, weil die Vereinbarung nicht in der vorgeschriebenen Form getroffen wurde. Bei schlichter Anwendung der Voraussetzungen kann sich Vertragspartei A also oftmals auf *estoppel* berufen, da sie stets vorbringen könnte, sie habe aufgrund der mündlich vereinbarten Vertragsänderung darauf vertraut, dass diese auch wirksam sei. Daher liegt die Gefahr im Zusammenhang mit Schriftformklauseln hier darin, dass die Gerichte über die Hintertür doch noch eine mündliche Änderung des Vertrages zuließen, wenn sich Partei A auf *estoppel* berufen könnte. Denn hindert man beispielsweise einen Vermieter daran, zu bestreiten, dass eine mündliche Änderung des Mietvertrages stattgefunden hat, ist der Mieter mit seinem Vorbringen erfolgreich. Anders ausgedrückt: Wenn der Vermieter nicht bestreiten kann, dass er mit dem Mieter mündlich vereinbart hat, dass dieser die Miete später zahlen kann, folgt daraus, dass der Vertrag *de facto* als mündlich geändert angesehen werden muss. Des-

---

tation to another person (the representee) and the latter, believing in the truth of the representation, acts on it and would suffer prejudice if the representor were permitted to deny the truth of the representation made by him or her, the latter may be estopped or precluded form denying the truth of his or her representation."

358 Rabie, The Law of South Africa 9, 401; Manamela, SAMercLJ 2001, 655 (657); Sonnekus/Rabie, The Law of Estoppel in South Africa, 2. Oakland Nominees (Pty) Ltd v Gelria Mining & Investment Co (Pty) Ltd, 1976 (1) SA 441 (A) (452 A-H); Stellenbosch Farmers Winery Ltd v Vlachos t/a The Liquor Den, 2001 (3) SA 599 (SCA).

359 Manamela, SA Merc LJ 2001, 655 (657); Sonnekus/Rabie, The law of estoppel in South Africa, 1992 (1 f.).

halb kann *estoppel* im Zusammenhang mit Schriftformklauseln an sich nur dann vorgebracht werden, wenn dies nicht gleichzeitig zu einer mündlichen Änderung des Vertrages führt.[360]

In *Philipps and Another v Miller and Another*[361] entschied das Gericht im Jahre 1976 dennoch, dass die Wirksamkeit einer Schriftformklausel unter besonderen Umständen an der *doctrine of estoppel* scheitern kann. In dem zugrunde liegenden Fall hatte ein schriftlicher Vertrag über den Kauf von Aktien vorgesehen, dass der Kläger ein Recht auf 8 ½ Prozent Zinsen pro Jahr habe. Diese klagte der Kläger vor dem Gericht in Witwatersrand ein. Der Beklagte wandte jedoch ein, dass der Kläger mündlich auf sein Recht, Zinsen einzuklagen, verzichtet habe. Im Gegenzug hatte der Beklagte auf Schadensersatzrechte gegen den Kläger verzichtet. Der Kläger trug natürlich vor, dass der mündliche Verzicht wegen der in dem ursprünglichen Vertrag enthaltenen Schriftformklausel unwirksam sei. Das Gericht entschied:

> „Even where the subsequent agreement is per se unenforceable (e.g. because it is an oral variation of a written agreement which by law or by a clause therein can only be validly altered in writing), a practical modification of the earlier agreement may nevertheless take place if the stipulatee has acted on the subsequent agreement to his prejudice, and if it would be a *quasi-fraud* in the circumstances for the stipulator to enforce his rights on the basis that the strict provisions of the earlier agreement were not observed by the stipulatee."[362]

Dieses Urteil wurde jedoch 1980 in *Barnett v Van der Merwe* kritisiert und die Rechtsprechung geändert.[363] In diesem Fall hatte der Beklagte Eigentum erworben und wollte sich trotz einer Schriftformklausel auf zwei mündliche Verträge berufen. Der Vorsitzende Richter verneinte die Anwendbarkeit der *doctrine of estoppel*. Er merkte jedoch an, dass es unter gewissen Umständen einen Raum

360 Hutchison, SALJ 2001, 720 (736).

361 Philipps and Another v Miller and Another, 1976 (4) SA 88 (W) (93 C-E).

362 Philipps and Another v Miller and Another, 1976 (4) SA 88 (W) (93 D-E).

363 Barnett v Van der Merwe, 1980 (3) SA 606.

für die Anwendung von *estoppel* gebe,[364] warnte aber vor einem Unterlaufen des *Shifren principles*.[365]

2001 stützte sich das Gericht in *Miller v Dannecker*[366] jedoch erneut auf *estoppel*. Unabhängig davon, ob der mündlich zwischen den Vertragsparteien vereinbarte *pactum de non petendo* in Anbetracht der vereinbarten Schriftformklausel wirksam sei oder nicht, könne der Beklagte sich jedenfalls auf die *doctrine of estoppel* berufen, da die mündliche Zustimmung zu einem *pactum de non petendo* die Anwendung der Doktrin ermögliche. Das Gericht erkannte zwar, dass dies einer mündlichen Änderung des ursprünglichen Vertrags gleichkommt, entschied sich aber trotzdem – entgegen der Entscheidung in *Shifren* – die Schriftformklausel nicht durchzusetzen.

Die Entscheidungen in *Philipps v Miller* und *Miller v Dannecker* wurden heftig kritisiert,[367] vor allem, weil sie gegen das *Shifren principle* verstoßen.[368] Zu Recht wird angemerkt, dass der Sinn und Zweck von Schriftformklauseln durch diese Rechtsprechung unterlaufen werden.[369] Für die Zukunft ist davon

---

364 So auch Hutchison, SALJ 2001, 720 (738). Das Gericht bemerkte, dass beispielsweise in der folgenden Konstellation estoppel eingewandt werden könnte: A verkauft B sein Haus unter Ausschluss jeglicher Gewährleistungsrechte; der Kaufvertrag enthält eine Schriftformklausel. Wenig später bemerkt B, dass das Dach defekt ist und wendet sich an A. Sie kommen überein, dass A das Dach reparieren lässt, B jedoch bereits die Materialien beschaffen soll, für die A die Kosten übernimmt. Nachdem B die Materialien gekauft hat, weigert sich A das Dach zu reparieren und behauptet, die mündliche Einigung sei wegen der Schriftformklausel unwirksam. In diesem Fall könnte B estoppel einwenden. M.E. handelt es sich in diesem Fall jedoch nicht um eine Änderung des ursprünglichen Vertrages sondern um den Abschluss eines neuen Vertrags, der natürlich formfrei geschlossen werden kann.

365 Barnett v Van der Merwe, 1980 (3) SA 606 (T) 611 E.

366 Miller v Dannecker, 2001 (1) SA 928 (C) (937 f.). Zum Sachverhalt siehe unten unter Kap. 2 C I 4. Das Gericht äußerte sich auch zu der Frage, ob die Parteien wirksam einen pactum de non petendo vereinbaren können, siehe hierzu unter Kap. 2 C I 6.

367 Nortjé, Annual Survey of South African Law 2001, 216; Kahn, Contract & Mercantile Law I, 468; anders Manamela, SAMercLJ 2001, 655 (657) der estoppel immer dann anwenden will, wenn "one partie lies low until it suits him or her to invoke the non-variation-clause".

368 Kahn, Contract & Mercantile Law I, 468. Aus diesem Grunde hatten sich auch die Gerichte in Barnett v Van der Merwe und Van As v Du Preez gegen den Einwand des estoppel entschieden.

369 Nortjé, Annual Survey of South African Law 2001, 216.

auszugehen, dass *estoppel* nicht als zuverlässige Möglichkeit genutzt werden kann, das *Shifren principle* zu umgehen.

3. Arglistige Täuschung / *Fraud*

Nicht entschieden wurde bisher, ob Schriftformklauseln auch im Falle einer arglistigen Täuschung durchgesetzt werden können. Es ist jedoch davon auszugehen, dass sich eine Partei nicht auf eine Schriftformklausel berufen kann, wenn sie arglistig gehandelt hat. Denn bereits in *Van As v Du Preez*[370] hat der Vorsitzende Richter – wenn auch nur am Rande – erwähnt, dass eine Partei nicht geschützt werde, wenn sie arglistig sei.[371] Diese Ansicht findet sich auch unumstritten in der Literatur.[372] Der Grund hierfür ist darin zu sehen, dass alle Vertragsklauseln – also auch Schriftformklauseln - an Recht und Ordnung zu messen sind. Bereits 1927 hatte ein Gericht daher entschieden:

> "On grounds of public policy the law will not recognise an undertaking by which one of the contracting parties binds himself to condone and submit to the fraudulent conduct of the other. The Courts will not lend themselves to the enforcement of such a stipulation; for to do so would be to protect and encourage fraud."[373]

Dem folgend ist davon auszugehen, dass Gerichte Schriftformklauseln nicht durchsetzen werden, wenn sich eine der Parteien arglistig verhalten hat.[374] Ein Beispiel für arglistiges Verhalten findet sich in dem erstinstanzlichen Urteil in *Shifren*[375]: Angenommen A und B hätten einen schriftlichen Vertrag mit Schriftformklausel geschlossen und A teilt B im Zuge einer beabsichtigten Vertragsänderung mit, dass er seine Kopie des Vertrages verlegt habe. Erklärt B dem A dann wahrheitswidrig, er habe seine Urkunde auch verlegt und wird der Vertrag daraufhin mündlich geändert, verhält sich B arglistig, wenn er sich im Nachhinein unter Vorlage des Vertrages auf die Schriftformklausel beruft.

---

370 Van As v Du Preez, 1981 (3) SA 760 (765).

371 Van As v Du Preez, 1981 (3) SA 760 (765) : "A non-variation clause would of course not protect a party against his own fraud."

372 Christie, The Law of Contract, 520: "... there can be no doubt that a party whose conduct is fraudulent will not be permitted to rely on a non-variation clause." Ebenso McLennan, SALJ 2001, 574 (580); Manamela, SAMercLJ 2001, 655 (657).

373 Wells v South African Alumenite Company, 1927 AD 69 (71).

374 Siehe hierzu auch das Minderheitsvotum von Cameron JA in Brisley v Drotsky, 2002 (4) SA 1 (SCA) (34): "where a contracting party, strong or weak, seeks to invoke the writing-only requirement in deceit or to attain fraud, the courts will not permit it to do so."

375 Shifren v S.A. Sentrale Ko-op Graanmaatskappy Bpk, 1963 (3) SA 721 (O) (725).

4. Treu und Glauben / *good faith*

Mehrfach und kontrovers diskutiert wurde auch die Frage, ob eine Schriftformklausel durch Berufung auf Treu und Glauben (*good faith*) umgangen werden kann.

Nach südafrikanischem Recht basieren alle Verträge auf dem Grundsatz von Treu und Glauben.[376] Darüber hinaus wurde in mehreren Gerichtsentscheidungen darauf hingewiesen, dass das Prinzip von Treu und Glauben das südafrikanische Recht untermauere.[377] Wenig überraschend stützten Parteien sich daher auch auf Treu und Glauben, um Schriftformklauseln zu umgehen. Bereits in *Shifren* hatte das Gericht angedeutet, dass die Gerichte keiner Partei helfen würden, die bösgläubig gehandelt habe.[378] Auch in der Literatur wird vertreten, dass sich eine bösgläubige Partei nicht auf eine Schriftformklausel berufen könne.[379] Seit dem Urteil in *Brisley v Drotsky* [380] aus dem Jahr 2002 sind diese Ansichten jedoch überholt.

Zunächst äußerte sich das Gericht in *Miller v Dannecker*[381] im Jahr 2001 zu Schriftformklauseln und Treu und Glauben. Das Gericht betonte, dass es im Vertragsrecht stets dem Prinzip von Treu und Glauben zugekommen sei, den gesellschaftlichen Vorstellungen von Billigkeit, Gerechtigkeit und Angemessenheit Ausdruck zu verleihen. Treu und Glauben müsse dabei dynamisch wirken, um zu garantieren, dass das Recht mit den gesellschaftlichen Vorstellungen in Einklang bliebe. In *Miller v Dannecker* hatten die Parteien mündlich einen *pactum de non petendo* geschlossen, obwohl eine Schriftformklausel vereinbart worden war. Da sie bei Abschluss des *pactum* gutgläubig waren, entschied das Gericht, dass sich die Kläger im Nachhinein nicht auf die Schriftformklausel berufen könnten. Schließlich verpflichte Treu und Glauben die Parteien, sich

---

376 Christie, The Law of Contract in South Africa, 19; Kerr, The Principles of the Law of Contract, 301 ff.; Glover, The Doctrine of Duress in the Law of Contract and Unjustified Enrichment in South Africa, 133.

377 Neugebauer & Co Ltd v Hermann, 1923 AD 564 (573); Tuckers Land and Development Corporation (Pty) Ltd. v Hovis 1980, (1) SA 645 (A) (651 ff); Eerste Nasionale Bank van Suidelike Afrika Bpk v Saayman NO, 1997 (4) SA 302 (A) 318 ff.

378 S.A. Sentrale KO-OP Graanmaatskappy BPK v Shifren en andere, 1964 (4) SA 760 (346 C-D).

379 Christie, The Law of Contract in South Africa, 496; Lubbe/Murray, Contract Cases, Materials and Commentary, 192; Manamela, SA Merc LJ 2001, 655 (657).

380 Brisley v Drotsky, 2002 (4) SA 1 (SCA).

381 Miller v Dannecker, 2001 (1) SA 928 (C) (938).

nicht *contra bona fides* zu verhalten. Das Gericht untermauerte seine Überlegungen mit dem Argument, dass niemandem damit gedient sei, das *Shifren principle* starr und gegen den Grundsatz von Treu und Glauben durchzusetzen. Da das Gericht so eine Möglichkeit schuf, das *Shifren principle* zu umgehen, stieß die Entscheidung auf Kritik in der Literatur.[382] Andere wiederum hießen das Urteil willkommen, hielten sie das alte *Shifren principle* doch sowieso für überholt.[383] Zu beachten ist allerdings, dass die Entscheidung in *Miller v Dannecker* beinahe in jedem Fall die Möglichkeit eröffnet, das *Shifren principle* zu umgehen. Diese Folge wurde auch in der Literatur erkannt.[384]

Aus diesem Grunde ließ es sich der *Supreme Court of Appeal* – nur ein Jahr später – nicht nehmen, erneut zum Einfluss des Prinzips von Treu und Glauben auf das Vertragsrecht zu entscheiden. Der Sachverhalt der Entscheidung in *Brisley v Drotsky*[385] wurde bereits eingangs geschildert[386], und es darf nicht übersehen werden, dass die Mieterin in diesem Fall verschiedene Verzögerungstaktiken genutzt hatte, um in ihrer Wohnung bleiben zu können. Insoweit war sie also selbst offensichtlich bösgläubig. Vor Gericht behauptete sie schließlich, der Vertrag sei mündlich geändert worden, und trug vor, es wäre unfair, unangemessen und entgegen Treu und Glauben, wenn der Vermieter sich auf die Schriftformklausel berufen könnte.[387]

Das Gericht entschied, dass es nicht möglich sei, Schriftformklauseln durch eine Berufung auf Treu und Glauben zu umgehen. Zum einen sei die Entscheidung in *Miller v Dannecker* auf ein Minderheitsvotum in *Eerste Nationale Bank van Suidelike Afrika Bpk V Saayman*[388] gestützt worden und verletze deshalb die *stare decisis* Regel. In diesem Minderheitsvotum hatte *Olivier JA* die Bedeutung des Prinzips von Treu und Glauben betont und gefolgert, dass Treu und Glauben auf alle Verträge Anwendung finden müsste. Im Grunde genommen bedeutet das, dass Gerichte die Durchsetzung eines ansonsten wirksamen Vertrages we-

---

382 Nortjè, Annual Survey of South African Law 2001, 216.

383 Wie etwa McLennan, SALJ 2001, 574 (580).

384 Hutchison, SALJ 2001, 720 (743); Nortjè, Annual Survey of South African Law 2001, 216.

385 Brisley v Drotsky, 2002 (4) SA 1 (SCA).

386 Kap. 2 B VIII 3.

387 Insoweit kann es also sein, dass die Entscheidung anders ausgefallen wäre, wenn die Mieterin gutgläubig gewesen wäre („bad cases make bad law“).

388 Eerste Nationale Bank van Suidelike Afrika Bpk v Saayman, 1997 (4) SA 302 (SCA).

gen eines Verstoßes gegen Treu und Glauben ablehnen könnten.[389] Gestützt auf dieses Votum sei das Gericht in *Miller v Dannecker* fälschlicherweise davon ausgegangen, dass sich das Prinzip von Treu und Glauben zu einem unabhängigen Grund entwickelte hätte, Verträge nicht durchzusetzen. Von der Überzeugung getragen, dass solch eine Handhabe zu Chaos und Unsicherheit im südafrikanischen Recht führen würde, kam das Gericht zu seiner wichtigsten Aussage: Das Prinzip von Treu und Glauben sei kein „*free floating principle*", das es rechtfertige, Verträge nicht durchzusetzen. Vielmehr finde es Ausdruck in speziellen Regeln und Prinzipien. Andernfalls würde das Prinzip von Treu und Glauben mit dem Grundsatz *pacta sunt servanda* kollidieren. Es sei ein Grundprinzip des südafrikanischen Rechts, das frei und ernsthaft geschlossene Verträge durchgesetzt werden müssen. Es sei also notwendig und die Pflicht des Gerichts, diese fundamentalen Rechte abzuwägen. Wenn die Gerichte es dem Grundsatz von Treu und Glauben erlauben würden, Schriftformklauseln aus den Angeln zu heben, würde dies gleichzeitig bedeuten, dass Schriftformklauseln an sich unfair seien. Dies jedoch sei nicht der Fall.[390]

Folglich wies das Gericht die Anwendung des Grundsatzes von Treu und Glauben zurück, was in *Afrox Healthcare Ltd v Strydom*[391], ebenfalls 2002, bestätigt wurde. Demzufolge ist der Grundsatz von Treu und Glauben nicht als absolut anzusehen: er variiert von Zeit zu Zeit und Kontext zu Kontext[392] und greift nicht direkt in das Vertragsrecht ein,[393] sondern stellt ein dem Recht zu Grunde liegendes Prinzip dar, das benutzt werden kann, um die Entwicklung des

---

389 Du Plessis, De Rebus 2002, Iss 414, 38.

390 Du Plessis, De Rebus 2002, Iss 414, 38, 40.

391 Afrox Healthcare Ltd v Strydom, 2002 (6) SA 21 (SCA): "With regard to the place and role of abstract idea like good faith, fairness and reasonableness, the majority in Brisley decided that, even though these considerations are foundational to our law of contract, they do not provide an independent, or a free-floating justification for the setting aside or the non enforcement of contractual terms; put in anther way, although these abstract considerations represent the reasons for the existence of rules of law,... they are not rules of law on their own." (übersetzt aus dem Afrikaans von Glover, The Doctrine of Duress in the Law of Contract and Unjustified Enrichment in South Africa, 143).

392 Glover, The Doctrine of Duress in the Law of Contract and Unjustified Enrichment in South Africa, 144.

393 Lubbe, SALJ 2004, 394 (398).

Rechts zu fördern.[394] Daher wird es in Zukunft nicht möglich sein, Schriftformklauseln auf der Grundlage von Treu und Glauben zu umgehen.[395]

5. Public Policy/ Sittenwidrigkeit

Es wurde darüber hinaus angedacht, ob die Durchsetzbarkeit von Schriftformklauseln gegen die *public policy* verstößt. Hiermit sind Fallgestaltungen gemeint, die im deutschen Recht unter § 138 BGB Beachtung fänden, also Fälle, in denen die Durchsetzbarkeit von Schriftformklauseln sittenwidrig wäre. Dieser Ansatz wurde auch von der Mieterin in dem soeben behandelten Fall *Brisley v Drotsky* verfolgt, um die Schriftformklausel zu umgehen. Die Mieterin brachte vor, dass die Durchsetzbarkeit von Schriftformklauseln in besonderen Umständen so unbillig sein könne, dass die Gerichte sie in Hinblick auf die Wahrung des öffentlichen Interesses ablehnen sollten. Diese Argumentation wurde jedoch von den Richtern in *Brisley v Drotsky* abgelehnt.

Zu unterscheiden ist dabei zwischen der Schriftformklausel selbst und ihrer Durchsetzbarkeit. Da die Vereinbarung einer Schriftformklausel und damit die Klausel selbst auch im südafrikanischen Recht unstreitig nicht sittenwidrig ist, kann nur ihre Durchsetzbarkeit sittenwidrig sein. Grundsätzlich erkennt das südafrikanische Recht sittenwidrige Vereinbarungen, mithin solche, die gegen die *public policy* verstoßen, nicht an.[396] Wann es sittenwidrig ist, eine vertragliche Bestimmung durchzusetzen, wurde 1989 in *Sasfin (Pty) Ltd v Beukes*[397] klargestellt.[398] Das Gericht entschied, dass die Interessen der Gemeinschaft und/oder Öffentlichkeit über die Feststellung der Sittenwidrigkeit entscheiden. Verträge, die offensichtlich den Interessen der Gemeinschaft zuwiderlaufen, würden nicht durchgesetzt, und zwar unabhängig davon, ob sie gegen das Recht oder die guten Sitten verstießen.[399] Das Gericht forderte die Rechtsprechung auf, nicht davor zurückzuschrecken, Verträge für sittenwidrig zu erklären, wenn die Situati-

---

394 Lubbe/du Plessis in van der Merwe/du Plessis, Introduction to the Law of South Africa, 244.

395 See also Lubbe, SALJ 2004, 394 (398).

396 Sasfin (Pty) Ltd. v Beukes, 1989 (1) SA 1 (A).

397 Sasfin (Pty) Ltd. v Beukes, 1989 (1) SA 1 (A).

398 Sasfin (Pty) Ltd. v Beukes, 1989 (1) SA 1 (A) (7 I). In diesem Fall waren jedoch die vertragliche Vereinbarung selbst sittenwidrig. Daher war das sog. Sasfin principle in Brisley v Drotsky nicht direkt anwendbar.

399 Sasfin (Pty) Ltd. v Beukes, 1989 (1) SA 1 (A) (8 C): "Agreements which are clearly inimincal to the interests of the community, whether they are contrary to law or morality, will accordingly, on the grounds of public policy, not be enforced."

on es gebiete. Nichts desto trotz sollte von dieser Möglichkeit nur zurückhaltend und in eindeutigen Fällen Gebrauch gemacht werden.[400] Außerdem betonte das Gericht, dass man Verträge nicht allein deshalb für sittenwidrig erklären könne, weil sie gegen die (richter-)eigenen Vorstellungen von Anstand und Billigkeit verstießen.[401] Denn bereits seit der Entscheidung in *Wells v SA Alumenite* im Jahre 1927 sei folgende Ansicht gesicherte Rechtsprechung:

> "if there is one thing which, more than another, public policy requires, it is that men of full age and competent understanding shall have the utmost liberty of contracting, and that their contracts, when entered into freely and voluntarily, shall be held sacred and shall be enforced by courts of justice."[402]

Bestätigt und fortgeführt wurde diese Entscheidung im selben Jahr durch die Richter in *Botha v Finanscredit (Pty) Ltd*[403], die zudem ausführten, dass die Gerichte nur dann auf die Möglichkeit, Verträge für sittenwidrig zu erklären, zurückgreifen sollten, wenn der Sittenverstoß offenkundig sei.

Die in *Sasfin (Pty) Ltd v Beukes*[404] genannten Voraussetzungen waren in *Brisley v Drotsky* schon deshalb nicht erfüllt, weil die Schriftformklausel selbst nicht sittenwidrig war. Darüber hinaus entschied das Gericht, dass das *Sasfin principle* nicht auf Fälle ausgeweitert werden sollte, in denen es lediglich um die Durchführung eines Vertrages geht.[405] In seinem Minderheitenvotum merkt *Cameron AR* zwar an, dass es nicht allzu schwer sei, sich Umstände vorzustellen, in denen eine Schriftformklausel wegen Sittenwidrigkeit nicht durchgesetzt würde, gibt aber keine Beispiele für eine solche Situation.[406] Deshalb bleibt es bei dem Ergebnis, dass *public policy* nur in äußersten Ausnahmefällen dazu führen wird, dass eine Schriftformklausel durch die Gerichte nicht durchgesetzt wird.

---

400 Sasfin (Pty) Ltd. v Beukes, 1989 (1) SA 1 (A) (9 B) ; so auch Christie, The Law of Contract, 400.

401 Sasfin (Pty) Ltd. v Beukes, 1989 (1) SA 1 (A) (9 B-C).

402 Wells v South African Alumenite Company, 1927 AD 69. Dieses Zitat kommt aus der englischen Entscheidung Printing and Numerical Registering Company v Sampson, (1875) LR 19 Eq 462 (465) in der das Gericht verdeutlichte, dass der Grundsatz pacta sunt servanda die Grundlage des Vertragsrechts darstellt. Siehe hierzu auch Zimmermann, The Law of Obligations, 1990, 577.

403 Botha & another v Finanscredit (Pty) Ltd, 1989 (3) SA 773 (A) (782 I – 783 C).

404 Sasfin (Pty) Ltd. v Beukes, 1989 (1) SA 1 (A).

405 Brisley v Drotsky, 2002 (4) SA 1 (SCA) (18 B-D).

406 Brisley v Drotsky, 2002 (4) SA 1 (SCA) (35 A).

6. Pactum de non petendo

In *Miller v Dannecker*[407] hatte das Gericht auch die Frage zu beantworten, ob ein mündlicher *pactum de non petendo* wirksam ist, wenn ein Vertrag eine Schriftformklausel enthält.

Grundsätzlich können die Parteien eines schriftlichen Vertrages im Nachhinein einen *pactum de non petendo* vereinbaren. Hierunter versteht man die Übereinkunft, ein entstandenes Recht nicht einzuklagen. Üblicherweise wird vereinbart, dass das jeweilige Recht für einen gewissen Zeitraum oder bis zu einem bestimmten Zeitpunkt nicht eingeklagt werden kann.[408] Je nach der Ausgestaltung eines solchen *pactum de non petendo* können Ähnlichkeiten mit einem Rechtsverzicht (*waiver*) auftreten. Dies wird auch in der Entscheidung in *Impala Distributors v Taunus Chemical Manufacturing Co (Pty) Ltd*[409] deutlich, in dem das Gericht den *pactum de non petendo* zu einer Vertragsänderung abgrenzte und schließlich zu dem Ergebnis kam, dass er im vorliegenden Fall eine Form des Verzichts darstellte. Demgegenüber halten Teile der Literatur einen *pactum de non petendo* und einen Verzicht für ein Aliud, da die Forderung an sich bestehen bleibt und lediglich die Durchsetzbarkeit vorübergehend gehindert ist.[410] Dieser Ansicht schloss sich auch das Gericht in *Miller & Another NNO v Dannecker*[411] an.

In *Miller & Another NNO v Dannecker*[412] hatte der Beklagte von einer Firma namens Thirion Franchiserechte für 350.000 Rand erworben. Ein Teil dieser Summe war mit Unterzeichnung des Vertrages zu entrichten, der Rest sollte in zwei aufeinanderfolgenden Raten beglichen werden. Der Vertrag enthielt eine *non-waiver-*[413] und eine Schriftformklausel[414]. Die Rentabilität des Geschäfts

---

407 Miller & Another NNO v Dannecker, 2001 (1) SA 928.

408 Manamela, SAMercLJ 2001, 655 (658). Insoweit entspricht der pactum de non petendo des südafrikanischen Rechts also dem des deutschen Rechts. Siehe zum deutschen Recht MüKo/Krüger, § 271 Rn. 18; Müko/Grothe BGB, § 205 Rn. 5.

409 Impala Distributors v Taunus Chemical Manufacturing Co (Pty) Ltd., 1975 (3) SA 273 (277 E).

410 Lubbe/Murray, Contract Cases Materials and Commentary, 19, 730 Fn. 4; Hutchison, SALJ 2001, 720 (730).

411 Miller & Another NNO v Dannecker, 2001 (1) SA 928.

412 Miller & Another NNO v Dannecker, 2001 (1) SA 928.

413 Clause 15.1: "No waiver by a party of any breach, failure or default in performance by the other party and ... shall constitute a waiver of the provisions of this agreement and a party may at any time require strict compliance with the provisions of this agreement."

blieb so weit hinter den Erwartungen des Beklagten zurück, dass er die letzte Rate nicht pünktlich zahlen konnte. Als der Beklagte die vereinbarte Zahlung nicht vornahm, kündigte Thirion den Vertrag und trat ihre Rechte an den Kläger ab. Dieser beschloss, unverzüglich gegen den Beklagten im Schnellverfahren (*summary judgement*) vorzugehen. Der Beklagte trug jedoch vor, dass er mit Thirion einen *pactum de non petendo* geschlossen habe. Er behauptete, er habe, nachdem die letzte Rate fällig geworden war, mit Thirion mündlich vereinbart, dass diese nicht gegen ihn vorgehen würde, um ihm so zu ermöglichen, seine Rechte weiter zu verkaufen und mit dem Verkaufspreis die letzte Rate an Thirion zu zahlen. Er habe Thirion mitgeteilt, dass ein solcher Weiterverkauf drei Monate dauern könne und Thirion habe dem zugestimmt.

Das Gericht entschied, dass ein *pactum de non petendo* keine Vertragsänderung darstellt und stützte sich dabei auf mehrere Argumente: Zunächst sei ein *pactum de non petendo* kein Verzicht. Deshalb spreche auch die im Vertrag enthaltene *non-waiver-clause* nicht gegen die Wirksamkeit der mündlichen Vereinbarung. Im Gegensatz zu einem Verzicht bedeute ein *pactum de non petendo* lediglich, dass die Durchsetzbarkeit eines Rechts bis zu einem bestimmten Zeitpunkt nicht möglich sei.[415] Im vorliegenden Fall habe Thirion auf sein Recht, den Vertrag zu kündigen für einen Zeitraum von bis zu drei Monaten verzichtet. Diese Vereinbarung stelle einen *pactum de non petendo* dar, der eigenständig neben dem Vertrag geschlossen worden sei. In ihr sei deshalb kein Verzicht zu sehen, weil der Verzicht die völlige Aufgabe eines Rechts bedeute.[416] Folglich werde der *pactum de non petendo* nicht von der Schriftformklausel erfasst. In der Literatur ist die Entscheidung des Gerichts mit derselben Begründung auf Zustimmung gestoßen.[417] Die Vereinbarung eines *pactum de non petendo* ist mithin auch dann mündlich möglich, wenn in dem ursprünglichen Vertrag eine Schriftformklausel vereinbart wurde.

---

414 Clause 15.2: "… No amendment or other modification of this agreement shall be valid or binding on a party hereto unless reduced to writing and executed by both parties hereto."

415 Miller & another v Dannecker, 2001 (1) SA 928 (936 F).

416 Hutchison, SALJ 2001, 720 (722).

417 Manamela, SA Merc LJ 2001, 655 (662-664); Hutchison, SALJ 2001, 720 (722). Nortjé, Annual Survey of South African Law 2001, 216 ist sich hingegen nicht sicher, ob ein pactum de non petendo nicht doch besser als eine Form des Verzichts betrachtet werden sollte.

II. Zusammenfassung

Festzuhalten bleibt, dass es den Parteien im südafrikanischen Recht nicht gelungen ist, Umgehungsgründe für Schriftformklauseln (*grounds for escape*) zu etablieren.

Weder ein Verzicht noch die *doctrine of estoppel* stellen eine zuverlässige Möglichkeit dar, dem *Shifren principle* zu entgehen. Eine arglistige Täuschung sowie das Vorbringen einer Sittenwidrigkeit wird nur in Ausnahmefällen dazu führen, dass eine ursprünglich vereinbarte Schriftformklausel nicht durchgesetzt werden kann. Auch eine Berufung auf den Grundsatz von Treu und Glauben scheidet seit der Entscheidung in *Brisley v Drotsky* aus. Allein die Vereinbarung eines *pactum de non petendo* fällt nicht unter die Schriftformklausel und ist somit trotz vereinbarter Schriftformklausel mündlich wirksam. Das *Shifren principle* wird demzufolge streng von den Gerichten durchgesetzt.

3. Kapitel: Gründe für die unterschiedliche Entwicklung des deutschen und südafrikanischen Rechts

Die folgenden Ausführungen beschäftigen sich mit den Gründen der unterschiedlichen Behandlung der mündlichen Änderungen von mit Schriftformklauseln versehenen Verträgen in der Rechtsprechung deutscher und südafrikanischer Gerichte. Die konträre Behandlung der Fallgestaltungen verwundert insbesondere vor dem gemeinsamen Hintergrund der beiden Rechtssysteme. Grundlage des südafrikanischen Rechts ist römisch-holländisches Recht, also römisches Recht in der Form, die ihm die Glossatoren und Kommentatoren und später die holländischen Rechtslehrer des 17. und 18. Jahrhunderts gegeben haben.[418] Da zur Zeit der Implementierung des römisch-holländischen Rechts am Kap der guten Hoffnung noch ein gemeinsames *Ius Commune* die verschiedenen Staaten und Regionen Europas einte,[419] ist dieses *Gemeine Recht* auch die Grundlage des deutschen Privatrechts. Selbst wenn das BGB nach der Vorstellung vieler ein umfassendes und in sich geschlossenes Regelsystem bildet[420] und seine römischrechtlichen Grundlagen vielfach in Vergessenheit geraten sind, ist doch die Basis der beiden Rechtssysteme dieselbe. Dies gilt, wie sich zeigen wird, insbesondere für das Zustandekommen von Verträgen, was vor allem deshalb von Bedeutung ist, weil in beiden Rechtsordnungen auch die Änderung eines Vertrags durch Vertrag erfolgen muss, beide Rechtsordnungen aber gleichwohl die nachträgliche mündliche Änderung eines ursprünglich mit Schriftformklausel versehenen Vertrags gänzlich unterschiedlich behandeln. Dies könnte sich zum einen aus einer unterschiedlichen Gewichtung des Parteiwillens erklären (unten A.), zum anderen kommt eine unterschiedliche Behandlung der Fallgestaltungen aufgrund der im südafrikanischen Recht angewandten *caveat subscriptor doctrine* in Betracht (unten B.). Des Weiteren halten südafrikanische Gerichte Zurückhaltung bei der Annahme konkludenter Verträge für geboten (unten C.), wohingegen es in deutschen Urteilen heißt: „einfache Schriftformklauseln können stillschweigend abbedungen werden."[421] Zudem kommt ein

418 Siehe hierzu ausführlich oben Einleitung C.

419 Hierzu ausführlich unten Kap. 3 A II.

420 Hierzu vertiefend Zimmermann, AcP 2002, 243 (249 ff.).

421 KG, NZM 2005, 908 f.; BGH NJOZ 2002, 833; in ähnlichem Wortlaut schon OLG Dresden, ROLG 14, 26; RG, JW 1911, Nr. 15; RG WarnR 1912, 402.

englischer Einfluss auf die südafrikanische Rechtsprechung zu Schriftformklauseln im Besonderen in Betracht. Hier ist zu untersuchen, ob der englische Einfluss auf das südafrikanischen Recht zur Erforderlichkeit einer *consideration* für Vertragsschluss und Vertragsänderung geführt hat (unten D.). Schließlich ist die Entwicklung des südafrikanischen Rechts in den fünfziger Jahren des letzten Jahrhunderts zu berücksichtigen, indem zum einen eine Verfassungskriese herrschte (unten E.) und die Rechtsprechung zum anderen im Rahmen des *bellum juridicum* eine Säuberung des südafrikanischen Rechts von englischen Einflüssen befürwortete (unten F.).

A. Der Wille der Parteien

Vergleicht man die deutschen und die südafrikanischen Gerichtsentscheidungen, fällt insbesondere auf, dass die deutschen Gerichte die Wirksamkeit mündlicher Änderungen fast ausschließlich auf den in der mündlichen Änderung zum Ausdruck gebrachten Willen der Parteien stützen. Der zuletzt geäußerte Wille der Parteien ist der maßgebliche und hat offenbar größeres Gewicht als der Wille, der zuvor in der vereinbarten Bindung an eine gewillkürte Form zum Ausdruck gebracht wurde, weshalb die Gerichte ihre Entscheidungen von Beginn an mit der Einigung der Parteien zur Änderung des Vertrags begründeten. Bereits 1906 hatte das *Dresdner OLG* entschieden, dass eine Schriftformklausel „nicht ihre Außerkraftsetzung" hindert, „falls nur die Parteien hierüber einig geworden sind."[422] Im ersten Urteil des Reichsgerichts[423] zu der Fragestellung heißt es: „Wenn die für ein Rechtsgeschäft vorgeschriebene Form auf Privatwillkür beruht, so können die Vertragsparteien jederzeit das Formerfordernis durch contrarius consensus wieder außer Kraft setzen." Im Jahre 1919[424] führt das Gericht weiter aus: „Diese [die Vertragsparteien] können aber eine solche Vertragsklausel für den Einzelfall außer Kraft setzen, und das geschieht, wenn sie darüber einig sind, dass für ihre vertraglichen Beziehungen neben dem Urkundeninhalt auch eine bestimmte mündliche Abrede maßgebend sein soll."[425] Auch

---

422 OLG Dresden, ROLG 14, 26, zu diesem Urteil ausführlicher oben Kap. 1 B I.

423 JW 1911, 94 Nr. 15, zu diesem Urteil ausführlicher oben Kap. 1 B I.

424 RGZ 95, 175, zu diesem Urteil ausführlicher oben Kap. 1 B I.

425 Dies führt später auch der BGH aus (NJW 1962, 1908 f.): „Ist deshalb wie hier in einem Mietvertrag vereinbart, daß Änderungen und Ergänzungen der Schriftform bedürfen, so können mündliche Änderungen dennoch wirksam sein, wenn nur die Parteien die Maßgeblichkeit der mündlichen Vereinbarung übereinstimmend gewollt haben, wenn sie also darüber einig waren, daß für ihre vertraglichen Beziehungen neben dem Urkunden-

in der Literatur wird die mündliche Änderung von Verträgen im Übrigen damit begründet, dass gewillkürte Formabreden jederzeit durch Parteiwillen wieder aufgehoben werden können und es für eine solche Aufhebung einer besonderen Form nicht bedarf.[426] Der Grund dieser Fokussierung auf den Parteiwillen könnte dabei im „rechtsgeschäftlichen Leitbild des BGB“ liegen, wonach „es der übereinstimmende Wille der Parteien ist, auf dem der vertragliche Erfüllungsanspruch beruht.“[427]

In der Rechtsprechung südafrikanischer Gerichte findet eine Bezugnahme auf den in der mündlichen Änderung zum Ausdruck gebrachten Parteiwillen hingegen nur in der Entscheidung in *Sette v Saker*[428] statt. Fraglich ist also, ob der Wille der Parteien im südafrikanischen Recht ein anderes Gewicht hat als im deutschen.

I. Die Entwicklung des Vertragsprinzips

Grundlage dieser Überlegungen in das in § 311 BGB formulierte Vertragsprinzip.[429] Nach deutschem Recht können Schuldverhältnisse rechtsgeschäftlich grundsätzlich nicht durch eine Partei allein begründet oder geändert werden, sondern nur auf der Grundlage eines Vertrags, also durch ein mehrseitiges Rechtsgeschäft mit mindestens zwei korrespondierenden Willenserklärungen (Angebot und Annahme). Dies bedeutet, dass vertragliche Verbindlichkeit erst durch die Willensübereinstimmung der Parteien begründet wird. Die Frage, ob dieses Vertragsprinzip auch im südafrikanischen Recht Geltung erlangt hat, ist durch eine Untersuchung der Ursprünge des Prinzips zu beantworten, bei der der

---

inhalt auch eine bestimmte mündliche Abrede maßgebend sein soll.“

426 Loewe, Die Form der Rechtsgeschäfte im Bürgerlichen Gesetzbuch, 1899, 82. Auch bei Düringer/Hachenburg findet sich, dass die Abrede einer Form für ein Rechtsgeschäft jederzeit durch Parteiwillen wieder beseitigt werden könne. Während die gesetzliche Formvorschrift der Disposition der Parteien entzogen sei, könnten die Parteien ihre eigene Vorschrift auch selbst wieder aufheben. Dies könne auch stillschweigend geschehen. So auch Rehbein, Das Bürgerliche Gesetzbuch, I Band Allgemeiner Theil, 1899, 160 und Goldmann/Lilienthal, Das Bürgerliche Gesetzbuch, Band 1, 2. Aufl., 1903, 156.

427 So HKK/Thier § 311 Rn. 26.

428 Siehe oben Kap. 2. B IV.

429 Hierzu HKK/Thier § 311 Rn. 1; MüKo/Emmerich, 4. Aufl. 2003, § 311 Rn. 2-5. Eingehend zur Entstehung des allgemeinen Vertragsbegriffs, auch zum römischen Recht und zum kanonischen Recht Nanz, Die Entstehung des allgemeinen Vertragsbegriffs im 16. bis 18 Jahrhundert, 1985.

Zeitpunkt der Transplantation des römisch-holländischen Rechts an das Kap der guten Hoffnung zu beachten ist (unten 5.).

1. Römisches Recht

Im römischen Recht wurde vertragliche Verbindlichkeit zwar auch, aber nicht ausschließlich durch die Willensübereinstimmung der Parteien begründet.[430] Das vorklassische römische Recht ging noch von der Vorstellung aus, dass rechtliche Bindungen – von den Konsensualkontrakten abgesehen – allein durch förmliches Handeln erzeugt werden können[431] und kannte nur eine begrenzte Zahl klagbarer Vereinbarungen[432]. Anders als nach heutigen Vorstellungen wurde die Form ursprünglich nicht als Mittel zur Erreichung bestimmter Zwecke – etwa der Beweissicherung – angesehen, sondern bildete selbst den eigentlichen Grund für den Eintritt des gewollten rechtlichen Erfolges.[433] Bestimmte Formeln mussten mit vorgeschriebenem Wortlaut feierlich gesprochen werden. Zuweilen wurden diese mündlichen Formeln durch Berührungen mit der Hand (*mancipatio*) oder dem Stab (*festuca, vindicta*) unterstrichen. Formen waren mithin Realformen (Wirkformen). Daher war die Willensübereinkunft der Parteien zumindest seit dem klassischen römischen Recht zwar tragende Grundlage vertraglicher Verpflichtung. Die Verbindlichkeit und damit auch Klagbarkeit vertraglicher Abreden war jedoch vielfach an zusätzliche Bedingungen geknüpft.[434] Dies zeigt sich beispielsweise an der römisch-rechtlichen Stipulation:[435] Im Falle der Stipulation erfolgte der Vertragsschluss durch förmlich vorgeschriebene Frage und entsprechend formulierte Antwort. Ein wirksamer Vertrag setzte das unmittelbare Aufeinanderfolgen von Frage und Antwort sowie deren Kongruenz durch die Verwendung desselben Verbs voraus.[436] Die Stipulation basierte folglich auf

430 Zentrale Grundlage für die Begründung von Verbindlichkeiten war im römischen Recht der Vertrag. Dies zeigt auch die Zweiteilung der Obligationen in Verpflichtungen ex contractu und ex delicto, siehe Gaius, Inst. III, 88: „Omnis enim obligatio vel ex contractu nascitur vel ex delicto."

431 Der allgemeine Grundsatz lautete: „nuda pactio obligationem non parit", Ulp. D. 2,14,7,4; siehe auch Kaser/Knütel, Römisches Privatrecht, S. 44 f.

432 Nämlich die Verbal-, Real- und Litteralkontrakte. Hierzu auch Harke, Römisches Recht, 43 ff.

433 So erklärt sich die heute anzutreffende Formulierung, daß die Form „Wirkform" und nicht bloße „Schutzform" gewesen sei, vgl. HKK/Meyer-Pritzl, § 125-129 Rn. 7.

434 HKK/Thier, § 311 Rn. 7.

435 Siehe hierzu auch Kaser/Knütel, Römisches Privatrecht, 218 ff.

436 Vgl. Nanz, Die Entstehung des allgemeinen Vertragsbegriffs im 16. bis 18 Jahrhundert,

dem Konsens der Parteien.[437] Die Übereinstimmung des Parteiwillens war also zwar ein unverzichtbares, nicht jedoch das einzige Tatbestandsmerkmal des Vertragsschlusses.

Auch im nachklassischen Recht erscheint der Konsens der Parteien als gemeinsame Grundlage aller Verträge, es wird aber daran festgehalten, dass ein Vertrag erst klagbar wird, wenn ein weiteres Element hinzutritt, wie etwa die Form bei der Stipulation sowie bei Verbal- und Litteralkontrakten und die *res*, d.h. die Sachübergabe bei Realkontrakten. Dieses Element wurde als Kleid (*vestimentum*) bezeichnet, aus nackten Verträgen (*pacta nuda*) konnte nicht geklagt werden. Eine formlose Willenseinigung begründete einzig im Falle der Konsensualverträge eine klagbare Verpflichtung. Bereits in der vorklassischen Zeit war dieser formlose Konsensualkontrakt anerkannt. Hier war allein der Konsens obligationsbegründend, einer weiteren begleitenden Sachhingabe wie bei den Realkontrakten oder Wortformel wie bei den Verbalkontrakten bedurfte es nicht.[438] Unter Konsens verstanden die römischen Juristen dabei die Übereinstimmung der Willen der beiden Parteien.[439] Auch Justinian stellte in der Nachklassik für den Kauf[440] diesen formfreien mündlichen Abschluss des klassischen Rechts zur Wahl (vgl. C. 4, 21, 17 pr; Inst. 3, 23 pr.). Diese formfreien Alltagsgeschäfte waren häufig, genossen im Prozess aber geringere Beweiskraft als die in bestimmten Formen bekundeten.[441] Ein formfreies *pactum*, das als „Konsens und Vereinbarung von zwei Personen" gedeutet wurde, konnte hingegen keine klagbare Verpflichtung begründen, weil kein Bezug auf einen Leistungszweck (*causa*) hergestellt wurde.[442] Insoweit galt der Grundsatz der Klaglosigkeit der *pacta nuda*.[443]

20.

437 Nanz, Die Entstehung des allgemeinen Vertragsbegriffs im 16. bis 18 Jahrhundert, 20 m.w.N.

438 Hausmanninger/Selb, Römisches Privatrecht, S. 298.

439 Hausmanninger/Selb, Römisches Privatrecht, S. 307.

440 Danaben fielen auch Miet-, Pacht-, Dienst- und Werkverträge unter die Gruppe der Konsensualverträge, Harke, Römisches Recht, S. 44.

441 Kaser/Knütel, Römisches Privatrecht, S. 46.

442 HKK/Thier § 311 Rn. 10.

443 Savigny fasst den Zustand des römischen Rechts wie folgt zusammen (System des heutigen Römischen Rechts III, 1840, 309): „Die Stipulation, als einziger formeller Vertrag des Justinianischen Rechts, war klagbar. Einige besondere Arten der Verträge, auch wenn sie formlos geschlossen wurden, waren gleichfalls klagbar. Alle übrigen formlosen Verträge (die nuda pacta) waren nicht klagbar."

2. Kanonisches Recht

Den Grundsatz der Klagbarkeit der *pacta nuda* stellte erstmals *Johannes Teutonicus* im Jahre 1212 auf.[444] Im Jahre 1234 finden sich dann in den Dekretalen von Papst Gregor IX[445] unter der Überschrift „De Pacta" die Worte *„pacta quantumcunque nuda servanda sunt"*.[446] Diese Klagbarkeitslehre wurde im kanonischen Recht im 14. Jahrhundert zur herrschenden Meinung, der kein ernstzunehmender Widerstand mehr entgegengesetzt wurde.[447] Es war also das kanonische Recht[448], das erstmals die Lehre von der Klagbarkeit aller Verträge formulierte.[449] Für die Kanonisten bildete jedoch nicht der Wille der Parteien die

---

444 Johannes Teutonicus, Glossa ordinaria zum Dekret, Gl. promiserint zu Ca. XII qu. 2 c. 66 (abgedruckt bei Söllner, SZ (RA) 1960, 182 (244)): „Videtur, quod aliquis obligetur nudis verbis, licet non intercessit stipulatio, ut extrav. de testa. cap. indicante [...] iuramenti et infra eadem [...] quia Ioanes, quod verum est. et potest dici, quod competit actio ex nuda promissione, scilicet condictio ex canone illo [...] iuramenti." Hierzu auch Nanz, Die Entstehung des allgemeinen Vertragsbegriffs im 16. bis 18 Jahrhundert, 1985, 53 m.w.N.

445 Dekrete von Papst Gregor dem IX (Liber Extra) 1.35.1.

446 In Lib I, Tit. XXXV, Cap. I heißt es: „Aut initia pacta suam obtineant firmitatem, aut conventus, si se non cohibuerit, ecclesiasticam sentiat disciplinam. Diverunt universi: Pax servetur, pacta custodiantur." Siehe hierzu auch HKK/Kleinschmidt, § 397 Rn. 14, Zimmermann, The law of Obligations, 543 und Landau, Pacta sunt servanda, in Ins Wasser geworfen und Ozeane durchquert, Festschrift für Knut Wolfgang Nörr, 457 (465 f.) zur Überlieferungsgeschichte des Grundsatzes. Der Grundsatz pacta sunt servanda entstammt also dem kanonischen Recht, hierzu ausführlich unten Kap. 3 F III.

447 Nanz, Die Entstehung des allgemeinen Vertragsbegriffs im 16. bis 18 Jahrhundert, 54; Söllner, SZ (RA) 1960, 182 (247); HKK/Kleinschmidt, § 397 Rn. 15; Ihr bedeutendster Vertreter war Baldus de Ubaldis, zu seiner Lehre eingehend Nanz, aaO, 54 ff. und Söllner, SZ (RA) 1960, 182 (247 ff.). Baldus entwickelte die Theorie, daß ein pactum nur dann durchsetzbar sei, wenn es auf einer causa, beruhe; hierzu auch HKK/Kleinschmidt, § 397 Rn. 15.

448 Das kanonische Recht bezog seine Legitimität aus der unumstrittenen Herrschaftsautorität der katholischen Kirche. Es war weder einem weltlichen Recht untergeordnet noch beruhte seine Geltung auf einem Anerkennungsakt einer höchsten weltlichen Autorität. Zum Einfluß des kanonischen Rechts auf die europäische Rechtskultur Landau, Einfluß des kanonischen Recht auf die europäische Rechtskultur, in Schulze (Hrsg.), Europäische Rechts- und Verfassungsgeschichte, 1991, 39 ff.

449 Nanz, Die Entstehung des allgemeinen Vertragsbegriffs im 16. bis 18. Jahrhundert, 1985, 46; Landau, Einfluß des kanonischen Recht auf die europäische Rechtskultur, in Schulze (Hrsg.), Europäische Rechts- und Verfassungsgeschichte, 39 (55); Zimmer-

Grundlage rechtlicher Selbstverpflichtung, sondern die christlich begründete Bindung an das Versprechen.[450] Die Verbindlichkeit der *pacta nuda* resultierte demnach aus dem einseitig abgegebenen und von der Gegenseite angenommenen Versprechen, wobei die Bindung an den Vertrag nicht durch die normative Kraft des Parteiwillens, sondern vielmehr durch die göttlich gewollte Bindung der Parteien an ihr Versprechen erfolgte[451], welche vor allem auf der Unsittlichkeit der Lüge und der moralischen Pflicht zur Versprechenserfüllung basierte.[452]

3. Handelsrecht

Neben dem kanonischen Recht bildete sich seit dem 14. Jahrhundert auch im Handelsrecht (sog. *lex mercatoria*) die Überzeugung heraus, dass aus einem *pactum nudum* heraus geklagt werden konnte.[453] Bei *Baldus de Ubaldis* finden sich die folgenden Worte: „Quia bona fides requiritur in iis qui plurimum negotiantur et in iis non different pactum nudum a stipulatione …“[454] Dem *pactum nudum* konnte fortan nicht mehr entgegen gehalten werden, dass die Stipulationsform außer Acht gelassen worden sei. Wie das kanonische Recht gelangte damit auch das Handelsrecht zu einem klagbaren einfachen Versprechen.[455]

4. Naturrecht

In der humanistischen Rechtswissenschaft des 16. und frühen 17. Jahrhundert galt dagegen weiterhin der Grundsatz der Klaglosigkeit der *pacta nuda*,[456] der

---

mann, The law of Obligations, 542 f.

450 HKK/Thier § 311 Rn.

451 HKK/Thier § 311 Rn. 14.

452 Nanz, Die Entstehung des allgemeinen Vertragsbegriffs im 16. bis 18 Jahrhundert, 47; Kegel, Vertrag und Delikt, 8.

453 Nanz, Die Entstehung des allgemeinen Vertragsbegriffs im 16. bis 18. Jahrhundert, 57; Visser, SALJ 1984, 641 (647); HKK/Kleinschmidt, § 397 Rn. 16.

454 Baldus de Ubaldis, Gloss ad D 13.5.1. Übersetzung bei Visser, SALJ 1984, 641 (647): “Since good faith is required in these contracts which are most frequently concluded, and in these respects a bare pact does not differ from a stipulation.“

455 Der Grund für diese Entwicklung wird darin gesehen, daß im Handelsrecht nur ein gering ausgeprägtes Schutzbedürfnis der Parteien besteht, vgl. HKK/Kleinschmidt, § 397 Rn. 16; Nanz, Die Entstehung des allgemeinen Vertragsbegriffs im 16. bis 18. Jahrhundert, 58 ff.

456 HKK/Kleinschmidt, § 397 Rn. 17; Zimmermann, JZ 1990, 825 (828). Einzig Matthaeus Wesenbeck (1531-1586) vertrat bereits die Klagbarkeit der pacta nuda, Commentarii in pandectas iuris civilis et codices iustinianei; siehe zu seiner Lehre Nanz, Die Entstehung

Wille der Parteien allein war für die Schaffung vertraglicher Verbindlichkeit nicht ausreichend. Erst im Naturrecht setzte sich der Gedanke durch, dass es der freie Vertragskonsens der Parteien ist, der für die Wirksamkeit eines Vertrages ausreicht.[457]

a) Grotius

Der Durchbruch gelang dabei dem Niederländer *Hugo Grotius* (1583-1645).[458] In seinem naturrechtlichen Hauptwerk *De Jure Belli ac Pacis Libri Tres* (1625) vertrat er die Ansicht, dass nach dem Naturrecht alle Verträge bindend seien. Aus dem Grundsatz von Treu und Glauben folgerte er,[459] dass Versprechen unabhängig davon gehalten werden müssten, ob sie in eine bestimmte Form gekleidet seien oder nicht. Zur Begründung führte er an, dass selbst Gott gegen seine eigene Natur verstieße, wenn er sein Wort nicht hielte.[460] *Grotius* entwarf den sog. Versprechensvertrag und gliederte das vertragliche Versprechen in drei Stufen.[461] Hatte er in seinem zuerst verfassten[462] Werk, der *Inleiding tot de*

---

des allgemeinen Vertragsbegriffs im 16. bis 18. Jahrhundert, 85 ff.; Feenstra, Klagbarkeit der pacta nuda, in Zimmermann/Feenstra (Hrsg.), Das römisch-holländische Recht, 123 (124 ff.). Seine neuen Erkenntnisse verbreiteten sich rasch in Deutschland und den Niederlanden, Nanz, Die Entstehung des allgemeinen Vertragsbegriffs im 16. bis 18. Jahrhundert, 95.

457 HKK/Meyer-Pritzel, §§ 125-129 Rn. 14.

458 Zu seiner Person Zimmermann, Römisch-holländisches Recht, in Feenstra/Zimmermann (Hrsg.), Das römisch-holländische Recht, 9 (26 ff.). Hugo Grotius war stark von Theologen, insbesondere Leonardus Lessius und Luis de Molina beeinflußt, hierzu Feenstra, Die Invloede op Hugo de Groot, THRHR 1983, 136; Visser, SALJ 1984, 641 (649) m.w.N; Disselhorst, Die Lehre des Hugo Grotius vom Versprechen, 1959.

459 „Fundamentum justitiae [est] fide[s]" heißt es in De jure belli ac pacis, II, 11, § 4.

460 Grotius, De jure belli ac pacis libri tres, Lib. II, Kap. 11, § 1; Lip. II, Kap. 11, § 2; Lib. II, Kap. 11, § 4. Siehe hierzu auch Disselhorst, Die Lehre des Hugo Grotius vom Versprechen, 1959, 39 ff.

461 Grotius, Lib. II, Kap. 11, § 2-4: „Primus gradus est assertio explicans de futuro animum qui nunc est: et ad hanc, ut vitio careat, requiritur veritas cogitationis pro tempore praesenti, non autem ut in ea cogitatione perseveretur. Habet enim animus humanus non tantum naturalem potentiam mutandi consilium sed et ius. Quod si in mutatione sententiae vitium sit aliquod, ut accidit, id non est intrinsecum mutationi, sed ex materia, puta quia prior sententia erat melior. Secundus gradus est, cum voluntas seipsam pro futuro tempore determinat, cum signo sufficiente ad indicandam perserverandi necessitatem. Et haec pollicitatio dici potest, quae seposita lege civili obligat quidem, aut absolute, aut sub conditione, sed ius proprium alteri non dat. Multis enim casibus eventi, ut obligatio sit in nobis, et nullum ius in alio; sicut in misericordiae et gratiae reponendae apparet,

Hollandsche Rechtsgeleerdheid, noch eine zweistufige Versprechenslehre vertreten,[463] stand nun in *De Jure Belli ac Pacis Libri Tres* die reine, unverbindliche Willensäußerung auf der ersten von nunmehr drei Stufen. Sie legt noch keinen bestimmten Inhalt fest und hat als reine Tatsachenäußerung lediglich dem tatsächlichen Willen zu entsprechen. Auf der zweiten Stufe bindet sich der Wille an ein selbst gewähltes Ziel. *Grotius* gebraucht hier den Begriff der *pollicitatio,* um den Willensakt als einseitige Selbstbindung zu bezeichnen. Dieses „Gelübde" ist jedoch unverbindlich und erzeugt lediglich eine moralische Verpflichtung. Seinen verbindlichen Charakter erzeugt das Versprechen auf der dritten Stufe. Hier tritt zur *pollicitatio* „das Zeichen der Absicht hinzu, einem anderen ein Recht als eigenes zu übertragen" (*promissio*).[464] Zwar wird das Versprechen

---

quibus simili est hoc debitum constantiae sive fidelitatis. Itaque ex tali pollicitatione res pollicitantis retineri, aut is ipse qui pollicitus est ad implendam fidem cogi jure naturae non poterit. Tertius gradus est, ubi ad determinationem talem accedit signum volendi ius proprium alteri conferre : quae perfecta promission est, similem habens effectum qualem alientatio dominii. Est enim aut via ad alienationem rei aut alienatio particulae cuiusdem nostrae libertatis. Illuc pertinent promissa dandi, huc promissa faciendi. Eius quod dicimus insigne nobis argumentum praebent divina oracula, quae nos docent Deum ipsum, qui nulla constituta lege obstringi potest, contra naturam suam facturum nisi promissa praestaret." Siehe hierzu Disselhorst, Die Lehre des Hugo Grotius vom Versprechen, 1959, 46 ff. und Schmidlin, Die beiden Vertragsmodelle des Europäischen Zivilrechts, in Zimmermann/Knütel/Meincke (Hrsg.), Rechtsgeschichte und Privatrechtsdogmatik, 187 (190 ff.)

462 Wenngleich später veröffentlichten: Die Inleiding tot de Hollandsche Rechtsgeleerdheid war bereits 1619 verfasst, jedoch erst 1631 veröffentlicht worden, hierzu Kegel, Vertrag und Delikt, 14.

463 In der Inleiding unterscheidet Grotius eine moralische und eine juristische Seite. Die Moral verpflichtet, seinen Willen wahr zu äußern (overeenkominghe van het teicken met het beteickende), ihn durch das Versprechen (belofte) festzulegen (die wille voor het toekomende vast te stellen, welcke middel is belofte) und dem Versprechen treu zu bleiben (trouw-schuld), Inleiding, Lib. III, Kap. 1, § 1 ff.; vgl. auch Kegel, a.a.O. Eine Rechtspflicht, das Gelöbnis zu erfüllen - und damit eine Forderung des Versprechensempfängers - entsteht erst auf der zweiten Stufe: „Toezegging noemen wy … belooft, met meninghe dat den ander het zelve aennemen ende daer door op den belover eenig recht zal mogen verkrijgen", Lib. III, Kap. 1, § 10. Verbindlich war das Versprechen also nicht erst mit der Annahme des Versprechens durch den Gegner, sondern bereits mit der Ansicht (meninghe) des Versprechenden, der andere werde das Gelöbnis annehmen, vgl. hierzu auch Nanz, Die Entstehung des allgemeinen Vertragsbegriffs im 16. bis 18 Jahrhundert, 142.

464 Grotius, Lib. II, Kap. 11, § 4.

durch diese Rechtsübertragung (*alienatio*) rechtswirksam.[465] Erst die Annahme (*acceptatio*) des Versprechens führt jedoch zu einer bindenden Verpflichtung.[466]

Sowohl in seinem Werk *De Jure Belli ac Pacis Libri Tres* als auch in der *Inleiding* nimmt *Grotius* auf den Willen der Vertragsparteien Bezug. In ersterem Werk heißt es: „Wo aber der ernste Wille fehlt, da nehmen auch wir keine Verbindlichkeit an."[467] Nach der *Inleiding tot de Hollandsche Rechtsgeleerdheid* von 1631[468], in der sich *Grotius* dem Recht Hollands zuwendet, beruhen Obligationen auf einer freien Willensbetätigung („... de verbintenisse is een gebruick van eens mensche vrije macht").[469]

Dessen ungeachtet ging *Grotius* Vertragslehre noch nicht vom Vertrag als Übereinstimmung von Willenserklärungen, also Angebot und Annahme, aus, sondern vom einseitigen Willensakt des Versprechenden.[470] Gleichwohl legte er den naturrechtlichen Vertragsbegriff auf den Konsensualismus fest.[471] Der innere Konsens, also die Übereinstimmung zwischen dem, was der Versprechende erklären will und dem, was, er in seinem Versprechen äußert, bildet den Kern des Versprechens, ohne den ein Vertrag nicht entstehen kann.[472] Hinzutreten muss der äußere Konsens zwischen dem Versprechen, das der Versprechende abgibt, und der *acceptatio* des Versprechensempfängers.[473] Konstitutiv für die

465 Grotius bezeichnet dies als das „vollkommene Versprechen", Lib. II, Kap. 11, § 4.

466 HKK/Kleinschmidt, § 311 Rn. 19.

467 Grotius, Lib. II, Kap. 11, § 4.

468 In der Inleiding behandelt Grotius nicht das römische Recht als solches, sondern das aktuell praktizierte Recht der Republik Holland, vgl. Zimmermann, ZEuP 1997, 536 (542); ders., Römisch-holländisches Recht – ein Überblick, in: Feenstra/Zimmermann, Das römisch-holländische Recht, 1992, 9 (29).

469 Grotius, Lib. III, Kap. 1, § 19.

470 Nanz, Die Entstehung des allgemeinen Vertragsbegriffs im 16. bis 18. Jahrhundert, 145; HKK/Kleinschmidt, § 397 Rn. 6; HKK/Meyer-Pritzl, §§ 125-129 Rn. 14; Kegel, Vertrag und Delikt, 14.

471 Nanz, Die Entstehung des allgemeinen Vertragsbegriffs im 16. bis 18. Jahrhundert, 148; Wieacker, Die vertragliche Obligation bei den Klassikern des Vernunftrechts in Stratenwerth (Hrsg.), Festschrift für Hans Welzel zum 70. Geburtstag, 1974, 7 (12).

472 Schmidlin, Die beiden Vertragsmodelle des Europäischen Zivilrechts, in Zimmermann/Knütel/Meincke, (Hrsg.), Rechtsgeschichte und Privatrechtsdogmatik, 187 (192 f.).

473 Schmidlin, Die beiden Vertragsmodelle des Europäischen Zivilrechts, in Zimmermann/Knütel/Meincke (Hrsg.), Rechtsgeschichte und Privatrechtsdogmatik, 187 (192).

Schaffung einer vertraglichen Verpflichtung waren damit letztlich doch der Wille, ein Recht entstehen zu lassen, und der Wille, dieses Recht zu erwerben.[474]

b) Pufendorf und Wolff

Erst im späteren Naturrecht tritt der Austausch zweier übereinstimmender Willenserklärungen in den Vordergrund. Nicht mehr das einseitige Versprechen, sondern der Konsens, mithin die Übereinstimmung von *promissio* und *acceptatio,* bildet seitdem die Grundlage eines jeden Vertrags.[475] Dieser sog. Konsensualvertrag erhielt seine Gestalt wesentlich von den Naturrechtlern *Pufendorf* (1632-1694)[476] und *Wolff* (1679-1754)[477].[478] Grund für die bindende Wirkung eines Vertrags war für *Pufendorf* allein der Konsens der Parteien,[479] der sich aus zwei „Willenserklärungen" zusammensetzte (*actus voluntatis*), die sich nach außen manifestieren mussten.[480] Auch *Wolff* betonte, dass „jeder Vertrag ein Versprechen, das von der einen Seite gemacht und von der anderen Seite angenommen worden ist" enthält.[481] Durch *promissio* (Versprechen) und *acceptatio* (Annahme), die beide Willenserklärungen (*declarationes voluntatis*) darstellen, wird der Konsens der Parteien hergestellt. Entscheidendes Kriterium für das Vorliegen eines Versprechens ist demzufolge der Wille der Versprechenden.[482]

---

474 Nanz, Die Entstehung des allgemeinen Vertragsbegriffs im 16. bis 18 Jahrhundert, 148.

475 HKK/Kleinschmidt, § 397 Rn. 6.

476 Pufendorf, De jure naturae et gentium libri octo, Frankfurt a.M. 1694, III, 6, § 15: „Ut promissio sit valida, requiri non solum consensum ejus, qui promittit, sed et ejus, cui promittitur."

477 Wolff, Institutiones Juris Naturae et Gentium, Halle 1750, §§ 27, 438.

478 HKK/Kleinschmidt, § 397 Rn. 6; hierzu auch HKK/Thier, § 311 Rn. 19; Nanz, Die Entstehung des allgemeinen Vertragsbegriffs im 16. bis 18 Jahrhundert, 149 ff., 164 ff.

479 Pufendorf, De officio, I, 9, § 8: „Porro ut pacta et promissa nos obligent ad aliquid dandum aut faciendum, quod antea non debeamus, aut omittendum, quod antea iure poteramus facere, maxime requiritur ultroneus noster consensus."

480 Pufendorf, De jure naturae et gentium, III, 6, 16: „actuum voluntatis, quamdiu signis non manifestantur, nullus inter homines invicem effectus esse."

481 Hierzu HKK/Thier § 311 Rn. 19 und Fn. 48.

482 Hierzu eingehend Nanz, Die Entstehung des allgemeinen Vertragsbegriffs im 16. bis 18. Jahrhundert, 166 ff.

II. Grotius als gemeinsame Grundlage des deutschen und römisch-holländischen Rechts

Gemeinsame Grundlage des deutschen und des südafrikanischen Rechts ist die dargestellte naturrechtliche Lehre von *Grotius*. Zur Zeit des *Hugo Grotius*, genauer vom Ausgang des Mittelalters bis zur französischen Revolution, einten ein gemeinsames *Ius Commune* und eine gemeineuropäische Rechtswissenschaft West- und Zentraleuropa.[483] Dieses Recht, das auf der Rezeption und Umgestaltung des antiken römischen Rechts beruhte, war den verschiedenen Staaten und Regionen Europas gemein und galt in Europa, bis es durch die Zivilrechtskodifikationen des 18. und 19. Jahrhunderts abgelöst wurde. Erst mit dieser Kodifikationsbewegung setzte eine Vereinzelung der Rechtswissenschaft ein, wie wir sie heute kennen.[484] *Grotius'* Werk *De jure belli ac pacis* hatte beispielsweise zum Ende des 17. Jahrhunderts in Deutschland, Holland, Italien und der Schweiz bereits 40 Auflagen erlebt.[485] Seine *Inleiding tot de Hollandsche Rechtsgeleerdheid*, die das römisch-holländische Recht begründete und als erstes Werk überhaupt das römisch-holländische Recht als solches darstellte,[486] wurde allein in seinem Erscheinungsjahr (1631) fünfmal aufgelegt und erschien acht Jahre später bereits in der achten Auflage.[487] Vor diesem Hintergrund ist es verständlich, dass sich die Lehre von der Klagbarkeit der *pacta nuda* nahezu

483 Zimmermann, Usus Hodiernus Pandectarum, in Schulze (Hrsg.), Europäische Rechts- und Verfassungsgeschichte, 1991, 61 (70); Grundlage war römisches und kanonisches Recht.

484 Zimmermann, Usus Hodiernus Pandectarum, in Schulze (Hrsg.), Europäische Rechts- und Verfassungsgeschichte, 61 (70).

485 Zimmermann, Usus Hodiernus Pandectarum, in Schulze (Hrsg.), Europäische Rechts- und Verfassungsgeschichte, 61 (71).

486 Zimmermann, Römisch-Holländisches Recht – ein Überblick, in Feenstra/Zimmermann (Hrsg.), 9 (29). Zur Bedeutung des Grotius für das römisch-holländische Recht Zimmermann, Römisch-Holländisches Recht – ein Überblick, in Feenstra/Zimmermann, Das römisch-holländische Recht, 9 (29 ff.).

487 Der Erfolg des Werkes ist maßgeblich darauf zurück zu führen, daß es nicht in lateinischer Sprache sondern in Holländisch verfaßt war und nicht das römische Recht als solches, sondern das zur damaligen Zeit praktizierte Recht der Republik Holland behandelte, Zimmermann, Römisch-Holländisches Recht – ein Überblick, in Feenstra/Zimmermann (Hrsg.), Das römisch-holländische Recht , 9 (29).

gleichzeitig in den Niederlanden und in Deutschland durchsetzte[488] und am Anfang des 17. Jahrhunderts zur absolut herrschenden Meinung wurde.[489]

Das südafrikanische Vertragsrecht dagegen basiert – wie dargestellt – in seiner gegenwärtigen Form auf dem römisch-holländischen Recht, das im Jahre 1652 durch die Siedler der *VOC*[490] an das Kap der guten Hoffnung gelangte. Damit ist die Basis des römisch-holländischen Rechts in Südafrika und des deutschen Recht dieselbe: das Naturrecht, und zwar in der Form, die der auch als „Vater des Naturrechts" bezeichnete *Grotius*[491] ihm gegeben hatte. Zwar muss man bedenken, dass die *Inleiding* nicht das römische Recht als solches, sondern das zu *Grotius'* Zeiten gerade praktizierte Recht der Republik Holland behandelt und insoweit Abweichungen zu dem in Deutschland praktizierten Recht bestehen. Als *Jan van Riebeeck* 1652 am Kap der guten Hoffnung ankam, war das Vertragsrecht jedoch in Holland und Deutschland gleichermaßen bereits auf das Konsensualprinzip festgelegt. *Hutchison* formuliert dies in Bezug auf die Rechtslage in der Republik Holland etwas ungenau folgendermaßen:

> "When Jan van Riebeeck landed at the Cape in 1652 the Roman Dutch law of contract was already based simply on consensus."[492]

Sowohl in Deutschland als auch in Südafrika war damit die römische Stipulation überflüssig geworden; der Konsens der Parteien genügte für den Vertragsschluss. Die akkurate Erfüllung eines mündlichen Formalaktes wie bei der Stipulation oder die Einhaltung bestimmter Vertragstypen war für die Wirksamkeit eines Vertrages nicht mehr erforderlich.[493]

---

488 Zimmermann, JZ 1990, 825 (828).

489 Nanz, Die Entstehung des allgemeinen Vertragsbegriffs im 16. bis 18. Jahrhundert, 101; Feenstra, Die Klagbarkeit der pacta nuda, in Feenstra/Zimmermann (Hrsg.), Das römisch-holländische Recht, 123 (123).

490 Die Vereenigde Oostindische Compagnie war die Ostindien-Kompanie zu der sich 1602 niederländische Kaufmannskompanien zusammenschlossen, um die Konkurrenz untereinander auszuschalten. Eine ihrer Niederlassungen wurde in Kapstadt gegründet.

491 Hierzu Zimmermann, Römisch-Holländisches Recht – ein Überblick, in Feenstra/Zimmermann (Hrsg.), Das römisch-holländische Recht, 9 (28).

492 Hutchison, Contract Formation, in Zimmermann/Visser (Hrsg.), Southern Cross, 166 (166).

493 Zimmermann, JZ 1990, 825 (829). In Deutschland setzte sich diese Erkenntnis erst in der zweiten Hälfte des 17. Jhd. durch; zu den Einzelheiten Nanz, Die Entstehung des allgemeinen Vertragsbegriffs im 16. bis 18. Jahrhundert, 1985, 122 ff.

III. Die weitere Entwicklung in Deutschland und Südafrika

Nach der Ansiedlung des römisch-holländischen Rechts am Kap der guten Hoffnung verlief die Entwicklung der deutschen und der südafrikanischen Rechtsordnung nicht mehr parallel, da in Europa zum einen die Vereinzelung der Rechtsordnungen einsetzte und zum anderen die Rechtspflege am Kap äußerst dürftig war. Hinzu kam, dass das südafrikanische Recht im 19. Jahrhundert aufgrund der britischen Besatzung durch das Recht Großbritanniens überlagert wurde.

1. Die Entwicklung in Deutschland

a) Die pandektistische Lehre

In Deutschland wurde das Naturrecht in der Folgezeit von der Pandektenwissenschaft abgelöst. Die pandektistische Lehre begreift den Vertrag nicht mehr als Rechtserwerbsgeschäft (wie die naturrechtliche Lehre), sondern als die Begründung eines Rechtsverhältnisses aufgrund des gemeinschaftlichen Willens, der aus der Vereinigung der wechselseitigen Willenserklärungen entsteht.[494]

Der Begründer der Pandektenwissenschaft, *Friedrich Carl v Savigny*, beschreibt den Vertrag als „die Vereinigung mehrerer zu einer übereinstimmenden Willenserklärung, wodurch ihre Rechtsverhältnisse bestimmt werden.“[495] Den Vertrag verankerte er in „der Vereinigung mehrerer Willen zu einem einzigen, ganzen ungetheilten Willen“ und verobjektivierte den Vertragskonsens so gegenüber dem Einzelwillen.[496] Es entstand, wie später in der von Savigny geprägten Pandektistik formuliert wurde, ein „neuer Wille, der Vertragswille (;) dieser wird vom positiven Recht mit Wirkung bekleidet.“[497] Die auf die Entstehung oder Auflösung gerichtete Willenserklärung ersetzt die Figur des Versprechens im Naturrecht (*promissio* und *pollicitatio*). Dabei bildet sich der gemeinschaftliche Wille als eigentlicher Grund des Vertrages im Austausch der einzelnen

494 Schmidlin, Die beiden Vertragsmodelle des Europäischen Zivilrechts, in Zimmermann/Knütel/Meincke (Hrsg.), Rechtsgeschichte und Privatrechtsdogmatik, 187 (198).

495 Savigny, System des heutigen römischen Rechts, Band III, 309.

496 HKK/Thier § 311 Rn. 21.

497 Regelsberger, Pandekten, § 149 I 1; siehe hierzu auch Flume, Allgemeiner Teil II, § 34, 1.

Willenserklärungen, durch deren Vereinigung das Vertragsverhältnis wirksam wird.[498]

Die Lehre *Savignys* wurde zur beherrschenden Vertragskonzeption des Pandektenrechts[499] und fand auch Eingang in das BGB. Noch § 77 des Ersten Entwurfs des BGB bestimmte: „Zur Schließung eines Vertrages wird gefordert, dass die Vertragsschließenden ihren übereinstimmenden Willen sich gegenseitig erklären". Zwar ließ die Zweite Kommission diese Vorschrift als entbehrlich streichen, so dass das BGB keine ausdrückliche Vertragsdefinition enthält. Die Bestimmung des § 311 BGB (§ 305 BGB a.F.) ist jedoch Ausfluss des Vertragsprinzips. Auch die §§ 145 ff. BGB haben die Vereinigung der Willenserklärungen und die Bindungswirkung von Antrag und Willenserklärung zum Hauptgegenstand.

b) Die Potenzierung des Privatwillens

Im ausgehenden 19. Jahrhundert und damit in der Entstehungszeit des BGB erlangte der Wille der Parteien einen ganz neuen Stellenwert. In dieser Zeit wurde dem Parteiwillen nicht selten sogar die normative Kraft zur einseitigen Begründung von Verbindlichkeiten gegeben, da seit Mitte des 19. Jahrhunderts der „frei sich bethätigende Wille" als Ausdruck privatautonomer rechtsgeschäftlicher Gestaltungsfreiheit in den Vordergrund rückte.[500] *Von Kübel* beispielsweise vertrat in seinem ersten Entwurf zum Bürgerlichen Gesetzbuch die Ansicht, dass der Versprechende auch durch ein einseitiges Versprechen gebunden wird, und stützte sich zur Begründung auf die „moderne deutsche Rechtsentwicklung", die „Bedürfnisse des Verkehrs und Rechtslebens" und auf die Willensfreiheit des Versprechenden.[501] Auch andere Autoren erkannten das einseitige Versprechen als Verpflichtungsgrund an und erreichten damit eine „Potenzierung des Privat-

---

498 Schmidlin, Die beiden Vertragsmodelle des Europäischen Zivilrechts, in Zimmermann/Knütel/Meincke (Hrsg.), Rechtsgeschichte und Privatrechtsdogmatik, 187 (200).

499 Schmidlin, Die beiden Vertragsmodelle des Europäischen Zivilrechts, in Zimmermann/Knütel/Meincke (Hrsg.), Rechtsgeschichte und Privatrechtsdogmatik, 187 (202).

500 HKK/Thier § 311, Rn. 22; Hofer, Freiheit ohne Grenzen, 2001, 235-249.

501 V. Kübel, Das einseitige Versprechen als Grund der Verpflichtung zur Erfüllung, in: Wener Schubert, Die Vorlagen der Redaktoren für die erste Kommission zur Ausarbeitung des Entwurfs eines Bürgerlichen Gesetzbuchs, Recht der Schuldverhältnisse, Teil 3, 1980, 1171 ff. Es heißt: „Das Versprechen, einem Andern etwas zu leisten, bedarf zu seiner Verbindlichkeit nicht nothwendig der Annahme von Seiten Dessen, welchem die Leistung geschehen soll; auch durch das einseitige Versprechen wird der Versprechende zu dessen Erfüllung verpflichtet, wenn dies als von ihm gewollt anzunehmen ist."

willens".[502] Bei den Pandektisten stieß diese Ansicht jedoch auf Ablehnung, wenngleich *Windscheid* zugestand, dass im Wesen des Schuldverhältnisses kein Grund gegen die bindende Kraft des einseitigen Versprechens liege. Es sei durchaus zu fragen, warum nicht „jemand durch seinen Willen sich selbst ein Gesetz [sollte] setzen können".[503] Dieser Gedanke fand jedoch keinen Einzug in das BGB,[504] denn Folge des dort statuierten Vertragsprinzips (§ 311 BGB) ist auch, dass nur einem Vertrag Bindungswirkung zukommt.[505] Die Diskussion um die einseitige Begründung von Verbindlichkeiten spiegelt jedoch gleichzeitig das liberale Denken wieder, das in der zweiten Hälfte des 19. Jahrhunderts aufkam und das BGB geprägt hat.[506] Es herrschte die Vorstellung vom befreiten Individuum, das die Macht haben sollte, Schuldverhältnisse jeden Inhalts frei zu vereinbaren, solange darin kein Verstoß gegen gesetzliche Verbote oder die guten Sitten lag. [507] Jedem Bürger wurde die Möglichkeit gewährt, seine eigenen privatrechtlichen Angelegenheiten nach seinem eigenen Willen und in eigener Verantwortung zu regeln (Privatautonomie).[508] Von diesem Gedankengut geprägt, erschien es sowohl der Literatur als auch der Rechtsprechung unproblematisch, den in einer Vertragsänderung zum Ausdruck gekommenen Willen der Parteien mit Wirkung zu bekleiden. Dies ließ sich leicht eingliedern in das im BGB geltende Recht der Willenserklärungen, dem die Maßgeblichkeit des Parteiwillens für das Zustandekommen eines Vertrages eigen ist. Jeder Vertrag und jede Vertragsänderung entfaltet Rechtswirkungen gerade deshalb, weil diese von den Beteiligten gewollt sind. Zum Ausdruck kommt die herausragende Position des Willens der Parteien auch in den Anfechtungsregeln des BGB. Denn wenn der Wille einer Partei nicht mit ihrer Erklärung übereinstimmt, kann sie sich un-

502 HKK/Kleinschmidt, § 397 Rn. 7 m.w.N.; Hofer, Freiheit ohne Grenzen, 2001, 247.

503 Windscheid/Kipp, Lehrbuch des Pandektenrechts, 1906, § 304 Fn. 12.

504 Der Entwurf der Ersten Kommission (§§ 242, 343 E I) erklärte das einseitige Versprechen für „unverbindlich, soweit nicht das Gesetz ein Anderes bestimmt."

505 Hierzu heißt es in den Motiven bei Mugdan, Band II, 96: „In Übereinstimmung mit dem gemeinen Rechte und der modernen Gesetzgebung … bei Rechtsgeschäften unter Lebenden nur das acceptirte Versprechen, d.h. der Vertrag, die Verpflichtung zur Erfüllung erzeugt, das einseitige, nicht angenommene, auch zur Annahme nicht bestimmte Versprechen, obwohl mit dem Verpflichtungswillen abgegeben, unverbindlich ist, soweit nicht das Gesetz ein Anderes bestimmt." Beispiel einer solchen gesetzlichen Bestimmung ist die in § 657 BGB normierte Auslobung.

506 Hierzu Knobel, Wandlungen im Verständnis der Vertragsfreiheit, 20 ff.

507 Knobel, Wandlungen im Verständnis der Vertragsfreiheit, 22, 30.

508 Knobel, Wandlungen im Verständnis der Vertragsfreiheit, 17.

ter den Voraussetzungen der §§ 119 ff. BGB wieder vom Vertrag lösen. Der Willensgrundsatz ist damit zugleich das wichtigste und das älteste Element des heutigen Vertragsbegriffs.[509]

2. Die Entwicklung in Südafrika

Anders verlief die Entwicklung in Südafrika, wo das römisch-holländische Recht unter der *VOC* zunächst keinen tiefgreifenden Änderungen ausgesetzt war.[510] Das änderte sich erst mit der britischen Besatzung, durch die die Rechtsentwicklung am Kap von der ihres Mutterlandes abgekoppelt wurde (ab 1806). Obwohl es dem Grundsatz englischer Kolonialpolitik entsprach, das bis zur Eroberung geltende Recht fortgelten zu lassen, beeinflusste das englische Recht vor allem das Strafverfahrensrecht, Beweisrecht und Zivilprozessrecht, Erbrecht, Handels- und Gesellschaftsrecht sowie das Insolvenzrecht.[511] Erschwerend kam hinzu, dass das römisch-holländische Recht in Holland beinahe zeitgleich (1809) durch den *Code Napoléon* ersetzt wurde, im Mutterland also nicht mehr in Kraft war.[512] Es ist daher genauer zu untersuchen, wie sich das römisch-holländische Vertragsrecht in Bezug auf die Voraussetzungen für einen wirksamen Vertrag nach seiner Implementierung am Kap im Jahre 1652 weiterentwickelte. Fraglich ist insbesondere, ob auch die von *Pufendorf* und *Wolff* eingeleitete Entwicklung stattfand, und schließlich, ob *Savignys* Vertragstheorie Eingang in das südafrikanische Recht fand. Fest steht, dass die südafrikanischen Gerichte im 19. Jahrhundert nicht mehr ausschließlich auf die *oud skrywers* Bezug nahmen,[513] son-

---

509 Nanz, Die Entstehung des allgemeinen Vertragsbegriffs im 16. bis 18. Jahrhundert, S. 6.

510 Dies lag vor allem daran, daß man sich die Anwendung des römisch holländischen Rechts in Südafrika als „ein handfestes und zielstrebiges Urteilsprechen ohne viel wissenschaftliche Verfeinerung" vorstellen muss, vgl. Kaser, SZ (RA) 1964, 1 (10). „Die Kolonisten waren hauptsächlich Kaufleute und Bauern, denen bestenfalls halbgelehrte Richter zur Seite standen."

511 Hahlo in Hahlo/Kahn, The Union of South Africa, 17 ff.; Genzmer, Das römische Recht als Mitgestalter gemeineuropäischer Kultur, in Festschrift für Rudolf Laun zu seinem 70. Geburtstag, 1953, 499 (527).

512 Zimmermann, Das römisch-holländische Recht in Südafrika, 1983, 7. Da die Niederlande erst nach der britischen Besatzung in Südafrika ihr Privatrecht unter dem Einfluß des Code civil kodifizierten, hatte der Code Civil keinen Einfluss auf das römisch-holländische Recht in Südafrika. Einzig die Lehren Pothiers fanden vereinzelt auch in Südafrika Beachtung, hierzu Zimmermann, Pothiers Einfluß in Südafrika, SZ (GA) 1985, 168 ff.

513 Zur Bezugnahme auf die „old authorities" siehe Lubbe, ZEuP 1997, 428 ff.; ausnahms-

dern auch auf die Werke anderer holländischer Schriftsteller zurückgriffen und kontinentaleuropäische Naturrechtler und deutsche Pandektisten heranzogen.[514] Aus dem 19. Jahrhundert werden *Savigny, Glück, Jhering, Windscheid* und *Dernburg* zitiert.[515] Zudem wurde im Bereich des Vertragsrechts zwar vieles dem englischen Recht entlehnt. Die Grundlagen blieben aber in Übereinstimmung mit römisch-holländischem Recht.[516] Dessen ungeachtet darf man bei der Betrachtung des südafrikanischen Vertragsrechts nicht bei seinen römisch-holländischen Wurzeln halt machen. Richter *Holmes* drückt dies in *Ex parte de Winnaar*[517] mit den folgenden Worten aus:

> "The original sources of the Roman-Dutch Law are important, but exclusive preoccupation with them is like trying to return an oak tree to its acorn. It is looking ever backwards."

In Bezug auf die hier vorliegende Fragestellung stellt *Hutchison* zum südafrikanischen Vertragsrecht fest:

> „It was only in the seventeenth century that the natural lawyers, led by Grotius, began to analyse contract in terms of two coinciding declarations of will, and later still when offer and acceptance were clearly distinguished and discussed, as the consensual theory of contract developed."[518]

---

weise wird sogar noch auf den Corpus Juris zurückgegriffen, bspw. in Phame (Pty) (Ltd.) v Paizes, 1973 (3) SA 397 (A) und Leta Engineering Co Ltd. v Seacat Investments (Pty) Ltd., 1974 (1) SA 747 (A). Die Appellate Division hat noch 1988 entschieden, dass es südafrikanischem Fallrecht nicht gestattet werden könne, sich über holländisches Recht hinweg zu setzen, Du Plessis v Strauss, 1988 (2) SA 105 (A) 149. Diese Ansicht wurde natürlich kritisiert, da holländisches Recht so einen gesetzesähnlichen Status erhielte, Fagan, Roman-Dutch Law in its South African Context, in: Zimmermann/Visser, Southern Cross: Civil Law and Common Law in South Africa, 1996, 41 (44).

514 Hahlo in Hahlo/Kahn, The Union of South Africa, 22. Hahlo führt weiterhin aus (S. 42): "As to more modern exponents of Roman law special weight has been laid in our courts on the German Pandektists of the nineteenth century, partly because they set forth the great European common law system of which Roman-law was but a branch, partly because South Africans generally find it easier to read German than French or Italien."

515 Kaser, SZ (RA) 1964, 1 (17).

516 Hahlo in Hahlo/Kahn, The Union of South Africa, 42.

517 Ex parte de Winnaar, 1959 (1) SA 837 (N) (839 D-E); siehe hierzu eingehend Cockrell, ZEuP 1997, 436 (436).

518 Hutchison, Contract formation, in Zimmermann/Visser (Hrsg.), Southern Cross, 165 (173).

Diese Aussage lässt den Schluss zu, dass die von *Pufendorf* und *Wolff* vorgenommene Entwicklung auch Eingang in das südafrikanische Recht gefunden hat,[519] denn *Grotius*` Vertragslehre ging noch vom einseitigen Versprechen aus. Auch die Terminologie entstammt erst dem jüngeren Naturrecht (insbesondere *Wolff)*. Schließlich war die im 19. Jahrhundert geführte Diskussion über das Zustandekommen eines Vertrags auch von englischen Juristen geprägt, die aber wiederum von kontinentaleuropäischen Juristen, insbesondere *Pothier* und *Savigny*, beeinflusst waren.[520] Deshalb heißt es bei *Hutchison*, das südafrikanische Recht sei in Bezug auf Angebot und Annahme eine „anglicized version of an essentially civilian tradition".[521] Hieraus geht zumindest hervor, dass das südafrikanische Recht von Angebot und Annahme ausgeht. Unklar ist jedoch, inwieweit Savignys Vorstellung „der Vereinigung mehrerer Willen zu einem einzigen, ganzen ungetheilten Willen" übernommen wurde.[522] Jedenfalls ist auch im südafrikanischen Recht der Vertragskonsens gegenüber dem Einzelwillen verobjektiviert. So heißt es bei *van der Merwe*[523] in einem der Standardlehrbücher zum südafrikanischen Vertragsrecht:

> „It is evident from the discussion of the nature of a contract as a form of agreement that a meeting of the minds of the contractants, in other words consensus, is the basis of a contract."

Eine "Potenzierung des Privatwillens", wie sie in Deutschland zum Ende des 19. Jahrhunderts erstrebt wurde, fand in Südafrika jedenfalls nicht statt. Ein einseitiges Versprechen hat somit auch dort keine bindende Wirkung.[524] Dies ist wenig

---

519 Anders Kaser, SZ (RA) 1964, 1 (3) der zumindest im Zusammenhang mit dem Kodifizierungsgedanken davon ausgeht, daß die „jüngere positivistische" Richtung des Naturrechts - „Thomasius, Chr. Wolff" – die den Kodifizierungsgedanken in Europa vorbereitet habe, in Südafrika nicht Fuß gefaßt hat.

520 Zimmermann, The law of Obligations, 570; Hutchison, Contract Formation, in Zimmermann/Visser (Hrsg.), Southern Cross, 165 (173).

521 Hutchison, Contract formation, in Zimmermann/Visser (Hrsg.), Southern Cross, 165 (173).

522 Gerichte und Literatur nehmen jedenfalls im Zusammenhang mit anderen Fragestellungen Bezug auf Savigny, vgl. hierzu Zimmermann/Visser (Hrsg.), Southern Cross, 183, 238, 250, 530, 532, 695 f., 735, 839 f.

523 Van der Merwe, Contract General Principles, 18.

524 Bloom v American Swiss Watch Company, 1915 AD 100, 102 zu einem Fall des offer of a reward (Auslobung), hierzu auch Hutchison, Contract formation, in Zimmermann/Visser (Hrsg.), Southern Cross, 165 (177).

überraschend, fand sich doch weder im römischen, noch im römisch-holländischen Recht ein einseitiges bindendes Versprechen.[525]

IV. Zwischenergebnis

Die unterschiedliche Entwicklung der Rechtsprechung zu Schriftformklauseln im deutschen und südafrikanischen Recht ist folglich nicht darauf zurückzuführen, dass der Wille der Parteien im südafrikanischen Recht schwächeres Gewicht hat, als im deutschen Recht. Beiden Rechtsordnungen ist die Maßgeblichkeit des Willens der Parteien eigen. Sowohl im deutschen als auch im südafrikanischen Recht ist die Änderung eines einmal geschlossenen Vertrags von einem übereinstimmenden Willen der Parteien zur Vertragsänderung abhängig. Es wurde lediglich deutlich, das im deutschen Recht zur Entstehungszeit des BGB aufgrund liberalen Gedankenguts und der Vorstellung vom befreiten Individuum dem Willen der Parteien maßgebliches Gewicht zukam. Die erste, im Jahre 1910 durch das Reichsgericht gefällte, Entscheidung zur Wirksamkeit mündlicher Vertragsänderungen bei zuvor vereinbarter Schriftformklausel könnte Ausdruck dieses Gedankenguts sein. Denn das Gericht stützt seine Entscheidung maßgeblich auf den zum Ausdruck kommenden Vertragswillen.[526] Vor dem Hintergrund des liberalen Vertragsdenkens lag es für die Gerichte nahe, den in der Vertragsänderung zum Ausdruck gekommenen Willen der Parteien mit Wirkung zu bekleiden. Dagegen legt das südafrikanische Recht, wie sich zeigen wird (unten F.), bedingt durch eine strikte Befolgung des Grundsatzes *pacta sunt servanda*, größeren Wert auf den in der ursprünglichen Vereinbarung zum Ausdruck gekommenen Willen der Parteien.

B. Caveat subscriptor

I. Der Grundsatz des caveat subscriptor

Die Rechtsprechung in Südafrika könnte jedoch von der sog. *caveat subscriptor doctrine* beeinflusst worden sein und in Anwendung dieses Grundsatzes den ursprünglichen schriftlichen Vertrag anstelle der mündlichen Änderung durchgesetzt haben. Dieser dem deutschen Recht unbekannte Grundsatz führt dazu, dass eine Vertragspartei, die einen schriftlichen Vertrag unterzeichnet, von den Gerichten an diesen gebunden wird, unabhängig davon, ob sie ihn gelesen oder

525 Zimmermann, The law of Obligations, 574.

526 Hierzu oben Kap. 2 A I.

verstanden hat.[527] Mit einem Hinweis auf die *caveat subscriptor doctrine* findet sich in der Literatur schlicht die Feststellung, dass eine Vertragspartei, die einen schriftlichen Vertrag unterzeichnet hat, an diesen gebunden ist.[528] Bei oberflächlicher Betrachtung dieser Aussagen scheint es, als sei die Bindung an einen schriftlichen Vertrag im südafrikanischen Recht stärker als diejenige an einen mündlichen Vertrag. Hierin könnte der Grund dafür liegen, dass die *Appellate Division* in *Shifren* die Parteien an den zuerst geschlossenen, schriftlichen Vertrag gebunden hielt und nicht an die nachträgliche mündliche Änderung. Hält man, wie die südafrikanischen Gerichte, eine Partei für an einen schriftlichen Vertrag gebunden, den sie aufgrund mangelnder Sprachkenntnisse nicht verstanden hat,[529] spricht einiges dafür, sie auch an einen schriftlichen Vertrag zu binden, mit dem sie sich verpflichtet hat, künftige Willenserklärungen schriftlich abzufassen.

So entschieden die Gerichte unter Anwendung der *caveat subscriptor doctrine*, dass eine Partei, die einen schriftlichen Vertrag unterzeichnet hat, im Nachhinein nicht vorbringen könne, sie habe den Vertrag nicht gelesen oder sich nicht binden wollen. Auch heutzutage wird dieser 1903 in *Burger v Central South African Railways*[530] festgelegte Grundsatz strikt angewandt,[531] wonach gilt:

> „It is a sound principle of law that a man, when he signs a contract, is taken to be bound by the ordinary meaning and effect of the words which appear over his signature."[532]

Begründet wurde das Urteil in *Burger v Central South African Railways* damit, dass eine Vertragspartei durch ihre Unterschrift den Eindruck vermittle, sie

527 Matlala, The law of contract: when the Supreme Court of Appeal fails to act, internetresource, 2; Woker, SAMercLJ 2001, 109.

528 Matlala, The law of contract: when the Supreme Court of Appeal fails to act, internetresource, 2.

529 So geschehen in Mathole v Mothle, hierzu sogleich.

530 Burger v Central South African Railways 1903 TS 571.

531 Matlala, The law of contract: when the Supreme Court of Appeal fails to act, internetresource, 2.

532 Dies findet sich auch heute noch als Grundregel bei Kerr, The principles of the law of contract, 102. Ebenso das Gericht in Langeveld v Union Finance Holdings (Pty) Ltd., 2007 (4) SA 572 (W); Woker, SAMercLJ 2003, 109 (110): "It is a sound principles of our law, that a person who signs a written agreement is taken to be bound by the ordinary meaning and effect of the words which appear above her signature."

stimme den Worten, die über ihrer Unterschrift erscheinen, zu.[533] In *George v Fairmead*[534], einer Entscheidung die aus dem Jahre 1958 stammt, mithin 6 Jahre vor der Entscheidung in *Shifren* gefällt wurde, entschied das Gericht, dass jemand, der nicht liest, was er unterschreibt, das Risiko trägt, an den Vertrag gebunden zu werden. Im Nachhinein könne er nicht vorbringen, dass er sich über den Inhalt im Irrtum befunden habe (*justus error*).

Die Anwendung der *caveat subscriptor doctrine* führte zum Beispiel dazu, dass eine Partei in *Mathole v Mothle*[535] an einen Vertrag gebunden wurde, der lateinische Ausdrücke enthielt, die sie nicht verstanden hatte.[536] Nach der Entscheidung in *Shifren* wurde 1989 in *Khan v Naidoo*[537] eine Vertragspartei, die weder lesen noch schreiben konnte, an einen von ihr unterzeichneten Vertrag gebunden. Noch am 1.2.2007[538] hat der High Court in Witwatersrand in *Langeveld v Union Finance Holdings (Pty) Ltd.*[539] entschieden:

> „The appellant is no 'babe in the woods', never mind an illiterate. She is an accomplished businesswoman of many years' standing. There is a strong praesumptio hominis (...) that anyone who has signed a document, had the *animus* (intention) to enter into the transaction contained in it and she is burdened with the onus of convincing the Court that she in fact had not entered into the transaction by virtue of the maxim *caveat subscriptor* (a person who signs must be careful)."

---

533 So auch George v Fourmead (Pty) Ltd., 1958 (2) SA 465 (A).

534 George v Fairmead (Pty) Ltd., 1958 (2) SA 465 (A) 472 H-473 A.

535 Mathole v Mothle, 1951 (1) SA 256 (T).

536 Die Klausel lautete: I renounce all benefits from the exceptions of „excussionis et divisionis, non causa debiti and non numerate pecuniae.", zu Mathole v Mothle eingehend Aronstam, Consumer Protection, 1979, 11 f.

537 Khan v Naidoo, 1989 (3) SA 724 (N).

538 Siehe zur neueren Zeit auch den Aufsatz von Woker, die sich mit den Gerichtsentscheidungen in Home Fires Transvaal CC v Van Wyk, 2002 (2) SA 375 (WLD) und Africa Solar (Pty) Ltd. V Divwatt (Pty) Ltd., 2002 (4) SA 681 (SCA) auseinandersetzt, in denen die caveat subscriptor Regel nicht angewandt wurde. In diesen Fällen waren dem einen Vertragspartner jeweils die AGB des anderen nicht bekannt, weil sie nicht zur Verfügung gestellt worden waren. Die Gerichte entschieden, daß die AGB nicht Gegenstand des Vertrages geworden seien und die caveat subscriptor Regel auf diese Fälle keine Anwendung finde. Diese Entscheidungen sind auch im Einklang mit der reliance theory, da der Vertragspartner, der seine AGB nicht zur Verfügung stellt auch nicht behaupten kann, der andere Teil habe den Eindruck erweckt, mit seiner Unterschrift unter den Vertrag den Bedingungen zuzustimmen.

539 Langeveld v Union Finance Holdings (Pty) Ltd., 2007 (4) SA 572 (W).

In der Literatur wird vertreten, dass die Argumentation des Vorsitzenden Richters in *Shifren* eindeutig dieselbe Überzeugung der Gerichte widerspiegelt, die auch dem *caveat subscriptor* Prinzip zugrunde liegt, mit dem die Gerichte einer Vertragspartei ihre Hilfe verweigern, wenn diese zwar gewollt, aber unklug einen Vertrag unterzeichnet hat.[540] Allerdings muss die *caveat subscriptor doctrine* in ihrem Kontext betrachtet werden. Sie ist, wie die Hinweise auf einen *justus error* bereits vermuten lassen, in den Bereich des Dissens bei Vertragsschluss einzuordnen und eng mit der grundsätzlichen Frage verknüpft, warum Vertragsparteien an ihre Willenserklärungen gebunden werden. Nur vor diesem Hintergrund wird sie verständlich.

II. Rechtliche Einordnung des Grundsatzes

In einem auf dem Konsens der Parteien basierenden Vertragsrechtssystem kommt unproblematisch kein Vertrag zustande, wenn weder der Wille noch die Erklärungen der Parteien übereinstimmen. Problematischer sind die Fälle, in denen äußerlich Konsens zwischen den Parteien gegeben ist, die Willenserklärungen der Parteien tatsächlich jedoch nicht übereinstimmen. In diesen Fällen stimmen Wille und Erklärung, mithin die beiden Elemente der Willenserklärung, nicht überein; die Erklärung bringt nach außen etwas anderes zum Ausdruck als das, was der Erklärende innerlich tatsächlich gewollt hat. Die Behandlung dieser Fälle hängt mit der – auch im deutschen Recht problematischen[541] – Frage zusammen, ob man der Willens- oder der Erklärungstheorie (im südafrikanischen Recht *subjective or objektive approach, will or declaration theory*) folgt. Nach der Willenstheorie ist der Wille des Erklärenden für den Inhalt und die Rechtsfolgen der Willenserklärung maßgeblich, nach der Erklärungstheorie hat die Willenserklärung den Inhalt, den der Empfänger ihr entnimmt.[542] Die Willenstheorie kommt daher zu dem Ergebnis, dass eine Erklärung, die nicht durch einen entsprechenden Willen der erklärenden Partei gedeckt ist, keine Wirkungen entfaltet. Da die Erklärungstheorie demgegenüber das Erklärte für entscheidend hält, soll das Erklärte auch dann Rechtsfolgen auslösen, wenn ein

540 Aronstam, Consumer Protection, Freedom of Contract and the law, 1979, 11.

541 Siehe hierzu HKK/Schermaier, §§ 116-124 Rn. 3 ff. Im deutschen Recht befand sich die von Savigny geprägte Willenstheorie im Streit mit der Erklärungstheorie, zwischen denen wiederum die Vertrauenstheorie zu vermitteln versuchte.

542 Hierzu für das deutsche Recht HKK/Schermaier, §§ 116-124, Rn. 1 ff.; für das südafrikansiche Recht Hutchison, Contract Formation, in Zimmermann/Visser (Hrsg.), Southern Cross, 165 (180 ff.); van der Merwe, Contract General Principles, 19 ff., 34 ff.

entsprechender Wille der erklärenden Partei fehlt. Die Bindung der Parteien an den Vertrag erfolgt also entweder aufgrund des Willens der Parteien oder aufgrund des Erklärten. Dies wiederum hat Auswirkungen auf die Frage, wie sich eine Vertragspartei wieder von ihrer Erklärung lösen kann. Bei Anwendung der Willenstheorie ist eine Vertragspartei dann nicht gebunden, wenn sie sich nicht vertraglich binden wollte oder einem Irrtum unterlegen war, da in diesen Fällen mangels Konsens kein Vertrag zustande gekommen ist.[543] Wendet man jedoch die Erklärungstheorie an – bindet man den Erklärenden also an die objektive Erklärungsbedeutung – kann man den Vertrag nicht mit der Begründung anfechten, dass man sich nicht binden wollte. Bei Anwendung der Erklärungstheorie ist ein Vertrag nur dann anfechtbar, wenn der Grund für die Anfechtung jenseits eines mangelnden Bindungswillens liegt und damit im Anwendungsbereich der *justus error doctrine*, wenn die Partei also einem zur Anfechtung berechtigenden Irrtum unterlegen war (*material mistake*). Dann wiederum muss die Frage beantwortet werden, wann ein Irrtum zur Anfechtung berechtigt.[544]

Die südafrikanischen Gerichte standen vor dem Problem, dass die römisch-holländischen Juristen zwar grundsätzlich den Willen der Parteien favorisierten (mit der Folge, dass irrtümlich geschlossene Verträge wegen Fehlens eines Konsenses grundsätzlich nichtig waren)[545], die Ansichten der beiden Leitfiguren *Grotius* und *Voet*[546] aber nicht übereinstimmten. *Grotius* war – seiner Einsicht folgend, dass Obligationen auf einer freien Willensbetätigung beruhen[547] – der Ansicht, dass Verträge, bei der sich eine Partei im Irrtum befand, mangels Willensübereinstimmung nichtig waren,[548] *Voet* hingegen forderte einen *justus er-*

---

543 Van der Merwe, Contract General Principles, 19.

544 Hierzu vertiefend Kerr, SALJ 1987, 377 ff.; McLennan, SALJ 1987, 383 ff.; Lewis, SALJ 1987, 371 ff.; Van der Merwe, Contract General Principles, 22 ff.

545 siehe hierzu eingehend Winkel, Irrtumslehre in Feenstra/Zimmermann, Das römisch-holländische Recht, 225 ff. (235).

546 Voet war der für das römisch-holländische Recht in Südafrika bei weitem einflußreichste niederländische Jurist des 17. Jahrhunderts, hierzu Zimmermann, Römisch-holländisches Recht – ein Überblick, in Feenstra/Zimmermann (Hrsg.), Das römisch-holländische Recht, 9 (39); Hahlo in Hahlo/Kahn, The Union of South Africa, 35 f.

547 Grotius, Inleiding, Lib. III, Kap. 1, § 19: „de verbintenisse is een gebruick van eens mensche vrije macht“.

548 Grotius, Inleiding, Lib. III, Kap. 1, § 19; III, 14, § 4. Auch in seinem Werk „De jure belli ac pacis“ fordert er die Fehlerfreiheit jeder ein Versprechen sachlich fundierenden Vorstellung, Lib. II, Kap. 11, § 6.

ror.[549] Erschwerend kam hinzu, dass die südafrikanische Rechtsprechung der Überzeugung war, dass die Gerichte in England im 19. Jahrhundert den objektiven Ansatz favorisierten.[550] In der Entscheidung in *Smith v Hughes*[551] stellte die englische Queen's Bench Division allerdings klar:

> „If, whatever a man's real intention may be, he so conducts himself, that a reasonable man would believe that he was assenting to the terms proposed by the other party, and that other party upon that belief enters into the contract with him, the man thus conducting himself would be equally bound as if he had intended to agree to the other party's terms."

Ein Vertrag kam also nicht nur dann zustande, wenn die Willen der Parteien wirklich übereinstimmten, sondern auch wenn ein sog. *'quasi-mutal-assent'* vorlag.[552] Dieser vielfach als *reliance theory* bezeichnete Ansatz[553] fand Zustimmung im südafrikanischen Recht,[554] allerdings nicht im Rahmen der Erklärungstheorie, sondern als Korrektiv für die Willenstheorie. Die Notwendigkeit eines Korrektivs bestand, weil die Willenstheorie einseitig zu Gunsten des Erklärenden und zu Ungunsten des Erklärungsempfängers wirkt. Aufgrund der *reliance*-Theorie wird eine Vertragspartei auch dann an den Vertrag gebunden, wenn zwar eigentlich keine Willensübereinstimmung vorliegt, sie aber den Eindruck vermittelt hat (*reasonable impression*), sie wolle gebunden sein. Sie schützt mithin das schützenswerte Vertrauen des Erklärungsempfängers.

Da die Erklärungstheorie demgegenüber einseitig zu Gunsten des Erklärungsempfängers und zu Ungunsten des Erklärenden wirkt, wurde diese durch die *justus error doctrine* begrenzt. Hiernach wird eine Partei nur dann an ihre ungewollte Erklärung gebunden, wenn sie nicht einem zur Anfechtung berechtigenden Irrtum unterlegen ist.

549 Hierzu vertiefend Hutchison, Contract Formation, in Zimmermann/Visser (Hrsg.), Southern Cross, 165 (181).

550 Dies ist wie das Zitat zeigt, nicht richtig, jedoch verständlich, weil auch englische Autoren den Begriffe objective approach im Zusammenhang mit Fällen benutzen, in denen sie die „reliance theory“ anwenden, hierzu Kritzinger, SALJ 1983, 47 (55).

551 Smith v Hughes, 1871 LR 6 QB 597 (607).

552 Auch doctrine of assent by estoppel genannnt, es ist jedoch streitig, ob die reliance-Theorie wirklich Ausfluß der doctrine of estoppel ist, hierzu vertiefend Kritzinger, SALJ 1983, 47 (60 ff.); Kahn, SALJ 1959, 234 ff.

553 Zu dieser ausführlich Van der Merwe, Contract General Principles, 34 ff.

554 Siehe zum Bsp. I Pieters & Co v Salomon, 1911 AD 121 (137); Hodgson Bros v South African Railways, 1928 CPD 257; Irvin & Johnson (SA) Ltd. v Kaplan, 1940 CPD 647.

Die südafrikanische Rechtsprechung zu der Frage, welcher Theorie zu folgen war, war uneinheitlich.[555] Es gab sowohl Urteile, wonach die Willenstheorie Basis des südafrikanischen Rechts sein sollte,[556] als auch Entscheidungen, in denen die Gerichte die Erklärungstheorie als Ausgangspunkt verwandten.[557] Im Jahr 1958 wurden dann beide Ansätze miteinander verbunden. In *George v Fairmead (Pty) Ltd.*[558] stellte das Gericht klar, wie *justus error* und *reliance*-Theorie zusammen hängen:

> "When can an error be said to be justus for the purpose of entitling a man to repudiate his apparent assent to a contractual term? As I read the decisions, our Courts, in applying the test, have taken into account the fact that there is another party involved and have considered his position. They have, in effect, said: Has the first party – the one who is trying to resile – been to blame in the sense that by his conduct he has led the other party, as a reasonable man, to believe that he was binding himself? … If his mistake is due to a misrepresentation, whether innocent or fraudulent, by the other party, then, of course, it is the second party who is to blame and the first party is not bound."

Hier wird deutlich, dass eine Vertragspartei, die in dem Erklärungsempfänger die Vorstellung erweckt hat, sich binden zu wollen, und die sich deshalb nach der *reliance*-Theorie nicht vom Vertrag lösen kann, auch nicht vorbringen kann,

555 Siehe hierzu auch Zimmermann, SZ (GA) 1985, 168 (178).

556 Robinson v Randfontein Gold Mining Co., Ltd., 1925 AD 173; Trollip v Jordaan, 1961 (1) SA 238 (A); Saambou-Nasionale Bouvereiniging v Friedman, 1979 (3) SA 978 (A); Mondorp Eiendomsagentskap (Edms) Bpk v Kemp en De Beer, 1979 (4) SA 74 (A); Spes Bona Bank Ltd. v Portals Water Treatment South Africa (Pty) Ltd., 1983 (1) SA 978 (A).

557 In der meistzitierten Entscheidung (South African Railways & Harbours v National Bank of South Africa Ltd., 1924 AD 704 (716 ff.)) hat Wessels JA folgendes formuliert; "The law does not concern itself with the working of minds of parties to a contract, but with the external manifestation of their minds. Even therefore if from a philosphical standpoint the minds of the parties do not meet, yet, if by their acts their minds seem to have met, the law will, where fraud is not alleged, look to their acts and assume that their minds did meet and that they contracted in accordance with what the parties purport to accept as a record of their agreement. This is the only practical way in which Courts of law can determine the terms of a contract." Weiterhin dem objective approach folgend: Pieters & Co. v Salomon, 1911 AD 121 (130); Collen v Rietfontein Engineering Works, 1948 (1) SA 413 (A) (431); National and Overseas Distributors Corporation (Pty) Ltd. v Potato Board, 1958 (2) SA 473 (A) (479); Allen v Sixteen Stirling Investments (Pty) Ltd., 1974 (4) SA 164 (D) (172).

558 George v Fairmead (Pty) Ltd., 1958 (2) SA 473 (471).

sie habe sich aus diesem Grund in einem *justus error* befunden. An dieser Stelle ist denn auch die *caveat subscriptor doctrine* im südafrikanischen Recht einzuordnen. Eine Partei, die einen schriftlichen Vertrag unterzeichnet hat, kann diesen nicht mit der Begründung anfechten, dass sie sich nicht binden wollte. Im Sinne der objektiven Theorie folgt dies in einem ersten Schritt daraus, dass das Erklärte entscheidend und die Erklärung eindeutig ist, und in einem zweiten Schritt aus der Unanwendbarkeit der *justus error doctrine* auf einen fehlenden Bindungswillen. Bei Anwendung der *Willenstheorie* kommt man – unterstellt, der Erklärende wollte sich nicht binden - zunächst zu dem Ergebnis, dass kein wirksamer Vertrag geschlossen wurde, da es am Konsens der Parteien fehlt. Hat aber der Erklärende dem Erklärungsempfänger den Eindruck vermittelt, gebunden sein zu wollen, was wegen der Unterzeichnung eines Vertrages der Fall ist, führt die Anwendung der *reliance*-Theorie dazu, dass sich der Erklärende nicht auf seinen mangelnden Bindungswillen berufen kann. Deshalb wird die *caveat subscriptor doctrine* in der Literatur ungenau auch als Ausfluss der *reliance*-Theorie bezeichnet.[559]

Ergänzend sei hinzugefügt, dass das Vertrauen des Erklärungsempfängers in einen schriftlichen Vertrag nur dann schützenswert ist, wenn er sich nicht darüber klar ist, dass dem Erklärenden ein Fehler unterlaufen ist.[560] Vielmehr muss der Erklärungsempfänger schützenswertes Vertrauen in den Bindungswillen des Erklärenden haben, was nicht der Fall ist, wenn der Erklärungsempfänger sich bewusst ist, dass der Erklärende einem Irrtum unterlegen ist[561] oder wenn er wusste, dass der Vertrag nicht den wirklichen Willen seines Vertragspartners widerspiegelt.[562] Das gleiche gilt, wenn der Erklärungsempfänger dafür verantwortlich ist, dass sich der andere Vertragsteil nicht über den Inhalt des Vertrags bewusst war.[563]

Entgegen des ersten Anscheins folgt aus der *caveat subscriptor doctrine* somit keine stärkere Bindung der Vertragsparteien an schriftliche Verträge als

---

559 So Woker, SAMercLJ 2003, 109 (110). Wie hier kommt man auch in anderen Fällen unter Anwendung beider Theorien zum selben Ergebnis, hierzu Kritzinger, SALJ 1983, 47 (69); Zimmermann, The law of Obligations, 1990, 587; Hutchison, Contract formation, in Zimmermann/Visser (Hrsg.), Southern Cross, 165 (183).

560 Hierzu Van der Merwe, Contract General Principles, 35.

561 Sonap Petroleum (SA) (Pty) (Ltd.) v Pappadogianis, 1992 (3) SA 234 (AD).

562 Horty Investments (Pty) Ltd v Interior Acoustics (Pty) Ltd 1984 (3) SA 537 (W)

563 Home Fires Transvaal CC v Van Wyk and Africa Solar (Pty) Ltd v Divwatt (Pty) Ltd., 2002 (2) SA 375 WLD.

an solche, die mündlich geschlossen wurden. Vielmehr beantwortet sie die Frage, wann eine Vertragspartei an ihre Willenserklärung gebunden wird und unter welchen Voraussetzungen sie sich wieder von einer Willenserklärung lösen kann. Die Durchsetzung des die Schriftformklausel enthaltenden Vertrags durch die *Appellate Division in Shifren* beruht daher nicht auf der *caveat subscriptor doctrine*.

C. Tacit terms und tacit contracts

Wenn deutsche Gerichte die vorherige Aufhebung der Schriftformklausel nicht gänzlich für entbehrlich halten, gehen sie davon aus, dass die Aufhebung der Formabrede formfrei und sogar stillschweigend möglich ist.[564] In der Änderungsabrede selbst sieht die Rechtsprechung also die stillschweigende Aufhebung der Schriftformklausel. Aus den deutschen Urteilen wird allerdings nicht deutlich, ob die Gerichte in den mündlichen Änderungsvertrag eine Bestimmung hineinlesen, durch die die Parteien die Schriftformklausel aufheben (*tacit term*), den lückenhaften Änderungsvertrag also um das Mitgewollte ergänzen (ergänzende Vertragsauslegung), oder ob sie davon ausgehen, dass die Parteien neben dem mündlichen Änderungsvertrag konkludent einen weiteren, gesonderten Aufhebungsvertrag schließen (*tacit contract*).

Die südafrikanischen Richter der *Appellate Division* haben dagegen in *Shifren*[565] weder die Möglichkeit der konkludenten Aufhebung der Schriftformklausel durch den Änderungsvertrag noch den Abschluss eines separaten konkludenten Aufhebungsvertrags in Betracht gezogen. Wie sich zeigen wird, kann dies jedoch nicht mit einer grundsätzlichen Zurückhaltung des südafrikanischen Rechts gegenüber stillschweigenden Vereinbarungen begründet werden.

Zwar lesen südafrikanische Gerichte nur äußerst zurückhaltend *tacit terms* in einen Vertrag hinein und nehmen auch nur äußerst zurückhaltend einen *tacit contract* an.[566] Nichts desto trotz wurde diese Frage von Gerichten und Literatur

564 Siehe hierzu oben Kap 1 B.

565 Hierzu Kap. 2 B VII.

566 Ebenso Union National South British Insurance Co Ltd. v Padayachee, 1985 (1) SA 551 (A) 559; Liquidator of Booysen's Race Club Ltd. v Burton, 1910 TPD 597 (601); Zimmermann, Good faith and equity in Zimmermann/Visser, Southern Cross, 215 (244). In der Literatur finden sich die folgenden Feststellungen: "The courts are generally slow to import a tacit term into a contract" (Van der Merwe, Contract, 257) und "courts do not easily come to the conclusion, that there is implied apparent agreement." (Kerr, Principles of the Law of Contract, 355).

aber durchaus bedacht. Der Gedanke, dass die Schriftformklausel gleichzeitig mit der mündlichen Änderung konkludent aufgehoben worden sein könnte, ist mithin durchaus angestellt worden. In *Sette v Saker* gehen die Richter der *Witwatersrand Local Division* sogar unproblematisch und eindeutig davon aus, dass eine Schriftformklausel aufgehoben werden kann, und zwar in jeglicher Form, es heißt:

> „Nothing could in my opinion, prevent the parties to a contract, if *justa* causa and *consensus ad idem* be present, from revoking the prohibition itself or temporarily suspending it, and from doing so not in the manner prescribed by the previous agreement but in any other manner recognised by law. ...Whether such a revoking was agreed upon is therefore a question of fact."[567]

Auch in der Literatur fand diese Frage Beachtung, es heißt:

> „... if it is permissible to vary a contract informally contrary to the terms of a non-variation clause, there is no reason why it should be necessary to advert to the non-variation clause and revoke or suspend it expressly."[568]

Die Tatsache, dass die *Appellate Division* in *Shifren* eine konkludente Aufhebung der Schriftformklausel nicht in Betracht gezogen hat, kann daher nicht mit der grundsätzlichen Zurückhaltung gegenüber stillschweigenden Vereinbarungen begründet werden. In Shifren wurde dazu vielmehr deshalb keine Stellung genommen, weil der vorsitzende Richter (*Steyn*) in seiner Urteilsbegründung davon ausging, dass sich auch die einfache Schriftformklausel selbst erfasst.[569] Dies merkt er vermutlich deshalb nur kurz an, weil der Richter der *Orange Free State Provincial Division* in der Vorinstanz länger zu dieser Frage Stellung genommen hatte. Dort heißt es:

> „If Warner, A.J. [der Richter in *Fick v Crewe*] thereby meant, that the clause which provides that the terms of the agreement can only be varied in writing, can be varied verbally, I find myself in respectful disagreement therewith. That clause, like clause

567 Sette v D.H. Saker (Pty) Ltd., 1957 (2) SA 87 (W) (91).

568 Francis, SALJ 1963, 395 (396). Murray, SALJ 1959, 251 (253) hingegen geht davon aus, dass eine Aufhebung der Klausel nur schriftlich möglich ist („and to expunge the 'non-variation' clause from the contract would certainly, in our view, require writing or whatever other formality prescribed in the 'non-variation' clause.").

569 „By die oorweging van die onderhawige vraag is dit van belang om in gedagte te hou dat die betrokke bepaling, d.w.s. klousule 19 van die kontrak, self 'n beding in die kontrak is en daarom, net soos ander bedinge, onder die verskansing van 'n skrifvereiste gestel word. In die opsig verskil dit van 'n bepaling soos klousule 11, wat nie homself teen mondelinge wysiging heet te beveilig nie." (766).

19 in the instant case, is itself a term of the agreement and the parties had solemnly agreed that none of the terms of their agreement could subsequently be varied otherwise than in writing."[570]

Geht die *Appellate Division* aber davon aus, dass sich die Schriftformklausel selbst erfasst, hat dies zur Folge, dass auch die Klausel selbst nur schriftlich aufgehoben oder geändert werden kann. Die Frage, ob die Schriftformklausel zuvor konkludent aufgehoben wurde, stellte sich folglich nicht.

Auch wenn man davon ausginge, dass sich eine Schriftformklausel nicht selbst erfasst, ihre Aufhebung mithin keine schriftliche Einigung erfordert, wäre jedoch fraglich, ob die Gerichte eine konkludente Aufhebung der Schriftformklausel annehmen würden. In *Techni-Pak Sales (Pty) Ltd. v Hall*[571] stellt das Gericht klar, dass es nur eine sehr eingeschränkte Möglichkeit hat, eine konkludent vereinbarte Vertragsklausel[572] anzunehmen, wenn nicht feststeht, dass die Parteien eine solche wirklich vereinbaren wollten:

"The Court has no power to supplement the bargain between the parties by adding a term which they would have been wise to agree upon, although they did not."

In diesem Sinne äußern sich auch die Richter der Appellate Division in *Alfred Mc Alpine & Son (Pty) Ltd. v Transvaal Provincial Administration*:

"The Court does not readily import a tacit term. It cannot make contracts for people."[573]

Soll eine konkludente Bestimmung in einen Vertrag hineingelesen werden, wird wie im deutschen Recht zunächst überprüft ob eine Regelungslücke vorliegt.[574]

---

570 Shifren and others v S.A. Sentrale Ko-op Graanmaatskappy Bpk, 1964 (2) SA 343 (347).

571 Techni-Pak Sales (Pty) Ltd. v Hall, 1968 (3) SA 231 (W) (236).

572 Ein tacit term wird im südafrikanischen Recht definiert als „an unexpressed provision of the contract which derives from the common intention of the parties, as inferred by the Court from the express terms of the contract and the surrounding circumstances". McLennan, Implied Terms, Annual Survey, 1974, 96; Zimmermann, Good faith and equity in Zimmermann/Visser (Hrsg.), Southern Cross, 215 (244); siehe auch Minister van Landbou-Tegeniese Dienste v Scholtz 1971 (3) SA 188 (A) 197; Alfred Mc Alpine & Son (Pty) Ltd. v Transvaal Provincial Administration, 1974 (3) SA 506 (A) 531 f.

573 Ähnlich Union National South British Insurance Co Ltd. v Padayachee, 1985 (1) SA 551 (A) 559; Liquidator of Booysen's Race Club Ltd. v Burton, 1910 TPD 597 (601).

574 Pan American World Airways Inc v SA Fire and Accident Insurance Co Ltd., 1965 (3) SA 150 (A) 175; Glenni Egan and Sikkel v Du Toit's Kloof Development Co (Pty) Ltd., 1953 (2) SA 85 (94); Bourlay v AW Bardwell & Co. (Pvt) Ltd, 1967 (1) SA 4 (R) 7;

Liegt eine solche Regelungslücke vor, überprüfen die Gerichte anhand eines aus dem englischen Recht übernommenen *innocent bystander test*[575], der als Standardtest in das südafrikanische Recht übernommen wurde,[576] ob der Vertrag eine stillschweigende Vereinbarung enthält. Dieser Test, der auch heute noch angewandt wird,[577] ermöglicht die Annahme einer stillschweigenden Vereinbarung aber nur dann, wenn es keinen Zweifel gibt, dass die Parteien sich auf diese Bestimmung geeinigt hätten, wenn sie an die Klärung dieses Punktes bei Vertragsschluss gedacht hätten. Es heißt:

> "A term can only be implied if it is necessary in the business sense to give efficacy to the contract: that is, if it is such a term that it can confidently be said that if at the time the contract was being negotiated someone had said to the parties, `What will happen in such a case?´ they would both have replied: `Of course, so-and-so will happen; we did not trouble to say that; it is too clear.´"[578]

Hier wird bereits deutlich, dass eine Vertragsklausel, die vermutlich lauten würde: „Die ursprünglich vereinbarte Schriftformklausel wird aufgehoben", nicht ohne weiteres mittels dieses Tests als vereinbart angenommen werden kann. Denn hätten die Parteien zum Zeitpunkt der Vertragsänderung an die Schriftformklausel gedacht, hätten sie sich auch für eine schriftliche Vertragsänderung entscheiden können.

Zudem werden Vertragsklauseln nicht schon dann als stillschweigend vereinbart angesehen, wenn sie vernünftigerweise als vereinbart angesehen werden müssten.[579] Hierzu führt das Gericht in *Techni Pak Sales (Pty) Ltd. v Hall* aus:

---

siehe hierzu auch Christie, The Law of Contract in South Africa, 191.

575 Der englische Standardfall ist Reigate v Union Manufacturing Co (Ramsbottom), (1918) 118 LT 479 (483); Hierzu auch Zimmermann, Good faith and equity, in Zimmermann/Visser (Hrsg.), Southern Cross, 217 (244); Kerr, SALJ 2006, 195 (196).

576 Barnabas Plein & Co v Sol Jacobson & Son, 1928 AD 25 (31); Administrator (Transvaal) v Industrial & Commercial Timber & Supply Co Ltd., 1932 AD 25 (32 f.); Mullin (Pty) Ltd. v Benade Ltd., 1952 (1) SA 211 (A) (214 f.); Novick v Benjamin, 1972 (2) SA 842 (A) 853; Alfred McAlpine & Son (Pty) Ltd. v Transvaal Provincial Administration, 1974 (3) SA 506 (A) 525; Techni-Pak Sales (Pty) Ltd. v Hall, 1968 (3) SA 231 (W) 237; etc. Für eine umfangreiche Aufzählung der betreffenden Fälle siehe Kerr, Principles of the Law of Contract, 356 Fn. 137, und Kerr, SALJ 1974, 121 (121 Fn. 5).

577 Zu neueren Entscheidungen siehe auch Kerr, SALJ 2006, 195 ff.

578 Reigate v Union Manufacturing Co (Ramsbottom), (1918) 118 LT 479 (483).

579 Kerr, The Principles of the Law of Contract, 364. Hierzu auch Rapp and Maister v Aronovsky, 1943 WLD 68 (74): "You are not to imply the term merely because if one of the parties or a bystander had suggested it, you think only an unreasonable person

> "The fact that the suggested term would have been a reasonable one for them to adopt or that its incorporation would avoid an inequity or a hardship to one of the parties is not enough."[580]

Um ihrer mündlichen Vereinbarung zu Wirksamkeit zu verhelfen, wäre es zwar sicherlich vernünftig, wenn die Vertragsparteien die Schriftformklausel zuvor oder gleichzeitig aufheben würden. Diese Tatsache allein führt aber nicht zur Annahme einer solchen konkludenten Aufhebung.

Ob die Gerichte von einem selbständigen Vertrag ausgehen würden, mit dem die Parteien die Schriftformklausel konkludent aufheben, ist ebenfalls fraglich.[581] Im Hinblick auf *tacit contracts* wendet ein Teil der Gerichte den sog. *no other reasonable interpretation test* an:[582]

> "In order to establish a tacit contract it is necessary to show, by a preponderance of probabilities, unequivocal conduct which is capable of no other reasonable interpretation than that the parties intended to, and did in fact, contract on the terms alleged. It must be proved that there was in fact *consensus ad idem*."[583]

Ein anderer Teil der Gerichte wendet den abgeschwächten *preponderance of probabilities test* an, bei dem es lediglich wahrscheinlicher sein muss, dass die Parteien einen Vertrag geschlossen haben, als dass sie nicht zu einer vertraglichen Vereinbarung gekommen sind.[584] Der *Supreme Court of Appeal* hat auch in

---

would have disagreed. You have to be satisfied, that both parties did agree. It is quite a different position, if in the hypothetical case Scrutton LJ [der Richter der Reigate Entscheidung] puts in, you feel the parties might say: 'You have called our minds to something we have not thought of and what you say is not unreasonable, let us discuss it.' If that is all that the Court feels might have happened, then the Court is not entitled to imply the term." Weiterhin South African Mutual Aid Society v Cape Town Chamber of Commerce, 1962 (1) SA 598 (AD) (603, 607, 618).

580 Techni Pak Sales (Pty) Ltd. v Hall, 1968 (3) SA 231 (W) (236); ähnlich schon Reigate v Union Manufacturing Co 1918 (1) KB 592 (605).

581 Zu tacit contracts im Allgemeinen ausführlich Christie, The Law of Contract in South Africa, 91 ff.

582 Hierzu auch Zimmermann, in Zimmermann/Visser (Hrsg.), Southern Cross, 244 ff.; Van der Merwe, Contract General Principles, 258 f.; Kerr, The Principles of the Law of Contract, 137 Fn. 2.

583 Standard Bank of South Africa Ltd. v Ocean Commodities Inc, 1983 (1) SA 276 (A) 292. Dieser Test wurde auch angewandt in anderen Entscheidungen der Appellate Division, wie bspw. Muller v Pam Snyman Eiendomskonsultante (Pty) Ltd., 2001 (1) SA 313 (C).

584 Joel Melamed and Hurwitz v Cleveland Estates (Pty) Ltd., 1984 (3) SA 155 (A) 165:

der Entscheidung *Golden Fried Chicken (Pty) Ltd. v Sirad Fast Foods CC*[585] im Jahre 2002 noch offen gelassen, welchem Test gefolgt werden soll.[586] Jedenfalls müsste bei Anwendung des *no other reasonable interpretation test* bewiesen werden, dass die Schriftformklausel aufgehoben werden sollte und dass die Parteien die Schriftformklausel nicht lediglich vergessen haben, was jedoch gerade zwischen den Parteien streitig sein wird. Auch unter Anwendung des *preponderance of probabilities test* wird es schwer fallen, zu begründen, warum es wahrscheinlicher sein soll, dass die Parteien einen Aufhebungsvertrag geschlossen haben, also dass sie ebendies nicht getan haben.

D. Englischer Einfluss auf Schriftformklauseln

I. Erforderlichkeit einer Consideration im Südafrikanischen Recht

Möglicherweise hat die *Appellate Division* die mündliche Änderung in *Shifren*[587] auch deshalb für unwirksam gehalten, weil eine *consideration* (Gegenleistung) und damit eine Wirksamkeitsvoraussetzung für den Änderungsvertrag fehlte. Zwar wird dies in den dargestellten Urteilen nicht angedeutet. Eine *consideration* wird im englischen Vertragsrecht aber neben dem Konsens der Parteien für jeden Vertrag gefordert, um gewollte Verträge von ungewollten zu unterscheiden, sie stellt also ein zusätzliches Seriositätsindiz dar. Angesichts der englischen Einflüsse im südafrikanischen Recht ist es möglich, dass das Institut der *consideration* in das dortige Recht übernommen wurde und sich das südafrikanische Recht deshalb vom deutschen Recht unterscheidet. Angewandt auf die der vorliegenden Ausarbeitung zugrundeliegende Problematik könnte hieraus folgen, dass der Änderungsvertrag deshalb von den Gerichten nicht durchgesetzt wurde, weil eine Gegenleistung für diesen Vertrag fehlt.

"In this connection it is stated that a court may hold that a tacit contract has been established where, by a process of inference, it concludes that the most plausible probable conclusion from all the relevant proved facts and circumstances is that a contract came into existence." Des weiteren Tor Industries (Pty) Ltd. v Gee-Six Superweld CC & others, 2001 (2) SA 146 (W); Plum v Mazista Ltd., 1981 (3) SA 152 (A) 163 f.); Spes Bona Bank Ltd. v Portals Water Treatment South Africa (Pty) Ltd., 1983 (1) SA 978 (A) 981; Mühlmann v Mühlmann, 1984 (3) SA 102 (A) 124.

585 2002 (1) SA 822 (SCA).

586 Hierzu ausführlich Nortje, Annual Survey 2002, 239 ff.

587 Hierzu eingehend oben Kap 2 B VII.

1. Konsens und Consideration

Im römischen Recht hatte die Bindung der Parteien an strikte Formen neben ihren Nachteilen auch den Vorteil, die Vertragsparteien vor übereilten und unüberlegten Vertragsschlüssen zu schützen. Sie war äußerst zweckdienlich, um zu beurteilen, ob die Parteien ernsthaft gebunden sein wollten.[588] Mit der Entwicklung des modernen Vertragsbegriffs musste ein neuer Weg beschritten werden, um sicherzustellen, dass nur solche Verträge durchgesetzt wurden, die von den Parteien wirklich gewollt waren. Deshalb hatten auch die Juristen des kanonischen Rechts die Klagbarkeit der *pacta nuda* nur für solche Verträge anerkannt, die *ernsthaft gewollt waren.*[589] Die Aufgabe des Grundsatzes „*ex nudo pacto non oritur actio*“ führte also gleichzeitig dazu, dass von nun an ein anderes Seriositätsindiz als die Form erforderlich war, um gewollte Verträge von solchen Versprechen zu unterscheiden, die nicht bindend sein sollten.[590] Hieraus entwickelte sich im Naturrecht der Gedanke, dass ein Vertrag zu seiner Durchsetzbarkeit einer *justa causa* bedürfe. Im Umgang mit diesen Gedanken herrschte nicht nur in Südafrika große Unsicherheit. Dort kam jedoch erschwerend hinzu, dass gleichzeitig problematisiert wurde, ob für die Wirksamkeit eines Versprechens eine - dem englischen Recht entlehnte - *consideration* erforderlich ist.[591] Dies

---

588 Vgl. hierzu auch Zimmermann, The law of Obligations, 549. Savigny bspw. betrachtete es als Vorteil der Stipulation, dass sie deutlich den Beginn der vertraglichen Bindung von den Vorverhandlungen abhob (Obligationenrecht, Bd. 2, 242). Er schrieb zum geltenden Recht: „Das praktische Ergebniß der hier aufgestellten Lehre geht also dahin, daß in unserem heutigen gemeinen Recht der formlose Vertrag die Stelle der Römischen Stipulation eingenommen hat, daß also auf die Form des klagbaren Vertrags diejenigen Regeln anzuwenden sind, welche das Römische Recht für die Form der Consensualcontracte und der nuda pacta aufstellte. Wir entbehren also den Vortheil, welchen die Römer in der Form der Stipulation fanden für die sichere Unterscheidung des vollendeten Vertrags von den bloßen Vorbreitungen und Übergängen zu einem solchen, und wir überlassen es lediglich dem Richter, in jedem einzelnen Fall diese Unterscheidung zu treffen. Eben so entbehren wir den vortheilhaften Einfluß, den die feierliche Form der Stipulation auf die Besonnenheit der Parteien üben konnte, indem wir es den Parteien überlassen, durch besonnene Überlegung sich selbst vor Schaden zu wahren.“

589 Zimmermann, The law of Obligations, 549.

590 Diese Abgrenzung nimmt das englische Recht durch das Erfordernis der consideration vor, hierzu sogleich.

591 Causa und Consideration dienen dem selben Zweck: der Unterscheidung bindender Versprechen von solchen, die nicht bindend sein sollten, Zimmermann, The law of obli-

führte zu einer der größten Streitigkeiten im südafrikanischen Recht,[592] die im 19. Jahrhundert dadurch ausgelöst wurde, dass der Begriff „*justa causa*" mit dem der „*consideration*" gleichgesetzt wurde (s. 3.).[593]

2. Die englische consideration doctrine

Im englischen Vertragsrecht stellt die *consideration doctrine* den wichtigsten Ansatz zur Bestimmung der Verbindlichkeit von Versprechen dar.[594] Sie ist mithin die Antwort des englischen *Common Law*[595] auf die Frage, warum ein Versprechen vom Recht und schließlich von den Gerichten sanktioniert werden soll.[596] Nach dieser Lehre ist ein formloses Versprechen nur dann bindend, wenn eine *consideration* dafür besteht. Diese wiederum kann in einer Gegenleistung des Versprechensempfängers oder einem Gegenversprechen bestehen („Gegenopfer").[597] Das Erfordernis der *consideration*, das der Unterscheidung rechtlich verbindlicher von unverbindlichen Versprechen dient, ist Folge der geschichtlichen Entwicklung des englischen Vertragsrechts als Aktionenrecht.[598] Im *Common Law* gab es ursprünglich nur zwei Klagearten, mit denen Versprechen gerichtlich durchgesetzt werden konnten: die *action of covenant*, mit der Versprechen in gesiegelten Urkunden durchgesetzt werden konnten, und die dinglichen Klagen der *action of debt* und der *action of detinue*, die auf Heraus-

---

gations, 1990, 556.

592 De Villiers bezeichnet sie in Conradie v Rossouw, 1919 AD 279 (323) als „a nightmare of confusion"; hierzu sogleich.

593 So geschehen in Alexander v Perry, 1874 (4) Buch (Buchanan's Reports, Cape Supreme Court) 59. Der Anwalt des Klägers trug wörtlich vor: „by the Roman law an agreement without cause, i.e. consideration, gave no right of action."

594 Fromholzer, Consideration, 1997, 8.

595 Der Begriff common law wird hier als Gegenbegriff zum kodifizierten Recht gebraucht, nicht im Sinne von ius commune.

596 Geldsetzer, Einvernehmliche Änderung und Aufhebung von Verträgen, 1993, 44. Zur consideration doctrine erschienene Literatur weisen Kötz, Einführung in die Rechtsvergleichung, Band II, 1984, § 6 I und Fromholzer, Consideration, 1997, 18 und Keßler, Festschrift Ernst Rabel, Band I, 251 Fn. 1, nach.

597 Die Definition der englischen Entscheidung Curie v Misa, L.R. 10 Ex. 153, 162 (1875) gilt insoweit als klassisch: „A valuable consideration, in the sense of the law, may consist either in some right, interest, profit, or benefit accruing to the one party, or some forbearance, detriment, loss, or responsibility, given, suffered, or undertaken by the other."

598 Siehe hierzu auch die Ausführungen von Fromholzer, Consideration, 1997, 8 ff.; Geldsetzer, Einvernehmliche Änderung und Aufhebung von Verträgen, 1993, 44 ff.

gabe einer bestimmten Geldsumme oder sonstiger Sachen gerichtet war. Im Übrigen waren Versprechen, die lediglich mündlich, d.h. nicht in Form einer gesiegelten Urkunde, abgegeben wurden, nicht klagbar. Seit dem 14. Jahrhundert ermöglichte dann die *action of assumpsit*[599] auch die Klage für den Fall eines schädigenden Verhaltens des Versprechenden. Zu Beginn des 16. Jahrhunderts wurde die *action of assumpsit* über die Haftung für schädigendes Verhalten hinaus auch auf die Haftung für bloße Nichterfüllung erweitert. Als deliktisches Verhalten genügte nun ein Vertragsbruch.[600] Die *action of assumpsit* war damit zu einer allgemeinen Klage zur Durchsetzung formloser Versprechen geworden.[601] Diese allgemeine Klagbarkeit formloser Vereinbarungen wurde in der Folge durch das Erfordernis der *consideration* wieder eingeschränkt: Versprechen sollten nur dann durchsetzbar sein, wenn eine *consideration* für sie bestand. Der bloße in dem Versprechen zum Ausdruck gebrachte Wille der Parteien genügte also gerade nicht für die Klagbarkeit.[602] Auch eine Vertragsänderung war nur wirksam, wenn für sie eine Gegenleistung bestand.[603] Hier zeigt sich bereits, dass der Gedanke, das Erfordernis der *consideration* in das südafrikanische Recht zu importieren, zu Gelehrtenstreitigkeiten führen würde, hatte sich das römisch-holländische Recht doch bereits auf den Konsensualismus festgelegt.

II. Consideration im südafrikanischen Recht

Auslöser der Streitigkeiten im südafrikanischen Recht war der Versuch *de Villiers*[604], die *justa causa* mit dem englischen Erfordernis der *valuable consideration* gleichzusetzen.[605] Hatten die Gerichte zunächst entschieden, dass *consideration* im Sinne eines *quid pro quo* für die Wirksamkeit eines Versprechens nicht erforderlich war,[606] entschied der Cape Supreme Court unter dem

599 Diese entwickelte sich aus der deliktischen Trespassklage.

600 Fromholzer, Consideration, 1997, 9.

601 Von Hippel, Die Kontrolle der Vertragsfreiheit nach anglo-amerikanischem Recht, Zugleich ein Beitrag zur Considerationlehre, 1963, 63 ff.

602 Fromholzer, Consideration, 1997, 10.

603 Geldsetzer, Einvernehmliche Änderung und Aufhebung von Verträgen, 1993,

604 Zu seiner Person siehe Girvin, The Architects of the Mixed Legal System, in Zimmermann/Visser, Southern Cross, 95 (119).

605 Hutchison, Contract Formation, in Zimmermann/Visser, Southern Cross, 165 (166).

606 Louisa and Protector of Slaves v Van den Berg (1830) 1 Menz 471; Jacobson v Norton (1841) 2 Menz 218.

Vorsitz *de Villiers* in *Alexander v Perry*[607] im Jahr 1874, dass Verträge für die keinerlei Gegenleistung bestand, nicht durchsetzbar seien. Ein weiterer Richter stimmte dem zu und führte aus:

> „The consideration might be very slight, but there should be something to sustain a contract."[608]

Fortan galten *justa causa* und *consideration* als deckungsgleich; für die Wirksamkeit eines Versprechens sollte eine *consideration* erforderlich sein.[609] Dann jedoch veröffentliche *John Kotzé*[610], der damalige *Chief Justice* in Transvaal, 1881 eine kommentierte Übersetzung von *Van Leeuwen*'s Werk *Het Rooms-Hollands-Regt*,[611] in der er darlegte, dass die Auffassung *De Villiers* eindeutig der Mehrzahl römisch-holländischer Juristen widersprach.[612] Die *causa* bezeichne die Basis, den Grund oder Zweck eines Versprechens[613] und gehe daher sehr viel weiter als das Erfordernis der *consideration*.[614] Zwar zeigte sich *De Villier*

---

607 Alexander v Perry, 1874 (4) Buch 59: „ the law should not enable a person to enforce a contract for which there had been no consideration at all."

608 1874 (4) Buch 59 (62).

609 Malan & Van der Merwe v Secretam, Boon & Co, 1880 Foord (Foord's Reports, Cape Supreme Court) 94; Hansen & Schrader v Quirk, 1885 (5) EDL (Reports of the Eastern Districts Local Division) 35; Midgley v Tarrant, 1885 (5) EDL 57. In Malan & Van der Merwe v Secretam, Boon & Co, 1880 Foord 94 (98) merkte De Villiers an, dass das Erfordernis der consideration bereits so tief im Südafrikanischen Recht verwurzelt sei, daß es zu spät sei um es wieder zu entfernen.

610 Zu seiner Person siehe Girvin, The Architects of the Mixed Legal System, in Zimmermann/Visser (Hrsg.), Southern Cross, 95 (115).

611 J.G. Kotzé, Simon van Leeuwen's Commentaries on Roman-Dutch-Law, Vol I 1881, Vol II, 1886.

612 Grotius beispielsweise hatte überhaupt keine causa für die Wirksamkeit eines Versprechens gefordert (De jure belli ac pacis, II, 11, § 10) da die causa nicht der Grund für den Bestand des Versprechens ist. Die pollicitatio bedarf keiner zusätzlichen causa, da für sie das Willensvermögen sich selbst zu binden, ausreicht. Die Abgabe des Versprechens (alienatio) bedarf hingegen einer Übertragungscausa, also einer redlichen Ursache, denn der Versprechensabgabewille muß redlich sein. Hierzu Disselhorst, Die Lehre des Hugo Grotius vom Versprechen, 1959, 53 f. und Schmidlin, Die beiden Vertragsmodelle des Europäischen Zivilrechts, in Zimmermann/Knütel/Meincke (Hrsg.), Rechtsgeschichte und Privatrechtsdogmatik, 187 (193).

613 "ground, reason or object of a promise".

614 Vol. II, 30. Genau genommen waren Juristen in Deutschland und den Niederlanden bereits wieder von dem Erfordernis der causa abgewichen. Man ging hier bereits davon aus, daß ein Vertrag dann wirksam war, wenn die Parteien ihn mit der Absicht ab-

hiervon unbeeindruckt.[615] Das Gericht in *Transvaal* entschied jedoch 1904 in *Rood v Wallach*[616] im Sinne von *Kotzé*.[617] In diesem Urteil gab der Vorsitzende Richter *Innes* eine überzeugende Erklärung für das Erfordernis der *causa* im römisch-holländischen Recht. Obwohl das römisch-holländische Recht von der Klagbarkeit der *pacta nuda* ausginge, seien noch lange nicht alle Versprechen auch durchsetzbar. Vielmehr müssten die Vertragsparteien den Vertrag ernsthaft und zu einem anerkannten Zweck gewollt haben. Daher sei es notwendig, die Entstehung der Vereinbarung zu berücksichtigen; der Vertrag müsse einen angemessenen und vernünftigen Grund haben. Holländische Juristen hätten den Begriff *causa* (*oorzaak*) niemals im Sinne der englischen *consideration* verwandt, weshalb es auch ihm – *Innes* – verwehrt sei, diesen mit den Prinzipien des römisch-holländischen Rechts unvereinbaren Grundsatz in das südafrikanische Recht zu übernehmen:

> „To pluck the English doctrine from its surroundings and from a system of which it forms a well understood part, and to graft it upon our legal system, to which in my opinion it is wholly foreign; to curtail its scope by excluding with it the inconsistent doctrine that contracts without consideration are valid for all purposes of defence – to adopt such course would not, I think, be expedient even if it were possible."[618]

De Villier jedoch blieb bei seiner Ansicht, dass das römisch-holländische Recht Verträge, die eines *quid pro quo* entbehrten, nicht durchsetze, und entschied 1904 gleich noch einmal im altbewährten Muster.[619] Mit Gründung der Südafrikanischen Union im Jahre 1910 wurde *De Villier Chief Justice* der *Appellate Division*, jedoch saß auch *Innes* mit ihm auf der Richterbank; das nächste diese

---

schlossen, sich zu binden, und der Vertrag nicht sittenwidrig war. Ob man diese Voraussetzungen unter dem Begriff justa causa zusammenfaßt, ist eine Frage der Terminologie, hierzu Zimmermann, The law of obligations, 1990, 559.

615 Er setzte sich in Tradesmen's Benefit Society v Du Preez, 1887 (5) SC (Reports of the Cape Supreme Court) 269 noch einmal mit der Frage auseinander und blieb bei seiner Ansicht. In dem Urteil (S. 275) heißt es: „In view of the conflicting meanings attached to the term 'cause' by Roman-Dutch lawyers, I felt myself justified in adopting a meaning which is not in conflict with modern English and colonial mercantile usage, which although not recognized in Scotland, has been adopted ... by the Courts of all English Colonies in which the Civil law prevails ...".

616 1904 TS (Reports of the Cape Supreme Court) 187.

617 Hierzu eingehend Hutchison, Contract Formation, in Zimmermann/Visser (Hrsg.), Southern Cross, 166 (168 f.).

618 Rood v Wallach, 1904 TS 187 (202).

619 Mtembu v Webster, 1904 (21) SC 323.

Frage betreffende Urteil wurde folglich mit Spannung erwartet. Es erging jedoch erst nach dem Tod *De Villiers*, der den Weg freimachte für die Entscheidung in *Conradie v Rossouw*.[620] Die *Appellate Division* lehnte in dieser Entscheidung von 1919 einstimmig die Ansicht ab, dass nach südafrikanischem Recht für die Wirksamkeit eines Versprechens eine *consideration* erforderlich sei. Die Richter entschieden, dass jedes Versprechen wirksam sei, das die Parteien ernsthaft und bewusst (*seriously and deliberately*) und mit dem Willen, eine vertragliche Verpflichtung zu begründen, abgegeben hätten. Von nun an war es auch in Südafrika geltendes Recht, dass Verträge bindend sind, ohne dass eine *consideration* erforderlich ist.[621]

Festzuhalten bleibt an dieser Stelle, dass Verträge grundsätzlich zu ihrer Wirksamkeit lediglich zweier übereinstimmender Willenserklärungen bedürfen; eine *consideration* im Sinne des englischen Vertragsrechts ist seit 1919 für die Wirksamkeit eines Vertrages ebenso wenig erforderlich[622] wie für die Änderung eines mit einer Schriftformklausel versehenen Vertrags. Mithin hat die *Appellate Division* in *Shifren*[623] (1964) die mündliche Änderung nicht deshalb für unwirksam erachtet, weil eine *consideration* fehlte. Infolgedessen kann auch die unterschiedliche Rechtsprechung in Deutschland und Südafrika nicht durch diese zusätzliche Wirksamkeitsvoraussetzung erklärt werden.

III. Sonstige englische Einflüsse

Ein sonstiger englischer Einfluss auf die Behandlung von Fällen, in denen die Parteien eine Schriftformklausel vereinbart haben und den ursprünglichen Vertrag im Nachhinein mündlich ändern, kommt nicht in Betracht. Englische Entscheidungen, die als möglicherweise die südafrikanische Rechtsprechung beeinflussende Faktoren in Betracht kommen, sind soweit ersichtlich nicht vorhanden.[624] Auch findet sich in keinem der in dieser Arbeit dargestellten Urteile ein

---

620 1919 AD 279; siehe hierzu auch Lee, Yale Law Journal 1922-23 (Vol. 32), 224 (229 f.).

621 Siehe bspw. die Nachweise in Saambou-Nasionale Bouvereniging Bpk v Friedmann, 1979 (3) SA 978 (A) (990).

622 Van der Merwe, Contract General Principles, 179.

623 Diese Entscheidung erging 1964, also nach der Ablehnung des Erfordernisses einer consideration in Conradie v Rossouw (1919).

624 Tager, SALJ 1976, 423 (423): „There does not seem to be any mention of the effect of the ‚non-variation clause' in English law.“ So auch Hahlo, SALJ 1965, 4 (4): “The problem of the non-variation clause seems never to have cropped up in England – I at any rate, have not been able to find any authority of it.”

Hinweis auf etwaige englische Gerichtsentscheidungen oder zu Rate gezogene englische Literatur.

Eine derartige Zuwendung zum englischen Recht und damit die Beeinflussung durch englisches Vertragsrecht ist auch aus einem weiteren Grunde wenig wahrscheinlich: Bei *Steyn CJ*, dem Vorsitzenden Richter in *Shifren*, handelt es sich um eine zentrale Figur des *bellum juridicum*[625] um die Säuberung des südafrikanischen Rechts von englischen Einflüssen.[626] Um seine Person herum entstand in den 50er und 60er Jahren die Gegenbewegung zur Säuberung des südafrikanischen Rechts.[627] *Zimmermann*[628] bezeichnet den *Chief Justice* als „einen Mann, der wie kaum ein anderer Loyalität zur [Apartheid]-Regierung und ‚executive-mindedness' mit dem Programm einer weitgreifenden Säuberung auch des Privatrechts von seinen englischen Elementen verband."[629] Im Jahre 1964, und damit in dem Jahr, in dem die Entscheidung in *Shifren* ergangen ist, stellte er in *Trust Bank van Afrika, Bpk. v Eksteen* [630] klar, dass kein südafrikanisches

625 Hierzu eingehend oben Einleitung C. und unten Kap. 3 F.

626 Lucas Cornelius Steyn (1903 – 1976) wurde 1959 zum Chief Justice der Appellate Division ernannt. Seine Ernennung war kontrovers, war er doch von 1933 bis 1951 juristischer Berater der Regierung gewesen und im Jahre 1951 zum Richter der Transval Provincial Division ernannt worden. Diese Ernennung wich von dem Grundsatz ab, daß Richter aus den Reihen praktizierender Senioranwälte ernannt wurden. Ihm wurde sogleich vorgeworfen, daß ihm praktische Erfahrung in Rechtsstreitigkeiten fehlte. Nichts desto trotz wurde er 1955 zum Judge of Appeal ernannt und 4 Jahre später zum Chief Justice. Diese Position hatte er bis 1971 inne. Er wird wie folgt kritisiert: „... that his attempt to rid South African law of its unique and fundamental connection with English law was not only jurisprudentially and historically unjustified, but ultimately quixotic; ... that during his terms of office a legal temperature, already chill for the survival of human values and the preservation of fundamental freedoms, turned several degrees colder." Hierzu vertiefend Girvin, The Architects of the Mixed Legal System, in Zimmermann/Visser (Hrsg.), Southern Cross, 95 (135 f.), der auch die Leben der Steyn CJ vor- und nachgehenden Richter beschreibt (von 1827 -1996); zudem Cameron, SALJ 1982, 38 ff.

627 Lenel, Die Entwicklung des Südafrikanischen Rechts aus dem Holländischen Recht, internetresource, s. 15. Zimmermann, Das römisch-holländische Recht in Südafrika, 36 f.; Fagan, Roman-Dutch Law in its South African Historical Context, in Zimmermann/Visser (Hrsg.), Southern Cross, 34 (62).

628 Usus Hodiernus Pandectarum, in Schulze (Hrsg.), Europäische Rechts- und Verfassungsgeschichte, 1991, 61 (68).

629 So auch Cameron, SALJ 1982, 38 (45 ff.)

630 Trust Bank van Afrika, Bpk. v Eksteen, 1964 (3) SA 402 (AD) 410 f.

Gericht die Befugnis besitze, „ons gemene reg“ durch das Recht irgendeines anderen Landes zu ersetzen.[631] Demnach dürfte unzweifelhaft sein, dass die Entscheidung in *Shifren* von englischen Einflüssen zu Schriftformklauseln frei ist.

E. Die 50er Jahre im Südafrikanischen Recht / Harris

Wie oben bereits festgestellt, wurde die Rechtsprechung zu Schriftformklauseln im südafrikanischen Recht zunehmend restriktiver. Es bleibt daher zu hinterfragen, ob eine Erklärung für die Rechtsprechung in *Shifren* in den 50er Jahren des letzten Jahrhunderts gefunden werden kann.

In der im Jahre 2002 ergangenen Entscheidung des *Supreme Court of Appeal* in *Brisley v Drotsky*[632] legt das Gericht die Vermutung nahe, dass die *Shifren* Entscheidung Folge der zuvor ergangenen Entscheidung *Harris and Others v Minister of the Interior and Another*[633] ist. Das Gericht führt aus,[634] dass die *Shifren*-Entscheidung in ihrem historischen Kontext gesehen werden müsse. Kurz vor deren Erlass habe es eine Verfassungskrise gegeben, in der das damalige Parlament eine doppelt abgesicherte Verfassungsnorm (*verskanste statutere bepaling*)[635] mittels einfachen Mehrheitsentscheids umgehen wollte. Der *Supreme Court of Appeal* (damals noch *Appellate Division* genannt), habe in der ersten *Harris* Entscheidung[636] entschieden, dass ein solches Vorgehen nicht möglich sei. In *Shifren* sei eine Beweisführung analog der in der *Harris* Entscheidung vorgebracht worden: Erstens könnten selbst auferlegte Beschränkungen auf dieselbe Weise aufgehoben werden, wie sie zustande kommen können und damit durch bloße Übereinkunft, und zweitens stelle die Beschränkung der Möglichkeit, die Schriftformklausel mündlich aufzuheben, eine Beschränkung der Befugnis der Parteien dar, ihre Vertragsfreiheit (im Falle des Parla-

631 Siehe hierzu auch Zimmermann, Das römisch-holländische Recht in Südafrika, 36 f.

632 Hierzu ausführlich oben Kap. 2 B VIII 3.

633 Harris and Others v Minister of the Interior and Another, 1952 (2) SA 428 (A).

634 Brisley v Drotsky, 2002 (4) SA 1 (SCA) (10 f.).

635 Hierzu sogleich.

636 Harris and Others v Minister of the Interior and Another, 1952 (2) SA 428 (A). Der Vorsitzende Richter in Shifren (Steyn) hat dieses Urteil nicht mit erlassen. Es folgte noch eine weitere Harris Entscheidung (Minister of the Interior v Harris, 1952 (4) SA 769 (AD)), die allerdings eine andere Frage betraf und nicht mit der ersten Verwechselt werden darf, hierzu sogleich.

ments die parlamentarische Souveränität) zum Zeitpunkt der Vertragsänderung auszuüben.

Das Gericht zieht hier ersichtlich eine Parallele zwischen der Bindung des Gesetzgebers an Verfassungsbestimmungen, deren Änderung verfassungsrechtlich durch das Erfordernis qualifizierter Mehrheit erschwert wird, und der Bindung von Vertragsparteien an eine einmal vereinbarte Schriftformklausel: Wenn die Legislative beim Erlass von Gesetzen an zuvor erlassene Verfassungsbestimmungen gebunden ist und sich von einer solchen Bindung nicht durch einfache Mehrheit lösen kann, müssten auch Vertragsparteien an ihre einmal vereinbarte Schriftformklausel gebunden werden und diese im Nachhinein beachten.

Bei einem Autor, der sich mit der Wirkung der *Harris* Entscheidung in England auseinandersetzt, findet sich der folgende Satz:

> „The mere existence of procedural restrictions on Parliament does not prevent the passing or repeal of any Act by Parliament provided it is done in the manner and form prescribed by the law. Parliament is still legally sovereign because no body can dictate to Parliament and because it cannot pass any Act which it cannot subsequently repeal."[637]

Überträgt man dieses Zitat auf die Situation bei der Vereinbarung von Schriftformklauseln wird deutlich, welche Parallele das Gericht in *Brisley v Drotsky* vermutlich ziehen wollte; der Satz lautet dann wie folgt:

> „The mere existence of a formal requirement agreed upon by the parties does not prevent the parties form varying any provision of the contract provided it is done in the manner and form prescribed by the parties."

I. Die *Shifren* Entscheidung als Folge der *Harris* Entscheidung

Davon abgesehen, dass der Brückenschlag zwischen der Bindung des Parlaments an die Verfassung und der Vertragsparteien an ihren Vertrag dogmatischen Schwierigkeiten begegnet, erscheint bei einer genaueren Betrachtung der *Harris* Entscheidung und ihrer Folgen der Schluss des Gerichts in *Brisley v Drotsky*, *Shifren* als Folge der *Harris* Entscheidung zu sehen, keineswegs zwingend.

---

637 Gray, Toronto Law Journal 1953, 54 (71).

1. Die Entscheidung des Gerichts in *Harris*

Gewiss darf die Bedeutung der Entscheidung der *Appellate Division* in *Harris* für das südafrikanische Recht nicht unterschätzt werden; in der Literatur wird sie folgendermaßen bewertet:

> "Harris will go down, not only in works on the constitutional law of the Union, but also in the general history books, as one of the most important decisions ever rendered by our courts."[638]

Die Entscheidung fand auch international, insbesondere in England, Beachtung.[639] Allerdings ist sie – soweit ersichtlich - vorrangig für das Verfassungsrecht und nicht für das Vertragsrecht von Bedeutung.

a) Die Vorgeschichte der Harris Entscheidung

Zum Verständnis des Einflusses der *Harris* Entscheidung auf das Verfassungs- und zumindest nach Ansicht der Richter in *Brisley v Drotsky* auch auf das Vertragsrecht, ist es unerlässlich, eine kurze Einführung in die Vorgeschichte der *Harris* Entscheidung zu geben.

In *Harris* hatte die *Appellate Division* die Frage zu beantworten, ob die Gesetzgebung an Vorschriften des *South Africa Act* (*SAA*) gebunden ist, die eine Zweidrittelmehrheit für Gesetzesänderungen vorsahen. Der *SAA* war zur Zeit der *Harris* Entscheidung die Verfassung der Südafrikanischen Union. Diese jedoch hatte sich der südafrikanische Gesetzgeber ob der Vorherrschaft des Britischen Weltreichs nicht selbst geben. Vielmehr waren im Jahre 1908 Delegierte der Parlamente der beiden ehemaligen britischen Kolonien, der Kap-Provinz und Natal, sowie der beiden ehemaligen Burenrepubliken Transvaal und Orange Free State in Durban zusammen gekommen[640] um einen Verfassungsentwurf für eine zukünftige Südafrikanische Union zu entwerfen. Dieser wurde dann im Jah-

638 Kahn, Annual Survey 1952, 1.

639 Artikel hierzu erschienen u.a. im Modern Law Review (Cowen, Legislature and Judiciary: Reflections on the Constitutional Issues in South Africa, MLR 1953, 273), im University of Toronto Law Journal (Gray, The Sovereignty of Parliament Today, 1953, 54), im Harvard Law Review (Griswold, The Demise of the High Court of Parliament in South Africa, 1953, 66) und im Canadian Bar Review (McWhinney, Court versus Legislature in the Union of South Africa: The Assertion of a Right of Judicial Review, 1953, 52) sowie in der ZfaöRuVöR (Unverzagt, Der Verfassungsstreit in der Südafrikanischen Union um das Wahlgesetz von 1951, 1953-1954, 218 ff.).

640 Unter dem Vorsitz von Lord de Villiers (zu seiner Person siehe oben).

re 1909 mit wenigen Änderungen vom britischen Parlament als sog. *SAA*[641] verabschiedet und trat nach der Genehmigung durch die englische Krone am 31.3.1910 in Südafrika in Kraft.

Im Rahmen der Diskussion um diese Verfassung wurde insbesondere erörtert, unter welchen Voraussetzungen in Zukunft Änderungen der Verfassung durch Gesetz möglich sein sollten.[642] In Hinblick auf das im Rahmen der *Harris* Entscheidung in Rede stehende Wahlrecht wurde festgelegt, dass allen Personen, denen zum damaligen Zeitpunkt in der Kap-Provinz[643] ein Wahlrecht zustand, dieser wahlrechtliche Status aus Gründen ihrer Rasse oder Hautfarbe durch Gesetz nur dann wieder entzogen werden können sollte, wenn das Parlament (dieses besteht aus Abgeordnetenhaus (*House of Assembly*) und Senat (*Senate*)), in einer gemeinsamen Sitzung beider Häuser des Parlaments mit Zweidrittelmehrheit entscheidet (Sec. 35 *SAA*[644]). Sec. 152 *SAA*[645] sicherte Sec. 35

---

641 9 Edward VII, c. 9. Zum Ganzen ausführlich Cowen, SALJ 1953, 238 (244).

642 Von einigen Ausnahmen abgesehen, konnten alle Artikel der Verfassung durch das Parlament geändert werden. Hierfür waren lediglich drei verschiedene Verfahren vorgesehen: Grundsätzlich konnten Verfassungsänderungen durch den König, den Senate und das House of Assembly mit einfacher Mehrheit in getrennten Sitzungen beschlossen werden. Für den Fall, dass Senate und House of Assembly uneinig sind, sollte in einer gemeinsamen Sitzung beider Häuser mit einfacher Mehrheit entschieden werden. Eine Änderung des Wahlrechts sollte nur in einer gemeinsamen Sitzung beider Häuser mit Zweidrittelmehrheit beschlossen werden können. Siehe zum ganzen auch Cowen, SALJ 1953, 238, (238 ff.).

643 Da die vier genannten Landesteile sich unterschiedlich entwickelt hatten, gab es auch eine unterschiedlich Auffassung zur Rassenfrage. In der Kap-Kolonie wurden die weitgehendsten Rechte gewährt, weshalb diese in Sec. 35 SAA aufgenommen wurden; hierzu ausführlich Unverzagt, ZfaöRuVöR 1953-1954, 217 (220 ff.).

644 Sec. 35 lautet: "(1) Parliament may by law prescribe the qualifications which shall be necessary to entitle persons to vote at the election of members of the House of Assembly, but no such law shall disqualify any person (other than a Native, as defined in section 1 of the Representation of Natives Act, 1936) in the Province of the Cape of Good Hope who, under the laws existing in the Colony of the Cape of Good Hope at the establishment of the Union, is or may become capable of being registered as a voter from being so registered in the Province of the Cape of Good Hope by reason of his race or colour only or disqualify any native, as so defined, who under the said Act would be or might become capable of being registered in the Cape native voters' roll instituted under the Act from being so registered, or alter the number of the members of the House of Assembly who in terms of the said Act may be elected by the persons registered in the said roll, unless the Bill embodying such disqualification or alteration be passed by both

SAA dadurch weiter ab, dass auch im Falle einer Verfassungsänderung Sec. 35 *SAA* nur unter Einhaltung derselben Gesetzgebungsvoraussetzungen abgeändert werden durfte.[646] Sowohl Sec. 35 *SAA* als auch Sec. 152 *SAA* werden daher als „*entrenched sections*“ bezeichnet; Sec. 35 *SAA* ist demzufolge eine doppelt abgesicherte Verfassungsnorm.

Im Jahre 1951 – mithin nach der Machterlangung der *National Party* 1948[647] – erließ das Parlament den *Separate Representation of Voters Act* (*Vote Act*)[648], durch den die bis dahin existierende einheitliche Wählerliste durch zwei neue Listen ersetzt werden sollte, wobei auf einer Liste Europäer und auf der anderen Nichteuropäer[649] aufgeführt werden sollten. Nichteuropäer sollten fortan ihre eigenen, weißen Vertreter wählen, vier für das Abgeordnetenhaus und zwei für die *Cape Provincial Division*, also die Provinzlegislative. Im Senat sollten die Nichteuropäer fortan durch einen von der Regierung ernannten Senator vertreten

---

Houses of Parliament sitting together, and at the third reading be agreed to by not less than two-thirds of the total number of members of both Houses. A Bill so passed at such joint sitting shall be taken to have been duly passed by both Houses of Parliament. (2) No person (other than a native as so defined) who at the passing of any such law is registered as a voter in any province shall be removed from the register by reason only of any disqualification based on race or colour.”

645 Sec. 152 lautet: “Parliament may by law repeal or alter any of the provisions of this Act: Provided that no provision thereof, for the operation of which a definite period of time is prescribed, shall during such period be repealed or altered: And provided further that no repeal or alteration of the provisions contained in this section, or in sections 33 and 34 (until the number of members of the House of Assembly has reached the limit therein prescribed, or until a period of ten years has elapsed after the establishment of the Union, whichever is the longer period), or in sections 35 and 137, shall be valid unless the Bill embodying such repeal or alteration shall be passed by both Houses of Parliament sitting together, and at the third reading be agreed to by not less than two-thirds of the total number of members of both Houses. A Bill so passed at such joint sitting shall be taken to have been duly passed by both Houses of Parliament.”

646 Hierzu ausführlich Cowen, SALJ 1953, 238 (238 ff.).

647 Zur Apartheidgesetzgebung siehe die ausführliche Studie von Landis, Yale Law Journal 1961-1962, 1 ff., 438 ff.

648 Act 46 of 1951; ausführlich zum Hintergrund dieses Gesetzes Kahn, Annual Survey 1951, 1 ff. und 1952, 1 ff.

649 Schwarze wurden bereits seit Erlass des Representation of Natives Act, Act 12 of 1936, separat repräsentiert. Daher fallen unter den Separate Representation of Voters Act nur noch Kapmalaien, Coloureds, Inder, etc.

werden. Dieser *Vote Act* wurde jedoch nicht in einer gemeinsamen Sitzung des *Senate* und des *House of Assembly* erlassen, sondern in getrennten Sitzungen; die in Sec. 35 des *South Africa Act* vorgesehenen qualifizierten Gesetzgebungsvoraussetzungen wurden mithin nicht eingehalten. Die *Appellate Division* musste nun zum einen entscheiden, ob der *Vote Act* in den Anwendungsbereich der Sec. 35 *SAA* fällt und damit die dort vorgesehenen Voraussetzungen erfüllt werden mussten, und zum anderen, ob der *South Africa Act* überhaupt noch wirksam ist, der Gesetzgeber mithin noch an die Vorgaben der Verfassung gebunden ist. Darüber hinaus war streitig, ob es den Gerichten der Südafrikanischen Union obliegt, die Gesetzgebung durch eine Prüfung der Einhaltung der besonderen Gesetzgebungsvoraussetzungen zu kontrollieren.

b) Die Entscheidung in Harris

Die *Appellate Division* entschied, dass der *Vote Act* unwirksam ist. Es wurde unproblematisch angenommen, dass das Gesetz gegen die in Sec. 35 *SAA* gewährleisteten Rechte verstoße, denn Sec. 35 *SAA* garantiere, dass die Erfassung von Wählern auf jedweder Wählerliste nicht von deren Rasse oder Hautfarbe abhängig gemacht werden dürfe. Es komme nicht darauf an, dass die Voraussetzungen für die Registrierung dieselben geblieben seien, denn Sec. 35 SAA schütze bestimmte Rechte und nicht deren Äquivalent. Eine Streichung der Wähler von der bis dato bestehenden Wählerliste verstoße damit gegen Sec. 35 *SAA*. Unbestritten war weiterhin, dass das Parlament seit Inkrafttreten des *South Africa Act* im Jahre 1910 an die in Secs. 35, 152 *SAA* genannten Gesetzgebungsvoraussetzungen gebunden war,[650] mithin ein das in Sec. 35 *SAA* gewährleistete Wahlrecht einschränkendes Gesetz ohne Zweidrittelmehrheit in einer gemeinsamen Sitzung beider „Häuser“ nicht beschließen konnte.[651] Streitig war hingegen, ob der Gesetzgeber noch an die in Secs. 35 und 152 *SAA* niedergelegten Vorgaben gebunden war. Von den Vertretern der Regierung wurde hierzu vorgetragen, dass die genannten Vorschriften durch den Erlass des *Westminster Statuts*[652] aufgehoben worden seien.[653] Denn das Westminster Statut habe dem

---

650 Hierzu Cowen, Modern Law Review, 1952, 282 (287); ders., SALJ 1953, 238 (264); Gray, Toronto Law Journal, 1953-1954, 54 (56).

651 Harris and Others v Minister of the Interior and Another, 1952 (2) SA 428 (A) (456).

652 22 Geo. V Ch. 4., abgedruckt in der ZfaöRuVöR 1933, Teil 2, 286 ff.

653 In Rede stand Sec. 2 (2) des Statute of Westminster, die folgendermaßen lautet: „No law and no provision of any law made after the commencement of this Act by the Parliament of a Dominion shall be void or inoperative on the ground that it is repugnant to the law of England, or to the provisions of any existing or future Act of Parliament of

Parlament neue Rechte verliehen und damit die Wirkungen der sog. „*entrenched sections*“ aufgehoben.[654] Weiterhin könne das Parlament der Südafrikanischen Union als souveränes Parlament ungeachtet der Secs. 35 und 152 *SAA* in jeder beliebigen Verfahrensweise, also in getrennten oder gemeinsamen Sitzungen beider Häuser, bestehende Gesetze ändern.[655] Insbesondere könnten vom Parlament erlassene Gesetze aufgrund der Souveränität des Parlaments, nicht durch die Gerichte überprüft werden.[656] Das in Rede stehende, durch das britische Parlament erlassen *Westminster Statut* aus dem Jahre 1931 verlieh den Herrschaftsgebieten des Britischen Commonwealth und damit auch der Südafrikanischen Union formal die völlige gesetzgeberische Unabhängigkeit. Die zuvor bestehenden, die Reichweite und den Inhalt der Gesetzgebung betreffenden Beschränkungen, wurden aufgehoben.[657] Dass die Südafrikanische Union seit Erlass des *Statuts von Westminster* ein autonomer, in keiner Weise einem anderen Staat der Welt untergeordneter Staat sei, erkannte auch die *Appellate Division* an.[658] Darüber hinaus treffe das *Westminster Statut* aber keine für die Gesetzgebung der Südafrikanischen Union maßgeblichen Festsetzungen. Es habe weder ausdrück-

---

the United Kingdom, or to any order, rule or regulation made under any such Act, and the powers of the Parliament of a Dominion shall include the power to repeal or amend any such Act, order, rule or regulation in so far as the same is part of the law of the Dominion."

654 Auf das Vorbringen, dass die fragliche Bestimmung zumindest durch den Statuts of the Union Act, 1934, aufgehoben worden seien, äußert die Appellate Division lediglich, dass die Bestimmungen, wenn sie schon nicht durch das Westminster Statut aufgehoben worden seien, erst Recht nicht durch den Status of the Union Act aufgehoben worden seien. Der durch das südafrikanische Parlament erlassene Status of the Union Act legte ausdrücklich fest, dass das südafrikanische Parlament nunmehr der oberste Gesetzgeber der Union sei. Dessen Sec. 2 legte fest: „The Parliament of the Union shall be the sovereign legislative power in and over the Union, and notwithstanding anything in any other law contained, no Act of the Parliament of the United Kingdom … passed after the eleventh day of December, 1931, shall extend, or be deemed to extend, to the Union as part of the law of the Union, unless extended thereto by an Act of the Parliament of the Union."

655 Harris and Others v Minister of the Interior and Another, 1952 (2) SA 428 (A) (442).

656 Harris and Others v Minister of the Interior and Another, 1952 (2) SA 428 (A) (442 f.).

657 Vor Erlass des Westminster Statuts war das britische Parlament den Parlamenten der Herrschaftsgebiete überlegen und konnte Gesetze für diese Gebiete erlassen; zudem konnten die Parlamente der Herrschaftsgebiete keine Gesetze erlassen, die solchen des britischen Parlaments zuwider liefen.

658 Harris and Others v Minister of the Interior and Another, 1952 (2) SA 428 (A) (468).

lich noch konkludent die Voraussetzungen für die Gesetzgebung in der Südafrikanischen Union geändert.[659] Bereits vor Erlass des *Westminster Statuts* habe das Parlament alle Befugnisse gehabt, um die Verfassung in der vorgeschriebenen Weise zu ändern. Dieses bisherige für Verfassungsänderungen vorgesehene Verfahren habe das Westminster Statut nicht ändern wollen.[660] Daher sei das Parlament an die Vorgaben der Secs. 35, 152 *SAA* gebunden.[661]

Dem stehe auch die durch das *Westminster Statut* verliehene Souveränität der Südafrikanischen Union nicht entgegen, da zwischen der Souveränität der Südafrikanischen Union und der ihres Parlaments zu unterscheiden sei. Ein Staat sei auch dann souverän, wenn er kein vollends souveränes Parlament habe.

> „In the case of the Union, legal sovereignty is or may be divided between Parliament as ordinarily constituted and Parliament as constituted under ... Section 152".[662]
>
> „To say that the Union is not a sovereign state, simply because its Parliament functioning bicamerally has not the power to amend certain sections of the South Africa Act, is to state a manifest absurdity."[663]

Daher seien die Gerichte der Südafrikanischen Union auch dafür zuständig, Gesetze für unwirksam zu erklären, weil sie nicht in Übereinstimmung mit den Vorschriften des *SAA* zustande gekommen seien.

> „If the 1951 Act were declared by it [the court] to be invalid, the court would simply be "exercising a duty which it owes to persons whose rights are entrenched by Statute; its duty is simply to declare and apply the law and it would be inaccurate to say that the Court in discharging that duty is controlling the Legislature."[664]

---

659 Harris and Others v Minister of the Interior and Another, 1952 (2) SA 428 (A) (469): „But there is nothing in that part of ... the Statute of Westminster ... to justify the inference that there was any intention to repeal or modify the provisions of sec. 152 of the South Africa Act."

660 Harris and Others v Minister of the Interior and Another, 1952 (2) SA 428 (A) (463); zum Wortlaut der Sec. 2 (2) des Westminster Statuts siehe oben Fn. 653.

661 „It is the South Africa Act, and not the Statute of Westminster, which prescribes the manner in which the constituent elements of parliament must function for the purpose of passing legislation..." (Harris and Others v Minister of the Interior and Another, 1952 (2) SA 428 (A) (464)).

662 Harris and Others v Minister of the Interior and Another, 1952 (2) SA 428 (A) (464).

663 Harris and Others v Minister of the Interior and Another, 1952 (2) SA 428 (A) (468).

664 Harris and Others v Minister of the Interior and Another, 1952 (2) SA 428 (A) (456, 470).

Die *Appellate Division* hob ausdrücklich das zuvor in *Ndlwana v Hofmeyer*[665] ergangene Urteil auf. Dort war das Gericht noch davon ausgegangen, dass das Parlament nicht mehr an die im *South Africa Act* niedergelegten Gesetzgebungsvoraussetzungen gebunden sei. Es sei vielmehr Sache der drei konstituierenden Teile des Parlaments (König, Senat und Abgeordnetenhaus) jede ihnen geeignet erscheinende Verfahrensweise zu wählen:

> „Parliament, composed of its three constituent elements, can adopt any procedure it thinks fit; the procedure express or implied in the South Africa Act is so far as Courts of Law are concerned at the mercy of Parliament like everything else."[666]

In *Harris* entschied das Gericht, dass es dem Parlament durch dieses Urteil ermöglicht werde, Personen verfassungsrechtlich gewährleistete Rechte durch einfache Mehrheit zu entziehen. Aus diesem Grund allein müsse das Gericht *Ndlwana v Hofmeyer* aufheben.

c) Folgerungen

Zwar hat die Appellate Division es in *Harris* dem Parlament untersagt, eine doppelt abgesicherte Verfassungsnorm mittels einfachen Mehrheitsentscheids zu umgehen. Insoweit ist die Entscheidung in *Brisley v Drotsky* also richtig.

Hinsichtlich der Vergleichbarkeit der Beweisführung in *Shifren* und *Harris* muss jedoch differenziert werden. Die Beweisführung der Anwälte des Innenministers ist nicht darauf gestützt, dass selbst auferlegte Beschränkungen auf dieselbe Weise wieder aufgehoben werden können, wie sie zustande gekommen sind. Denn dann hätte die Berufungserwiderung darauf gestützt sein müssen, dass Gesetze so wieder aufgehoben werden können, wie sie erlassen werden können, und damit durch ein in getrennten Sitzungen beider Häuser erlassenes Gesetz, an dem die konstituierenden Teile des Parlaments – König, Abgeordnetenhaus und Senat – beteiligt sind (sog. *„ordinary process of law-making"*). In der Berufungserwiderung heißt es hingegen:

> „Since the Statute of Westminster the Union Parliament can validly legislate repugnantly to any British Statute and no Court of law has the power to declare any Act of the Union Parliament invalid."[667]

665 Ndlwana v Hofmeyer, 1937 AD 229.

666 Ndlwana v Hofmeyer, 1937 AD 229 (238).

667 Harris and Others v Minister of the Interior and Another, 1952 (2) SA 428 (A) (439).

Die Erwiderung ist mithin darauf gestützt, dass die "*entrenched sections*" bereits durch das *Westminster Statut* aufgehoben wurden und nicht darauf, dass das Parlament durch den *Vote Act* diese Bestimmungen aufgehoben hat:

> „Therefore those provisions of secs. 35 and 152 of the South Africa Act ... are irreconcilable with sec. 2 of the Statute of Westminster and thereby repealed."[668]

Auch das Gericht weist in seinem Urteil an keiner Stelle ausdrücklich darauf hin, dass das Parlament an selbstauferlegte Beschränkungen solange gebunden werden müsse wie es diese nicht formgerecht aufgehoben habe. Vielmehr begründet das Gericht seine Entscheidung damit, dass die in der Verfassung erhaltenen Bestimmungen trotz des *Westminster Statuts* immer noch wirksam seien (Sec. 35, 152 *SAA*) und das Parlament deshalb an dieses Gesetz gebunden sei. Eine Aufhebung der Secs. durch den *Vote Act* zieht das Gericht nicht in Betracht.

Insoweit ist die Beweisführung in *Harris* also nicht vergleichbar mit der in *Shifren*.

Weiterhin bringen die Richter in *Brisley v Drotsky* vor, dass es in *Harris* eine vergleichbare Beweisführung zu derjenigen gegeben habe, dass eine Beschränkung der Möglichkeit, die Schriftformklausel mündlich zu ändern, eine Beschränkung der Befugnis der Parteien darstellt, ihre Vertragsfreiheit auszuüben. In *Harris* hätte die Beweisführung daher darauf gestützte sein müssen, dass eine Erschwerung der Gesetzgebungsmöglichkeiten durch das Erfordernis einer qualifizierten Mehrheit die parlamentarische Souveränität einschränke. Diese Beweisführung ist tatsächlich zu finden:

> „Alternatively, even if the provisos to secs. 35, 137 and 152 do not constitute a special Legislature but are to be regarded merely as requiring Parliament to adopt, for the purpose of legislation on the subjects therein referred to, a special and abnormal procedure which is more difficult than the ordinary process of law-making, they still imposed limitations on the powers of Parliament and would still be sufficient to make it a non-sovereign Parliament."[669]

Somit ist die Aussage der Richter in *Brisley v Drotsky* nur teilweise richtig. Die *Shifren* Entscheidung muss daher nicht zwingend als Folge der *Harris* Entscheidung bewertet werden. Erschwerend kommt hinzu, dass einzig in der Literatur vorgebracht wurde, dass sich ein Parlament nicht für die Zukunft an die Einhal-

---

668 Harris and Others v Minister of the Interior and Another, 1952 (2) SA 428 (A) (444).
669 Harris and Others v Minister of the Interior and Another, 1952 (2) SA 428 (A) (442).

tung einer bestimmten Form für seine Gesetzgebung binden könne.[670] Die Frage, ob ein Parlament sich selbst und seine Nachfolger an die Einhaltung bestimmter Voraussetzungen für die Gesetzgebung binden kann, war weder Gegenstand der Beweisführung noch Gegenstand des Urteils. Zu bedenken ist auch, dass Secs. 35 und 152 *SAA* wie der gesamte *South Africa Act* keine Normen sind, die sich der Gesetzgeber der Südafrikanischen Union zuvor selbst gegeben hatte, denn der *South Africa Act* wurde durch das Britische Parlament erlassen.[671] Insofern hat sich das Parlament der Südafrikanischen Union im Vorhinein nicht selbst an diese Vorgaben gebunden.

2. Weitere Gründe, dass Shifren nicht als Folge der *Harris* Entscheidung zu werten ist

Zudem ergeben sich aus zwei weiteren Aspekten Zweifel an der Ansicht des Gerichts in *Brisley v Drotsky*, dass die Bindung der Parteien an die Schriftformklausel in *Shifren* als Folge der *Harris* Entscheidung zu sehen ist.

a) Entscheidungen von 1957 und 1959

Zum einen gab es auch noch nach der Entscheidung in *Harris* Gerichte, die mündliche Änderungen eines ursprünglich mit einer Schriftformklausel versehenen Vertrags für wirksam hielten. 1957 entschied die *Witwatersrand Local Division* in *Sette v Saker*[672] in diesem Sinne, 1959 die *Natal Provincial Division* in *Fick v Crewe*[673]. Zwar handelt es sich hierbei um untere Gerichte. Es ist aber nicht davon auszugehen, dass diese Gerichte die Entscheidung in *Harris* übersehen haben, da die hierdurch ausgelöste Verfassungskrise das gesamte Land betraf und zudem auch weit über die Entscheidung in *Harris* hinausreichte. Erst 1960 hat der *High Court of Southern Rhodesia* in *Sotiriadis v Patel*[674] der Schriftformklausel ihre Wirksamkeit nicht abgesprochen. Dies jedoch nicht explizit mit der Begründung, dass die Parteien sich an ihre einmal vereinbarte Schriftform gebunden halten lassen müssen, sondern vielmehr damit, dass die Parteien durch die Vereinbarung der Schriftform ihre Vertragsfreiheit be-

---

670 „Parliament cannot bind itself as to the form of subsequent legislation, and therefore the provisions of a later Act, in so far as they are inconsistent with an earlier Act, must prevail." Wade, Cape Times, March 24, 1952, zitiert bei Cowen, Modern Law Review 1953, 273 (288).

671 Hierzu auch Cowen, Modern Law Review 1953, 273 (288).

672 Hierzu ausführlich oben Kap 2 B IV.

673 Hierzu ausführlich oben Kap. 2 B V.

674 Hierzu ausführlich oben Kap. 2 B VI.

schränkt und zudem ein Interesse daran hätten, Sicherheit darüber zu haben, welche Vereinbarungen sie getroffen haben. Zwar wird hier die Beschränkung der Vertragsfreiheit der Parteien als Argument für die Bindung der Parteien an die Schriftformklausel genannt, und somit die Beweisführung in *Harris* quasi umgekehrt,[675] trotzdem kann es reiner Zufall sein, dass diese Entscheidung auf einer Linie mit der später in *Shifren* ergangenen Entscheidung liegt. Zu bedenken ist weiterhin, dass zwischen den Entscheidungen in *Harris* und *Shifren* 12 Jahre liegen und die beiden bereits in den 50er Jahren ergangenen Entscheidungen zeigen, dass die Bindung der Parteien an die von ihnen vereinbarte Schriftformklausel nach der Entscheidung in *Harris* keineswegs zwingend war.

b) Der Vorsitzende Richter in Shifren: Steyn

Weiterhin ist zweifelhaft, ob der 1964 der *Appellate Division* vorsitzende Richter *Steyn*, der das Urteil in *Shifren* formuliert hat, einer so starken Beeinflussung durch die Entscheidung in *Harris* unterlag, dass er deren Sinngehalt auf das Vertragsrecht übertrug. Es ist vielmehr wahrscheinlich, dass *Steyn*, wenn er zur Zeit der Entscheidung in *Harris* bereits Vorsitzender Richter der *Appellate Division* gewesen wäre, diese Entscheidung zumindest nicht mitgetragen hätte, folglich ein abweichendes Urteil formuliert hätte (*dissenting judgement*), was wiederum dagegen spricht, dass er 12 Jahre später die *Harris* Entscheidung auf das Vertragsrecht übertragen hat.

Steyn wäre vermutlich – unter Berufung auf die *stare decisis* Regel[676] – der vor *Harris* ergangenen Entscheidung in *Ndlwana v Hofmeyer*[677] gefolgt, die die *Appellate Divison* in *Harris* zunächst aufheben musste, um zur Wirksamkeit des *Vote Act* gelangen zu können.[678] Denn auch die *Cape Provincial Division* hatte

---

675 Dort wurde die Beschränkung der parlamentarischen Souveränität des Parlaments als Argument dafür vorgebracht, dass eine Gesetzesänderung im sog. „ordinary process of law-making“ möglich sein müsse. Übertragen auf die Vertragsparteien hieße dies, dass die Beschränkung der Vertragsfreiheit der Parteien durch die Schriftformklausel nicht möglich ist und deshalb eine formlose Änderung erfolgen kann.

676 Hierzu oben Einleitung C.

677 Ndlwana v Hofmeyer, N.O., 1937 AD 229.

678 In Harris hat sich das Gericht ausführlich damit auseinandergesetzt, warum es ausnahmsweise der Entscheidung in Ndlwana v Hofmeyer nicht folgen könne und von der stare decisis Regel abweichen müsse. Es kommt zu folgendem Schluss: „That decision [Ndlwana v Hofmeyer], if correct, enabled Parliament to deprive by a bare majority in each House sitting separately individuals of rights which were solemnly safeguarded in the Constitution of the country. This is a potent reason why this Court, on being satis-

sich in der Vorinstanz der *Harris* Entscheidung noch für an die Entscheidung in *Ndlwana v Hofmeyer* gebunden gehalten und sich auf Grund dieser Entscheidung für die Wirksamkeit des *Vote Act* entschieden.[679] Ob der Entscheidung der *Appellate Division* in *Ndlwana v Hofmeyer* sei sie nicht berechtigt, die Rechtsgültigkeit eines Parlamentsgesetzes zu prüfen. An diese Entscheidung sei sie trotz Bedenken gegen deren Richtigkeit gebunden. In *Ndlwana v Hofmeyer* hatte die *Appellate Division* entschieden, dass der Gesetzgeber seit Erlass des *Statute of Westminster* nicht mehr an eine bestimmte Form für die Gesetzgebung „gefesselt" sei und souverän sei.[680] Es müssten lediglich die drei konstituierenden Bestandteile des Parlaments – König, Senat und Abgeordnetenhaus tätig werden.[681] Weiterhin entschieden die Richter, dass es den Gerichten nicht obliege, zu überprüfen, in welcher Form das Parlament entschieden habe, mithin in getrennten Sitzungen oder in einer gemeinsamen Sitzung.[682] Vielmehr sei das Parlament Herr des Verfahrens. Eine Berufung auf das in *Ndlwana v Hofmeyer* gefällte Urteil erscheint auch deshalb nahe liegend und möglich, weil diesem auch ein ähnlicher Sachverhalt wie in *Harris* zugrunde liegt.[683]

Durch eine Berufung auf die *stare decisis* Regel und eine Fortführung der in *Ndlwana v Hofmeyer* gefällten Entscheidung, hätte *Steyn* dem *Vote Act* – der die Trennung von Weißen und Farbigen weiter vertiefte – zur Wirksamkeit verhol-

---

fied that its previous decision was wrong, should not hesitate in declaring the error of that decision. ... I am of opinion that, ... this Court, however reluctant it is to depart from decisions of its own, is bound to refuse to follow Ndlwana's case." (Harris and others v Minister of the Interior and another, 1952 (2) SA 428 (A) 472)).

679 Harris v Dönges, N.O., 1951 (4) SA 707 (C), hierzu Kahn, Annual Survey 1952, 2 f.

680 Ndlwana v Hofmeyer, N.O., 1937 AD 229 (237).

681 Ndlwana v Hofmeyer, N.O., 1937 AD 229 (238).

682 Ndlwana v Hofmeyer, N.O., 1937 AD 229 (238).

683 In diesem Fall ging es um die Wirksamkeit des Representation of Natives Act (Act 12 of 1936), durch den Schwarze unter anderem von der Wählerliste gestrichen wurden und fortan durch weiße Vertreter getrennt repräsentiert werden sollten. Dieses Gesetz war mit Zweidrittelmehrheit in einer gemeinsamen Sitzung beider Häuser, und damit in der durch Sec. 35 SAA vorausgesetzten Art und Weise erlassen worden. Diesmal versuchte Ndlwana, ein Native, seine Streichung von der Wählerliste dadurch zu verhindern, dass er vor Gericht vorbrachte, der Representation of Natives Act unterfalle nicht Sec. 35 SAA und habe deshalb in einer getrennten Sitzung beider Häuser verabschiedet werden müssen. Das Gericht entschied, dass der Act sehr wohl unter Sec. 35 SAA falle und daher wirksam erlassen worden sei. Darüberhinaus sei das Parlament seit dem Statut von Westminster souverän und könne entscheiden, wie es ihm beliebe, solange House of Assembly, Senate und König an der Gesetzgebung beteiligt seien.

fen. Da *Steyn* ein Verfechter des Apartheid Systems war, und demzufolge auch der Apartheid Gesetzgebung zugetan war, dürfte die Streichung der Nichteuropäer von der gemeinsamen Wählerliste in seinem Interesse gelegen haben. Bei *Cameron*, einem späteren *Supreme Court* Anwalt und Lehrenden an der Witwatersrand Universität heißt es in anderem Zusammenhang:

> "The only explanation is that Steyn unlike many of his fellow judges at that time, was manifestly in sympathy with legislative enactments enforcing a regime of separation and discrimination in SA."[684]

Zu dieser Aussage kommt *Cameron* anhand einer Analyse verschiedener Urteile[685] in denen *Steyn* beispielsweise den *Group Areas Act*[686] extensiv auslegt und durchsetzt[687], durch den es Nichtweißen untersagt wurde, in bestimmten Gegenden, insbesondere Innenstädten zu wohnen, mithin in der ganzen Südafrikanischen Union separate Gegenden für jede Rasse ausgezeichnet wurden, in der diese wohnen und Handel treiben durfte.[688] Anders als viele seiner Kollegen, die aufgrund ihrer grundrechtsbeschränkenden Wirkung eine restriktive Auslegung der Apartheidgesetze betrieben, wandte *Steyn* sie in extensivem Maße an. Dieser Sympathie mit dem Apartheidgesetzgeber ist es auch zu verdanken, dass *Steyn* über die Köpfe der Richter *Schreiner*[689] und *Hoexter* hinweg, und damit vorzeitig, Chief Justice der *Appellate Division* wurde.[690] Seiner apartheidsfreundlichen

---

684 Cameron, SALJ 1982, 38 (68).

685 Aufschlussreich ist auch die Kritik Steyns an dem Urteil in Dadoo Ltd v Krugersdorp Municipal Council, 1920 AD 530 in seinem Buch De Uitleg van Wette, 1946 und sein Minderheitsvotum in Minister of the Interior v Machadodorp Inverstments (Pty) Ltd., 1957 (2) SA 395 (A). Hierzu ausführlich Cameron, SALJ 1982, 38 (62 ff., 64 ff.).

686 Act 77 of 1957.

687 Cassem v Oos-Kaapse Komitee van die Groepsgebiederaad, 1959 (3) SA 651 (A); Down v Malan N.O., 1960 (2) SA 734 (A); Group Areas Development Board v Hurley N.O., 1960 (2) SA 734 (A); Soloojee N.O. v Minister of Community Development, 1965 (2) SA 135 (A).

688 Zum Group Areas Act ausführlich Landis, Yale Law Journal 1961-1962, 1 (20 ff.)

689 Zu seiner Person Kahn, SALJ 1980, 566. Schreiner hatte ausdrücklich seine Verachtung für das nationalistische Regime zu erkennen gegeben und dies in der Collins Entscheidung (siehe unten Kap. 3 E I 2 c) noch dadurch zum Ausdruck gebracht, dass er als einziger von 15 Richtern ein Minderheitsvotum abgab.

690 Hierzu Cameron, SALJ 1982, 38 (39), der sich wie folgt ausdrückt: „His rise through the ranks of the judiciary to the chief justiceship in the space of a mere seven years and seven month can be described only as meteoric. The bald facts of his elevation leave no question but that he was the man marked by the new regime to be its chief judicial of-

Rechtsprechung konnte die Regierung auch deshalb sicher sein, weil *Steyn* ihr kein Unbekannter war. Er war von 1928 bis 1951 im öffentlichen Dienst tätig gewesen und hatte zuletzt den Posten des *Chief Law Adviser to the Government* inne.[691] Als Beispiel für *Steyns* Rechtsprechung soll der Fall *R v Pitje*[692] dienen. In diesem Fall war ein schwarzer „Referendar" (*clerk in articles to an attorny*), als er für seinen Mandanten vor Gericht erschien, durch den Gerichtsdiener angewiesen worden, sein Plädoyer von einem Tisch aus zu halten, den der Richter extra für nichteuropäische Anwälte zur Seite gestellt hatte. Als sich der Referendar gegen die erneute Weisung des Richters, sich von dem europäischen Tisch zu entfernen und von dem nichteuropäischen Tisch aus zu sprechen, weigerte und um eine Erklärung für diese Anweisung bat, wurde er wegen Missachtung des Gerichts zu einer Geld- oder wahlweise Freiheitsstrafe verurteilt. Gegen diese Verurteilung klagte der Referendar und fand sich in der Berufung vor Richter *Steyn* wieder. In Frage stand die Rechtmäßigkeit der Anweisung und damit die Frage, ob vor südafrikanischen Gerichten eine Rassentrennung zulässig ist. *Steyn* hielt die Anweisung des Richters aus zwei Gründen für wirksam: Zum einen sei die Anweisung nicht an sich unverhältnismäßig, da Schwarzen dadurch, dass sie von einem anderen Tisch sprechen müssten, kein Nachteil entstehe. Zum anderen folge aus dem *Reservation of Separate Amenities Act*[693], dass die Gesetzgebung ein solches Vorgehen grundsätzlich gut heiße und dies zu einer „Unantastbarkeit" der Anweisung führe. Der *Reservation of Separate Amenities Act* hatte die Rassentrennung in allen öffentlichen Einrichtungen und dem Transportwesen eingeführt, um den Kontakt zwischen Weißen und Nichtweißen auf ein Minimum zu beschränken.[694] In dem Urteil in *R v Pitjes* heißt es:

> „It is clear that a practitioner would in every way be as well seated at the one table as at the other, and that he *could not possibly* have been *hampered in the slightest* in the conduct of his case by having to use a particular table. Although I accept that no action was taken under the 1953 Act [the *Reservation of Separate Amenities Act*], the fact that such action could have been taken is not entirely irrelevant. It shows that the distinction drawn by the provision of separate tables in this magistrate's court, is of a nature *sanctioned by the legislature*, and makes it more difficult to at-

---

ficer."

691 Hierzu Cameron, SALJ 1982, 38 (39).

692 R v Pitje, 1960 (4) SA 709 (A).

693 Act 49 of 1953.

694 Die Einrichtungen für Weiße und Nichtweiße mussten selbstredend nicht gleich gut ausgestattet sein. „Europeans Only" und „Non-Europeans Only" Schilder prägten fortan das öffentliche Bild.

tack the validity of the magistrate's order on the ground of unreasonableness."[695] (Hervorhebungen des Verf.)

Die Tatsache, dass *Steyn* es für ausgeschlossen hält, dass der Referendar durch die Anweisung des Richters im Geringsten beeinflusst worden sei, spricht für sich. Selbst die Trennung der Rassen vor Gericht befindet *Steyn* völlig unproblematisch für zulässig. Zur Begründung zieht er sogar den *Reservation of Separate Amenities Act* heran, obwohl die Maßnahme des Richters nicht einmal auf Grund dieses Gesetzes ergangen war. Allein die Tatsache, dass die Regierung eine Trennung von Schwarz und Weiß vor Gericht billigen würde, reicht ihm aus.

Zusammenfassend lässt sich festhalten, dass eine Entscheidung wie die in *Harris*, durch die der *Vote Act* für unwirksam erklärt wurde, *Steyns* Zustimmung mit an Sicherheit grenzender Wahrscheinlichkeit nicht gefunden hätte. Es ist deshalb unwahrscheinlich, dass er sich 12 Jahre später von der Beweisführung in diesem Fall hat beeinflussen lassen. Die in *Shifren* vorgenommene Bindung der Parteien an die Schriftformklausel bedeutet zudem eine Beschränkung der Vertragsfreiheit der Parteien im Zeitpunkt der Vertragsänderung; übertragen auf das Parlament also eine Beschränkung der parlamentarischen Souveränität, die *Steyn* sicher nicht befürwortet hätte.

c) Das Nachspiel der Entscheidung in Harris

Auch ein weiteres Indiz spricht dagegen, dass *Steyn* seine Entscheidung in *Shifren* in Folge der *Harris* Entscheidung getroffen hat. Denn der Gesetzgeber hatte mittlerweile Mittel und Wege gefunden, die Entscheidung in *Harris* zu umgehen. In dem Senat der *Appellate Division*, der diese Umgehung 1957 in *Collins v Minister of the Interior*[696] (*Collins*) zugelassen hat, bzw. die Vorgehensweise des Parlaments für rechtmäßig befunden hat, saß auch *Steyn*. Der einzige dieser ansonsten einstimmig getroffenen Entscheidung widersprechende Richter war *Schreiner*, und damit derjenige Richter, der bei der zweieinhalb Jahre später erfolgenden Ernennung von *Steyn* zum *Chief Justice* übergangen wurde. Es ist anzunehmen, dass nach der Entscheidung in *Collins*, durch die gleichzeitig die Verfassungskrise beendete wurde, der Entscheidung in *Harris* im Bewusstsein der Richterschaft keine große Bedeutung mehr zukam. Denn wie sich zeigen wird, sollte aus dieser letzten Schlacht der Verfassungskrise der Gesetzgeber als Sieger hervorgehen.

---

695 R v Pitje, 1960 (4) SA 709 (A) (710).

696 Collins v Minister of the Interior, 1957 (1) SA 552 (AD).

aa) Vorgeschichte von *Collins*

Die Vorgeschichte dieser Entscheidung lässt sich wie folgt zusammen fassen: Kurz nach der Entscheidung in *Harris v Minister of the Interior*[697] erließ das Parlament – in getrennten Sitzungen – den *High Court of Parliament Act*[698]. Durch dieses Gesetz wurde ein Gericht gegründet, das sich aus allen Mitgliedern des Parlaments (*House of Assembly* und *Senate*) zusammen setzte und für eine Revision derjenigen Entscheidungen der *Appellate Division* zuständig sein sollte, in denen die *Appellate Division* einem Gesetz die Gültigkeit absprach. Der *High Court of Parliament* sollte allein auf Antrag eines Ministers tätig werden können. Der so gegründete und umgehend einberufene *High Court* erklärte die oben dargestellte Entscheidung der *Appellate Division* in *Harris v Minister of the Interior* für unwirksam und den Vote Act für gültig.[699]

Kurze Zeit später wurde der *High Court of Parliament Act* jedoch von der *Appellate Division* in *Minister of the Interior v Harris*[700] für unwirksam erklärt, nachdem in der Vorinstanz auch die *Cape Provincial Division*[701] dem Gesetz zwei Tage nach der Entscheidung des *High Court of Parliament* die Wirksamkeit abgesprochen hatte. Das Urteil wurde von denselben Richtern gefällt, wie die ein Jahr zuvor ergangene *Harris* Entscheidung[702] und wurde vor allem damit begründet, dass Sec. 152 des *SAA* durch den *High Court of Parliament Act* verletzt werde. Sec. 152 *SAA* setze implizit voraus, dass durch ein unabhängiges Gericht überprüft werde, ob die Anforderungen an das Gesetzgebungsverfahren eingehalten wurden. Die *Appellate Divison* überprüfte, ob der *High Court of Parliament* ein unabhängiges Gericht sei und sprach diesem schlussendlich die Eigenschaft eines „*Court of Law*" ab. Ein unabhängiges Gericht dürfe nicht aus denselben Personen zusammengesetzt sein, die auch das Gesetz beschlossen hätten, da ein Gericht unparteilich sein müsse. Aufgrund seiner Zusammensetzung sei der *High Court of Parliament* kein Gericht sonder vielmehr ein Parlament, das unter einem anderen Namen handle.[703] Zudem hätten seine Mitglieder keine richterliche Qualifikation. Folge dieser Entscheidung war die Unwirksamkeit

697 Harris and Others v Minister of the Interior and Another, 1952 (2) SA 428 (A).

698 Act 35 of 1952, abgedruckt in ZfaöRuVöR 1953-1954, 255 ff.; zu dieser Entwicklung ausführlich Kahn, Annual Survey 1952, 9 ff.

699 Diesen Beschluss boykottierte die damalige Opposition.

700 1952 (4) SA 769 (AD).

701 Harris v Dönges, N.O., 1952 (2) P.H., K. 139 (C).

702 Centlivres, C.J., Greenberg, Schreiner, van den Heever und Hoexter, JJ.A.

703 Minister of the Interior v Harris 1952 (4) SA 769 (AD) (784).

des *High Court of Parliament Act* ex tunc und damit auch die Unbeachtlichkeit der Entscheidung des *High Court of Parliament*. Die Exekutive akzeptierte diese Entscheidung.

1953 fand eine gemeinsame Sitzung des *Senats* und des *House of Assembly* statt, in dem die *South Africa Act Amendment Bill* beschlossen werden sollte.[704] Durch diese sollte Sec. 35 *SAA* aufgehoben, der *Vote Act* von 1951 erneut beschlossen und den Gerichten die Zuständigkeit für die Überprüfung der Rechtmäßigkeit des Zustandekommens eines Gesetzes abgesprochen werden. Die *South Africa Act Amendment Bill* fand jedoch keine Zweidrittelmehrheit, da die Regierung in beiden „Häusern“ keine Zweidrittelmehrheit besaß und die Opposition ihre Mitwirkung versagte.

Daraufhin wollte das Parlament die *Appellate Division Bill* erlassen, mit der das höchste Gericht in zwei Teile - in einen *Court of Civil and Criminal Appeal* und in einen *Court of Constitutional Appeal* - gespalten werden sollte. Für die Rechtmäßigkeit des Zustandekommens von Gesetzen sollte fortan nur noch der *Court of Constitutional Appeal* zuständig sein. Auch diese Bill fand jedoch keine Mehrheit.

1955 entschied sich das Parlament dann für einen „Kunstgriff“. Mithilfe des *Appellate Division Quorum Act*[705] wurde das Quorum der *Appellate Division* für Fälle, in denen die Wirksamkeit eines Gesetzes überprüft werden sollte auf 11 Richter erhöht. Darüber hinaus wurde durch den *Senate Act*[706] die Zahl der Senatoren erhöht. Unter den Vorgaben dieses Gesetzes wurde der 40 köpfige Senat Ende 1955 aufgelöst und neu statuiert. Von den nun im Senat sitzenden 89 Mitgliedern waren 77 Regierungsanhänger, die somit für die nötige Zweidrittelmehrheit in einer gemeinsamen Sitzung des *House of Assembly* und des *Senate* sorgen konnten.

Unter diesen Voraussetzungen war es ein leichtes, 1956 in einer gemeinsamen Sitzung beider Häuser mit Zweidrittelmehrheit den *South Africa Act Amendment Act*[707] zu verabschieden. Dieser änderte Sec. 35 des *SAA* in die folgende Fassung ab:

> „Parliament may by law prescribe the qualifications which shall be necessary to entitle persons to vote at the election of members of the House of Assembly.“

---

704 Hierzu ausführlich Kahn, Annual Survey 1953, 1 f.

705 Act 27 of 1955.

706 Act 53 of 1955.

707 Act 9 of 1956.

Hierdurch wurde sowohl für Nichteuropäer als auch für Europäer selbst das verfassungsrechtlich gewährleistete Wahlrecht abgeschafft. Gleichzeitig wurde der *Vote Act* aus dem Jahre 1951 zum Gesetz erklärt.

bb) Entscheidung des Gerichts in Collins v Minister of the Interior

Die von zwei farbigen Wählern eingereichte Klage gegen die Wirksamkeit des *South Africa Act Amendment Act* und des *Senate Act* hatte weder vor der *Cape Provincial Division*[708] noch vor der *Appellate Division*[709] Erfolg.[710]

Die Richter der *Appellate Division* gingen von den Vorschriften des *South Africa Act* aus, die es dem Parlament ohne Einschränkung gestatten, den Senat nach Belieben und für einen beliebigen Zweck neu zusammenzusetzen.[711] Daher sei zunächst der *Senate Act* wirksam. Aufgrund einer getrennten Betrachtung beider Gesetze, entschied sich das Gericht auch für die Wirksamkeit des *South Africa Act Amendment Act,* da dieser unter Einhaltung der Voraussetzungen von Secs. 35 und 152 *SAA* zustande gekommen sei.[712]

Schlussendlich war es dem Gesetzgeber also doch gelungen, die Nichteuropäer von der gemeinsamen Wählerliste zu streichen. Gleichzeitig ist hierin ein

---

708 Collins v Minister of the Interior, 1956 (1) P.H.. K 54 (C).

709 Collins v Minister of the Interior, 1957 (1) SA 552 (AD).

710 Ausgangspunkt der Urteilsbegründung war, dass die Mitgliederzahl des Senats nachweislich nur erhöht worden war, um der Regierung eine Zweidrittelmehrheit in einer gemeinsamen Sitzung beider Häuser zu verschaffen und so den Vote Act schlussendlich verabschieden zu können. Die Kläger brachten vor, dass es der South Africa Act dem Parlament nicht gestatte, in getrennten Sitzungen ein Gesetz zu erlassen, dessen einziger Zweck es sei, eine entrenched section zu „zerstören" und der Senate Act aus diesem Grunde unwirksam sei. Daraus folge, dass der neue Senat kein „House of Parliament" sei, weshalb wiederum die gemeinsame Sitzung von Senat und House of Assembly keine Sitzung eines Paralments i.S.d. Sec. 152 SAA gewesen sei. Der in dieser Sitzung beschlossene South Africa Act Amendment Act sei daher unwirksam.

711 Sec. 24 SAA lautete: „For ten years after the establishment of the Union, the constitution of the Senate shall … be as follows…" Sec. 25 SAA legt fest: "Parliament may provide for the manner in which the Senate shall be constituted after the expiration of then years, and unless and until such provision shall have been made …"

712 Das Vorbringen, dass beide Gesetze in ihrer Gesamtheit betrachtet werden müssten, und deshalb unwirksam seien, lässt das Gericht nicht gelten. Anders nur Schreiner in seinem abweichenden Urteil, der von folgendem Grundsatz ausgeht: „In general the parts of a scheme take their character from the whole."; Collins v Minister of the Interior, 1957 (1) SA 552 (AD) (574). Er betrachtet beide Gesetzte in ihrer Gesamtheit und hält deshalb beide für unwirksam.

Sieg des Gesetzgebers über die Rechtsprechung zu sehen, und ein erneutes aufkommen einer Situation wie in *Harris* konnte dadurch vermieden werden, dass von nun an eine Zweidrittelmehrheit in gemeinsamen Sitzungen beider Häuser gewährleistet war. Der Gesetzgeber hatte somit bereits 1957 selbst dafür gesorgt, dass der Rechtsprechung in *Harris* für die nächsten Jahre keine praktische Bedeutung mehr zukam. Das noch sieben Jahre später ein Einfluss der Entscheidung in *Harris* auf *Shifren* zu verzeichnen sein soll, erscheint nicht nur deshalb sondern auch vor dem Hintergrund unwahrscheinlich, dass die Besetzung des Gerichts nicht mehr dieselbe war. *Harris* war von *Centlivres*, *Greenberg*, *Schreiner*, *Van den Heever* und *Hoexter* entschieden worden, in dem Senat der *Shifren* Entscheidung saßen neben *Steyn*, *Thompson*, *Williamson*, *Wessels* und *van Winsen*.

II. Zwischenergebnis

Eine Erklärung für die Rechtsprechung in *Shifren* kann nicht in den 50er Jahren des letzten Jahrhunderts, zumindest nicht in der zu dieser Zeit im Zentrum der Aufmerksamkeit stehenden Verfassungskrise und der damit einhergehenden *Harris* Entscheidung gesehen werden. Weder ist die in dieser Entscheidungen vorzufindende Beweisführung, wie von den Richtern in *Brisley v Drotsky* behauptet, vollends mit derjenigen in *Shifren* vergleichbar, noch lassen die zunächst nach *Harris* ergangenen Urteile der *Witwatersrand Local Division* und der *Natal Provincial Division* zur Wirksamkeit von Schriftformklauseln einen solchen Rückschluss zu. Darüber hinaus ist davon auszugehen, dass der dem Senat in *Shifren* vorsitzende Richter *Steyn* einer Beeinflussung durch das Urteil in *Harris* nicht unterlegen war. Eine derartige Beeinflussung seinerseits scheitert zum einen an seiner Sympathie mit dem Apartheidgesetzgeber und zum anderen an der die Verfassungskrise beendenden Entscheidung in *Collins*, die die Entscheidung in *Harris* für die nächsten Jahrzehnte in den Hintergrund treten lies.

F. Der Bellum Juridicum im südafrikanischen Recht, Chief Justice Steyn und das Prinzip pacta sunt servanda

Zuletzt soll untersucht werden, ob ein Grund für die unterschiedliche Entwicklung des südafrikanischen und deutschen Rechts mit dem seit Anfang des letzten Jahrhunderts in Südafrika ausgetragenen *Bellum Juridicum* zusammenhängen könnte.

I. Bellum Juridicum

Wie bereits dargestellt[713], handelt es sich bei dem Recht der Republik Südafrika um eines der wenigen *Mixed-Legal-System* der Welt, da im Laufe des 19. Jahrhunderts das in Südafrika angewandte römisch-holländische Recht durch englisches Recht überlagert wurde. Als die Engländer 1806 die Herrschaft am Kap der guten Hoffnung übernahmen, behielten sie zwar das römisch-holländische Recht als Recht der Kolonie bei. Dennoch wurden im Laufe der nächsten einhundert Jahre ganze Rechtsgebiete nach englischem Vorbild umgestaltet, wie zum Beispiel das Handels-, Erb- und Deliktsrecht. Weiterhin wurde englisches Verfahrens- und Beweisrecht eingeführt, was wiederum mit der Übernahme der *stare decisis* Doktrin[714] einherging. Zudem wurde Englisch als offizielle Gerichtssprache eingeführt, Anwälte und Richter wurden in Großbritannien ausgebildet.[715]

Mit Stärkung des Rechtsunterrichts am Kap der guten Hoffnung, insbesondere bedingt durch die Gründung der Universitäten von Kapstadt und Stellenbosch,[716] gewann in der wissenschaftlichen Diskussion jedoch eine Puristenbewegung an Boden.[717] Diese setzte sich nicht nur gegen das weitere Eindringen englischen Rechts zur Wehr, sondern wollte nach Möglichkeit auch die bereits eingetretene „Besudelung" des römischen Rechts durch englisches Recht wieder rückgängig machen.[718] Unumstrittener Anführer dieser Bewegung war seit den vierziger Jahren Prof. *J.C. Wet*,[719] der in seinen grundlegende Monographien und Lehrbüchern[720] die gesamte gemeinrechtliche Literatur bis zu

---

713 S. oben Einleitung C.

714 Hierzu siehe oben Einleitung C.

715 Vgl. hierzu auch Zimmermann, Double Cross: Comparing Scots and South African Law, in: Zimmermann/Visser/Reid, Mixed Legal Systems in Comparative Perspective, 3 (5).

716 Seit den 70er Jahren des 19. Jahrhundert wurde in Kapstadt römisch-holländisches Recht unterrichtet, Zimmermann, Double Cross: Comparing Scots and South African Law, in: Zimmermann/Visser/Reid, Mixed Legal Systems in Comparative Perspective, 3 (6).

717 Diese war auch dadurch bedingt, dass begonnen wurde, römisch-holländische Literatur zu übersetzten, hierzu ausführlich Zimmerman, Südafrikanische Übersetzung gemeinrechtlicher Literatur, ZEuP 1997, 536 ff.

718 Zum bellum juridicum Proculus, SALJ 1951, 306 ff.; Mulligan, SALJ 1952, 25 ff.

719 Zu seiner Person ausführlich Zimmermann, Tijdschrift voor rechtsgeschiedenis 1992, 157 ff.

720 U.a. De Wet en Yeats, Die Suid Afrikaanse Kontraktereg en Handelsreg, 4. Aufl. 1978,

den Pandektisten für das südafrikanische Recht aufarbeitete.[721] Die Gerichte verhielten sich diesem neuen Methodenprogramm gegenüber zunächst zurückhaltend. Unter Leitung eines neuen *Chief Justice*, nämlich *L.C. Steyn* (1959 – 1971), der auch die Entscheidung in *Shifren* getroffen hat, wurde aber dieses neue Methodenprogramm in einer Reihe von eindrucksvollen Entscheidungen – die allerdings insbesondere das Deliktsrecht und nicht das hier im Vordergrund stehende Vertragsrecht betrafen – umgesetzt.[722] Zudem erhielt die Puristenbewegung mit Einsetzen der Apartheidpolitik auch politischen Rückhalt.[723]

II. Chief Justice Steyn

Chief Justice Steyn fühlte sich zur Durchsetzung römisch-holländischen Rechts verpflichtet. Er war eine der Zentralen Personen des *bellum juridicum* und stand weithin für die zielgerichtete Säuberung des römisch-holländischen Rechts von englischen Einflüssen.[724] Er hatte 1921 an der Universität von Stellenbosch zu studieren begonnen, mithin zu einer Zeit, in der zwei Professoren – *Prof. Bodenstein* und *Prof. Malherbe*[725] – an die Universität berufen wurden, die sich in den folgenden Jahren der Bewahrung römisch-holländischrechtlicher Elemente für das südafrikanische Recht widmen sollten.[726] Bereits in seiner Doktorarbeit zur Haftung des Staates für Delikte seiner Beamten, die allerdings nie veröffentlich wurde, versuchte er, in einem zum damaligen Zeitpunkt gänzlich durch engli-

---

de Wet en Swanepoel, Strafreg, 3. Aufl. (1975).

721 Zimmermann, ZfRV 1985, 111 (124); Du Bois/Visser, Der Einfluss des Europäischen Rechts in Südafrika, in: Jahrbuch für europäische Rechtsgeschichte Band 1, 2001, 47 (75).

722 Vgl. insb. Trust Bank van Afrika, Bpk. v Eksteen, 1964 (3) SA 402 (AD). Daneben Jordaan v Van Biljon, 1962 (1) SA 286 (AD); Craig v Voortrekkerpers, Bpk., 1963 (1) SA 149 (AD); Nydoo v Vengtas, 1965 (1) SA 1 (AD); Regal v African Superslate (Pty) Ltd., 1963 (1) SA 102 (AD).

723 An dieser Stelle sei noch erwähnt, dass der Kampf um das Wesen des südafrikanischen Rechts heutzutage weitgehend beendet ist. Englisches Recht hat nur noch dort eine privilegierte Stellung, wo es bereits fester Bestandteil des südafrikanischen Rechts geworden ist, im Übrigen werden neu auftauchende Probleme auf Basis des römisch-holländischen Rechts, ggf. unter Einsatz der rechtsvergleichenden Methode gelöst, vgl. Zimmermann, ZfRV 1985, 111 (125).

724 Zimmermann, ZfRV 1985, 111 (126).

725 Van Blerk bezeichnet Steyn als ein Produkt seiner Mentoren Malherbe, Bodenstein und de Wet, SALJ 1982, 365 (365).

726 Cameron, SALJ 1982, 28 (38).

sches Recht beeinflussten Bereich römisch-holländischrechtliche Terminologie wiederzuerwecken.[727] Auch im Jahre 1946 – also vor seiner Ernennung zum Chief Justice - machte er in seinem Buch *Uitleg van wette*[728] seine Ablehnung gegenüber der Beeinflussung des südafrikanischen Rechts durch englisches Recht deutlich.[729] Das Buch enthält vielfache Bezugnahmen auf römisch-holländische Prinzipien, selbst wenn die jeweilige Rechtsfrage in Südafrika zuvor durch Bezugnahme auf englisches Recht beeinflusst worden war. Ein Hinweis auf englisches Recht wurde demgegenüber vollständig vermieden.[730] Auch die Tatsache, dass er fast alle wesentlichen Entscheidungen in Afrikaans und nicht in Englisch verfasste, spricht für sich.[731] Zudem war er seit 1937 Mitherausgeber der *Tydskrif vir Hedendaagse Romeins-Hollandse Reg*[732] die es sich zum Ziel gesetzt hatte, die römisch-holländischen Wurzeln des Rechts zu unterstützen.[733] In der Literatur wird er einhellig als Purist bezeichnet.[734] Er wurde zu einem der entschlossensten und einflussreichsten Gegner des Einflusses englischen Rechts auf das südafrikanische Recht, was er in zahlreichen Entscheidungen deutlich machte.[735]

---

727 Hierzu Cameron, SALJ 1982, 28 (39) und Du Bois/Visser, Der Einfluss des europäischen Rechts in Südafrika, in: Jahrbuch für europäische Rechtsgeschichte, Band 2, 2001, 47 (78).

728 1946; siehe hierzu auch Rumpff, TSAR 1978, 87 (88).

729 Fagan, Roman-Dutch Law in its South African Historical Context, in Zimmerman, Southern Cross: civil law and common law in South Africa, S.62 Fn. 207; Cameron, SALJ 1982, 28 (45).

730 Cameron, SALJ 1982, 28 (45).

731 Hierzu Kahn, SALJ 1971, 1 (6).

732 Kahn, SALJ 1971, 1 (2). Zur Rolle der Zeitschrift im bellum juridicum siehe THRHR 1937, 1 ff; 1963, 1 ff, 1987, 1 ff.

733 Zimmermann/Visser, Introduction, in Southern Cross, Civil Law and Common Law in South Africa, 24.

734 Unkritisch Kahn, SALJ 1971, 1 (2), die Chief Justice Steyn folgendermaßen beschreibt: „The retiring Chief Justice has the reputation of beeing deeply desirous of keeping faith with our heritage of Roman-Dutch law.“; Du Bois/Visser, Der Einfluss des europäischen Rechts in Südafrika, in: Jahrbuch für europäische Rechtsgeschichte, Band 2, 2001, 47 (78); Zimmermann, ZfRV 1985, 111 (125); Cameron, SALJ 1982, 28 (40, 45).

735 Vgl. hierzu auch Du Bois/Visser, Der Einfluss des europäischen Rechts in Südafrika, in: Jahrbuch für europäische Rechtsgeschichte, Band 2, 2001, 47 (78); Cameron, SALJ 1982, 28 (46 ff.). Dies wird beispielhaft an seiner Entscheidungen in Trust Bank van Afrika, Bpk. v Eksteen, 1964 (3) SA 402 (AD) deutlich, in der es heißt (Übersetzung, da Originalentscheidung in Afrikaans verfasst ist): „Es stimmt, dass dieses Gericht in

III. Die Shifren-Entscheidung als Ausprägung des römisch-holländischen pacta sunt servanda Prinzips

Zu untersuchen ist daher, ob die Entscheidung des *Chief Justice* in *Shifren* Ausprägung seines puristischen Gedankenguts ist, mithin ob sie mit einem römisch-holländischen Prinzip in Verbindung gebracht werden kann, dessen Durchsetzung *Steyn* für erforderlich hielt. In Betracht kommt hier das Prinzip *pacta sunt servanda*, auf welches in dem Urteil auch Bezug genommen wird. Denn der Richter führt aus, dass die Anerkennung der Wirksamkeit einer mündlichen Vertragsänderung trotz Schriftformklausel dazu führen würde, dass es einen Vertragstyp gäbe, der vor Gericht nicht durchgesetzt werden könne. Dies wiederum wäre eine erhebliche Abweichung von dem grundlegenden Prinzip, dass Verträge, die frei und ernsthaft geschlossen wurden, auch durchgesetzt werden müssen.

1. Der Grundsatz pacta sunt servanda

Der Grundsatz der Vertragstreue wird heute als unabdingbare Grundlage jeder Privatrechtsordnung, die auf dem Grundsatz der Privatautonomie aufbaut, angesehen.[736] Sie gilt gewissermaßen als selbstverständlich, da schon aus dem Gesichtspunkt der Rechtssicherheit die Bindung der Vertragsparteien an die von ihnen gemeinsam getroffene Vereinbarung erforderlich ist.

---

einer Reihe von Entscheidungen […] zu dem Schluss gekommen ist, dass unser law of estoppel mit dem englischen Recht übereinstimmt […]. Ich bin jedoch nicht im Geringsten davon überzeugt, dass die Anwendung der Prinzipien unseres Rechts in allen Fällen zu den gleichen Ergebnissen führt, wie die Anwendung englischen Rechts. Der Ansicht, dass unser Recht rechtlich und für praktische Zwecke durch diese und andere Entscheidungen ersetzt wurden, mit der einhergehenden Folge, dass unsere Gerichte und dieses Gericht an englische Entscheidungen gebunden sind, widerspreche ich mit aller Entschiedenheit als vollkommen unbegründet. Kein Gericht, auch nicht dieses, hat die Autorität, unser Recht („eie geldende reg") durch das Recht irgendeines anderen Landes zu ersetzen."

736 Hierzu Lorenz, Der Schutz vor dem unerwünschten Vertrag, 1; Köndgen, Selbstbindung ohne Vertrag, S. 1, der die Vertragstreue als eine „Elementarnorm" des Vertragsrechts sieht; Larenz, Geschäftsgrundlage und Vertragserfüllung, S.3, der sie als „fundamentalen Grundsatz" betrachtet. Der BGH bezeichnet die Vertragstreue als den „das gesamte Schuldrecht beherrschenden Grundsatz", BGH GRUR 2005, 320; NJW 1996, 990.

Der aus dem kanonischen Recht stammende Grundsatz *pacta sunt servanda* sieht eine strikte Bindung der Vertragsparteien an ihre Verträge vor. Er wurde nicht bereits im römischen Recht entwickelt, da dieses, wie bereits oben dargestellt,[737] einen verbindlichen und damit klagbaren Vertrag nur dann kannte, wenn der Konsens der Parteien in einen der anerkannten Verträge gekleidet wurde. Der Gegensatz zum klagbaren Vertrag (*contractus*) war das formlose und deshalb unklagbare *pactum*. Sie konnten nur im Rahmen eines *pactum adiectum* – also eines *pactum*, welches als zusätzliche Abmachung zu einem formbedürftigen Vertrag, etwa einer Stipulation, geschlossen wurde – geltend gemacht werden. Da der *numerus clausus* klagbarer Verträge nur allmählich erweitert wurde, entwickelte die Kanonistik erst im Mittelalter den Grundsatz „*pacta sunt servanda*".[738] Der Ausspruch sollte zunächst ausdrücken, dass nunmehr alle *pacta* rechtsverbindlich sind, einschließlich der *pacta nuda*. Allein durch die willentliche Übereinkunft der Parteien sollten von nun an bindende Verpflichtungen begründet werden können.

Nachdem sich die Vorstellung vom Willen als alleinigem Geltungsgrund rechtsgeschäftlicher Pflichten im Naturrecht durchgesetzt hatte,[739] verlagerte sich gleichsam die Bedeutung des Grundsatzes *pacta sunt servanda* dahingehend, dass nunmehr der Grundsatz galt, dass einmal geschlossene Verträge eingehalten werden müssen.[740] Insoweit erhob das Natur- und Vernunftrecht die Vertragstreue (*pacta sunt servanda*) zur Maxime.[741] Maßgeblichen Anteil hieran hatte *Hugo Grotius*, dessen Triologie *De Jure Belli ac Pacis* (1625) ganz im Zeichen der Vertragstreue steht.[742] Bereits in der Vorrede heißt es, es entspreche

---

737 Kap 3 A I.

738 Wolter, Ius canonicum, S. 11, 100 ff.; Weller, Die Vertragstreue, 37; Lorenz, Schutz vor dem unerwünschten Vertrag, 30; Visser, SALJ 1984, 641 (645 f.); ausführlich hierzu Landau, Festschrift für Knut Wolfgang Nörr, 457 (462 ff.), der das Geburtsjahr des Grundsatzes pacta sunt servanda im Jahre 1188 ansiedelt. Jedenfalls gilt es als weitgehend gesichert, dass sich die Doktrin von der Verbindlichkeit aller pacta bis zum 15. Jahrhundert unter den Kanonisten mehr und mehr durchgesetzt hat, HKK/Thier, § 311 Rn. 14.

739 Hierzu Visser, SALJ 1984, 641 (649); Scherrer, Die geschichtliche Entwicklung des Prinzips der Vertragsfreiheit, 22.

740 Zimmermann, Law of Obligations, 576 f.; Weller, Vertragstreue, 38.

741 HKK/Dorn, § 241 Rn. 15.

742 Weller, Vertragstreue, 85; bei Visser, SALJ 1984, 641 (649 ff., 654) heißt es: "It is clear that it was generally accepted by the Roman-Dutch authorities, both writers and the courts, that the principle of sanctity of contract was of universal application in Roman-

„dem Recht der Natur, Verträge zu halten“[743]. Im Anschluss an *Grotius* erheben auch *Pufendorf* und *Wolff* die Vertragstreue zum Grundsatz.[744]

Das bereits zuvor angeführte Zitat von *Sir George Jessel MR* aus dem Jahre 1875[745] drückt daher die im 19. Jahrhundert sowohl im kontinentaleuropäischen als auch im *Common Law* vorherrschende Philosophie aus:[746]

> "If there is one thing which, more than another, public policy requires, it is that men of full age and competent understanding shall have the utmost liberty of contracting, and that their contracts, when entered into freely and voluntarily, shall be held sacred and shall be enforced by courts of justice. Therefore you have this paramount public policy to consider – that you are not lightly to interfere with this freedom of contract."

Denn auch im Common Law entwickelte sich der Grundsatz *pacta sunt servanda* ab dem 16. Jahrhundert,[747] es wird jedoch meist der englische Begriff *sanctity of contracts* verwandt.[748]

Anhand des Zitats wird deutlich, dass der Grundsatz der Vertragstreue eng mit dem der Vertragsfreiheit zusammen hängt. Zwar findet man den Begriff der Vertragsfreiheit noch nicht in vernunftrechtlichen Abhandlungen[749]. Mitte des 19. Jahrhunderts wurde der Begriff jedoch allgemein gebräuchlich.[750] Den Parteien wurde im Rahmen der Vertragsfreiheit sowohl Inhalts- als auch Abschlussfreiheit zugestanden. Jedermann war frei darin, zu entscheiden ob und mit wem er einen Vertrag abschließt und welchen Inhalt dieser Vertrag haben sollte, solange der Inhalt des Vertrags nicht sittenwidrig war.[751] Den Gerichten oblag es dabei nicht, zu überprüfen, ob die durch die Parteien geschlossenen Verträge fair waren. Sie legten vielmehr die Vermutung zu Grunde, dass aus fairen Vertragsverhandlungen auch faire Verträge entstehen, an die die Parteien gebunden sind.

Dutch law and practice."

743 Grotius, De Jure Belli ac Pacis, Vorrede, Tz. 15.

744 Pufendorf, Le Droit de la Nature et des Gens, III, 4, § II, S. 349 f. Wolff, Institutiones Juris Naturae et Genitum, § 438, 233.

745 Printing and Numeriacal Registering Co v Sampson, 1975 LR 19 Eq 462 (465)

746 Zimmermann, Law of Obligations, 577.

747 Hierzu ausführlich Weller, Vertragstreue, 119 ff.

748 Weller, Vertragstreue, 118; Parry, The Sanctity of Contracts, 1 ff.

749 Hier werden eher die Begriffe natürliche, bürgerliche oder politische Freiheit benutzt, hierzu HKK/Dorn § 241 Rn. 3.

750 HKK/Dorn § 241 Rn. 3.

751 Zimmermann, Law of Obligations, 577.

2. Der Grundsatz des pacta sunt servanda im südafrikanischen Recht und seine Verankerung im case law

Hieraus folgt, dass der Grundsatz der Vertragstreue bereits zur Zeit der Transplantation des römisch-holländischen Rechts an das Kap der guten Hoffnung im römisch-holländischen Recht akzeptiert war, er mithin einen römisch-holländischrechtlichen Grundsatz darstellt.[752]

Das bereits ausgeführte Zitat von *Sir George Jessel MR* aus dem Jahre 1875[753] wurde dementsprechend von den südafrikanischen Richtern in *Wells v SA Alumenite*[754] mit Zustimmung zitiert und um den folgenden Zusatz ergänzt:

> „If people must sign such conditions they must in the absence of fraud be held to them. Public Policy so demands."

Auch in der Literatur findet sich im Zusammenhang mit der Vertragsfreiheit stets ein Hinweis auf dieses Zitat.[755] Um die Jahrhundertwende – im Jahre 1903 - stellte der *Cape Supreme Court* in *Henderson v Hanekom*[756] folgendes klar:

> „All modern commercial dealings proceed upon the assumption that binding contracts will be enforced by law."

Im selben Jahr entschied der *Transvaal Supreme Court* in *Burger v Central South African Railways*[757], dass das Südafrikanische Vertragsrecht es den Gerichten nicht ermögliche, eine Vertragspartei aufgrund von Gerechtigkeitserwägungen von ihren vertraglichen Pflichten zu entbinden, vielmehr heißt es:

> "... our law does not recognise the right of a court to release a contracting party from the consequence of an agreement duly entered into by him merely because that agreement appears unreasonable."

---

752 Visser, SALJ 1984, 641 (654).

753 Printing and Numeriacal Registering Co v Sampson, 1975 LR 19 Eq 462 (465)

754 Wells v South African Alumenite Company, 1927 AD 69.

755 So bei Barnard, A critical legal argument, 83; Aaronstam, Consumer Protection, 9; Ackermann, SALJ 1987, 316 (316): „Generally speaking under South African Law any agreement between parties made seriously and deliberately and with the intention that a lawful obligation should be established would be enforceable in a court of law."

756 Henderson v Hanekom, 1903 20 SC 513.

757 Transvaal Supreme Court in Burger v Central South African Railways, 1903 TS 571 (576).

In *Osry v Hirsch, Loubser & Co Ltd.*[758] stellte die *Cape Provincial Division* dann einen Zusammenhang zwischen der Bindung der Parteien an ihre Verträge und dem Prinzip der Vertragsfreiheit im südafrikanischen Recht her:

> "The spirit of modern Jurisprudence is in favour of the liberty of contract, and there is practical wisdom in the observation of De Villiers CJ, in Henderson v Hanekom."

Noch vor der Entscheidung in *Shifren*, im Jahre 1957, wurde in *Linstrom v Venter*[759] deutlich, dass die strikte Bindung der Parteien an die von ihnen geschlossenen Verträge als die Kehrseite der Vertragsfreiheit angesehen wird. Es heißt:

> „The Court cannot make a contract for the parties and inasmuch as parties are free to contract in whatever terms they like a party must, as far as possible, be held to his contract."

Auch 90 Jahre später wird der Grundsatz *pacta sunt servanda* immer noch als "*cornerstone of the law of contract*" bezeichnet.[760] Eingriffe in die Bindungswirkung von Verträgen werden im südafrikanischen Recht nur äußerst zurückhaltend vorgenommen. Vorausgesetzt, der Vertrag ist zum Zeitpunkt des Vertragsschlusses keinen Störungen ausgesetzt - eine Vertragspartei ist also weder minderjährig noch geschäftsunfähig und ihr Konsens ist nicht beeinträchtigt durch Täuschung, Irrtum oder Drohung - wird der von ihr geschlossene Vertrag durchgesetzt.[761] Nur sittenwidrige Verträge oder Verträge, die gegen ein Gesetz verstoßen, werden von den Gerichten nicht durchgesetzt.[762] Dies basiert auf dem Verständnis, dass die Vertragsfreiheit vier Aspekte hat. Zum einen garantierte die Vertragsfreiheit die Verhandlung von Verträgen frei von staatlicher Einmischung, zum anderen umfasst sie die Freiheit der Wahl des Vertragspartners. Drittens beinhaltet sie die Freiheit, keinen Vertrag abzuschließen, sowie viertens

---

758 Osry v Hirsch, Loubser & Co Ltd., 1922 CPD 531 (546).

759 Linstrom v Venter, 1957 (1) SA 125 (SWA) 127.

760 Standard Bank of South Africa Ltd. v Wilkinson, 1993 (3) SA 822 (C) 826 G.

761 Hahlo, SALJ 1981 70 (70). Hippel, ICQL 1967, 591 (592-3) fasst dies in die folgenden Worte: "The classical theory of contract assumes that the parties – who are thought of as physical individuals – are free to bargain out among themselves the conditions and terms of agreement. Since each of them is regarded as able to protect his interests, control over the terms of contract can be limited to a few categories of illegality."

762 Ackermann, SALJ 1987, 316 ff.

die Freiheit, dass in einmal geschlossene Verträge nicht eingegriffen werden darf, diese vielmehr durchgesetzt werden müssen.[763]

3. Shifren als Ausprägung des Pacta sunt servanda Prinzips

Die Entscheidung in *Shifren* ist Ausprägung der strikten Anwendung des römisch-holländischen Prinzips der Vertragstreue.

Bereits in der Vorinstanz hatte der mit der Sache befasste Richter ausgeführt:

> "I cannot understand why it is absurd that parties cannot by agreement put it out of their power to contract freely thereafter in any of the modes permitted by law. It is a general principle of our law that parties shall not be fettered in their contractual freedom unless their agreement is against public policy or prohibited by law. See Wells v SA Alumenite…" I can find nothing against public policy when parties agree that the terms of a written agreement may subsequently only be varied in writing."[764]

Zwar hat der Vorsitzende Richter *Steyn* in *Shifren* nicht eindeutig zur Säuberung des südafrikanischen Rechts von englischen Einflüssen Stellung genommen. Aber es bleibt festzuhalten, dass er, indem er dem Prinzip *pacta sunt servanda* folgte, eines der tragenden Prinzipien des römischen holländischen Rechts durchgesetzt hat. In seiner Entscheidung heißt es:

> „Dit sou'n opvallende afwyking wees van die elementêre en grondliggende algemene beginsel dat kontrakte wat vryelik en in alle erns deur bevoegde partye aangegaan is, in die openbare belang afgedwing word. (Wells v SA Alumenite…). (At 766-7)"

Verwehre man es einer der Vertragsparteien, sich auf die Schriftformklausel zu berufen, führe dies dazu, dass es einen Vertragstyp gäbe, der vor Gericht nicht durchgesetzt werden könne. Dies wiederum wäre eine erhebliche Abweichung von dem grundlegenden Prinzip, dass Verträge, die frei und ernsthaft geschlossen wurden, auch durchgesetzt werden müssen. Hierzu verweist *Steyn* auch auf die Entscheidung in *Wells v SA Alumenite*[765] in der das Gericht die bereits dargestellte Passage von *Sir George Jessel MR* aus *Printing and Numerical Registering Co v Sampson* zur Vertragstreue zitiert.

---

763 Kahn, Contract and Mercantile Law, Vol. I, 1985, 32; Aronstam, Consumer protection freedom of contract and the law, 13 f.; Hawthorne, THRHR 2004, 294 (295).

764 Shifren & Others v SA Sentrale Ko-op Graanmaatskappy BPK, 1964 (2) SA 343 O (346 f.)

765 Wells v South African Alumenite Company, 1927 AD 69.

Es liegt damit nahe, dass *Steyn* eine Entscheidung zugunsten der Schriftformklauseln getroffen hat, weil seiner Ansicht nach nur so das römisch-holländischrechtliche Prinzip *pacta sunt servanda* durchgesetzt werden konnte. In seinen folgenden Ausführungen nahm er noch dazu Stellung, ob die aus der Anwendung des Prinzips der Vertragstreue resultierende Beschränkung der Vertragsfreiheit gegen die *public policy* verstoßen würde, kam aber zu dem Ergebnis, dass ein Verstoß gegen die guten Sitten nicht vorliegt.[766] Denn es sei den Parteien immer noch möglich, den Vertrag zu ändern, da sie sich dafür nur an ihre selbstauferlegte Form halten müssten. Zwar ist zu beachten, dass die Vertragsfreiheit – wie bereits ausgeführt – sowohl als Argument für als auch gegen eine Bindung an Schriftformklauseln angeführt werden kann. Vor dem Hintergrund seines römisch-holländischrechtlichen Gedankenguts ist seine Argumentation jedoch nachvollziehbar. Denn gesteht man den Parteien die Freiheit zu, eine Schriftformklausel in einen Vertrag aufzunehmen, führt dies in Verbindung mit dem Grundsatz der Vertragstreue dazu, dass die Parteien an diesen Vertrag gebunden werden, solange hierin keine unzulässige Beeinträchtigung der Vertragsfreiheit liegt. Eine solche unzulässige Beeinträchtigung ist hier nach Ansicht *Steyns* ausgeschlossen, da die Grenzen der Vertragsfreiheit nicht erreicht werden, weil die Parteien die vereinbarte Bindung an die Schriftformklausel schon dadurch wieder beseitigen können, dass sie eine formgemäße Vereinbarung treffen.

Das in der vorliegenden Ausarbeitung gefundene Ergebnis wird auch dadurch gestützt, dass die Entscheidung in *Shifren* auch in der Literatur mit dem Prinzip der Vertragstreue in Verbindung gebracht wird. Die Entscheidung wird vielfach als Beispiel dafür aufgeführt, dass im südafrikanischen Recht das Prinzip der Vertragstreue gilt. So heißt es beispielsweise:

> "A contract validly entered into is binding an enforceable in a court of law and is commonly referred to in Latin as pacta sunt servanda. In this respect references can be made to Henderson v Hanekom (1903) 20 SC 513 where De Villiers CJ said (at 519): All modern commercial dealings proceed upon the assumption that binding contracts will be enforced by law (see also *Shifren*)."[767]
>
> "There are a number of references by other eminent judges in the reported cases to 'freedom of contract' and 'sanctity of contract'. ... In SA Sentrale Ko-op Graanmaatskappy Bpk v Shifren 1964 (4) SA 760 A at 767 Steyn CJ, in upholding a

---

766 Ein solcher Verstoß gegen die guten Sitten wurde auch für das deutsche Recht abgelehnt, siehe hierzu oben Kap. 1 C III 2 a).

767 Matlala, The law of contract: when the Supreme Court of Appeal fails to act, 2.

'no-variation except in writing' clause in a contract, spoke of 'die elementere en grondliggende algemene beginsel dat kontrakte wat vryelik en in alle erns deur bevoegde partye aangegaan is, [word] in die openbare belang afgedwing ...'."[768]

Auch die Rechtsprechung setzt die Entscheidung in *Shifren* zum Prinzip der Vertragstreue in Beziehung:

„Which brings us to the third aspect that must be born in mind, viz that public policy favours the utmost freedom of contract and requires that commercial transactions should not be unduly trammelled by restrictions on that freedom (see Sasfin at 9 E-F). As Innes CJ said in the Law Union Rock Case supra at 598: 'public policy demands in general full freedom of contract; the right of men freely to bind themselves in respect of all legitimate subject-matters.' One is further reminded of the much quoted aphorism of Jessel MR in Printing and and Numeriacal Registering Co v Sampson [...] (see also Wells v SA Alumenite Company). In SA Sentrale Ko-op v Shifren Steyn CJ emphasised 'die elementere en grondliggende algemene beginsel dat kontrakte wat vryelik en in alle erns deur bevoegde partye aangegaan is, in die openbare belang afgedwing word.'"[769]

Die Entscheidung in Shifren wird mithin allgemein als Beispiel für die Geltung des Grundsatzes der Vertragstreue angeführt. Sie stellt folglich eine Ausprägung dieses Grundsatzes dar.

4. Zwischenergebnis

Im Ergebnis kann damit festgehalten werden, dass die Entscheidung des südafrikanischen Rechts für die Durchsetzung von Schriftormklauseln aller Wahrscheinlichkeit nach eine Ausprägung des Gedankenguts des entscheidenden Richters *Steyn* war. Weil er eine der Hauptfiguren des *bellum juridicum* war und sich daher der Durchsetzung römisch-holländischrechtlicher Prinzipien verpflichtet sah, kam er zu dem Ergebnis, dass die Wirksamkeit der mündlichen Änderung eines mit Schriftformklausel versehenen Vertrags dazu führen würde, dass es einen Vertragstypen gäbe, der vor Gericht nicht durchgesetzt werden könnte. Dies hätte dem römisch-rechtlichen Grundsatz der Vertragstreue widersprochen, so dass er eine solche Entscheidung nach seiner rechtlichen Überzeugung nicht treffen konnte. Da den Gerichten seit der Entscheidung in *Shifren* keine ausreichenden Gründe dargelegt werden konnten, die eine Abkehr von *Shifren* erforderlich machen,[770] die Vereinbarung einer Schriftformklausel ins-

---

768 Kahn, Contracts & Mercantile Law, Vol I, 1985, 31.

769 Standard Bank of SA Ltd. v Wilkinson, 1993 (3) SA 822 (CPD) (830).

770 Hierzu eingehend oben, Kap. 2 C I.

besondere nicht gegen die guten Sitten verstößt, wurde die *Shifren* Entscheidung bisher auch nicht wieder aufgehoben. Vielmehr wurde sie im Jahr 2002 in *Brisley v Drotsky*[771] noch einmal bestätigt.

IV. Unterschied zum Deutschen Recht

Es fällt auf, dass in der Betonung des Prinzips der Vertragstreue kein Unterschied zum deutschen Recht liegt. Auch in Deutschland gilt die Bindung der Parteien an ihre einmal geschlossenen Verträge.

1. Pacta sunt servanda im deutschen Recht

Unumstritten ist der Grundsatz der Vertragstreue auch im deutschen Recht tragend. Zu bedenken ist, dass zwischen dem Prinzip der Vertragstreue und der Vertragsfreiheit eine, auch im Südafrikanischen Recht erkannte Wechselwirkung besteht,[772] die von *Reimer Schmidt* in die folgenden Worte gekleidet wird:

> Der Grundsatz der rechtsgeschäftlichen Privatautonomie, schuldrechtlich speziell ausgeprägt als Prinzip der Vertragsfreiheit (...), ist ethisch und rechtspolitisch nur gerechtfertigt, wenn als Korrelat das Prinzip der Vertragstreue an seine Seite tritt (pacta sunt servanda).[773]

So ist es Hintergrund des Satzes *pacta sunt servanda*, dass den Parteien grundsätzlich die Freiheit zusteht, kraft Übereinkunft ein bislang ungeregeltes Verhältnis einer rechtlichen Regelung zuzuführen und sich damit selbst zu binden. Dass die Vertragsfreiheit ein Prinzip des Vertragsrechts darstellen sollte, war bereits zur Zeit der Schaffung des BGB anerkannt.[774] In ihr spiegelt sich das liberale gesellschaftliche Denken wieder, dass in der zweiten Hälfte des 18. Jahrhunderts aufkam und in dessen Mittelpunkt die individuelle Freiheit jeden Bürgers stand.[775] Auf der Basis des liberalen Vertragsdenkens lehnte die Rechtsord-

---

771 Brisley v Drotsky, 2002 (4) SA 1 (SCA), hierzu ausführlich oben Kap. 2 B VII 3.

772 Hierzu ausführlich Weller, Vertragstreue, 153 ff.; Scherrer, Die geschichtliche Entwicklung des Prinzips der Vertragsfreiheit, 43.

773 Soergel/Siebert/Schmidt, Bürgerliches Gesetzbuch, 9. Aufl., 1959, Vor § 241 Rn. 9.

774 Insoweit sei auf die Motive (Mugdan, Band II, 1) hingewiesen, in denen es heißt: „Vermöge des Prinzips der Vertragsfreiheit, von welchem das Recht der Schuldverhältnisse beherrscht wird, können die Parteien ihre Rechts- und Verkehrsbeziehungen nach ihrem Ermessen mit obligatorischer Wirkung unter sich bestimmen, soweit nicht allgemeine oder bestimmte einzelne absolute Gesetzesvorschriften entgegenstehen."

775 Knobel, Wandlungen im Verständnis der Vertragsfreiheit, 20 f.; HKK/Michaels Vor § 241 Rn.

nung daher zunächst grundsätzlich die Verantwortung für die Rechtsfolgen, die sich aus einem frei abgeschlossenen Vertrag für beide Vertragsparteien ergaben, ab.[776] Die Freiheit, sich vertraglich zu binden und die daraus resultierende strikte Bindung an den einmal geschlossenen Vertrag, kann aber naturgemäß nicht uneingeschränkt gelten. Schon während der Verhandlungen über das neue BGB wurde erste Kritik an diesem einseitig interessenorientierten Vertragsmodell laut, da die Gefahren einer so weit verstandenen Vertragsfreiheit bereits erkannt wurden.[777] Insbesondere *Otto v. Gierke*[778] war der Ansicht, dass der Entwurf des BGB von einer nahezu schrankenlosen Vertragsfreiheit ausgehe. Er hingegen forderte den Schutz des Schwachen, den er als immanente Schranke konzipierte. Neben die individuelle Freiheit stellte er ein soziales Prinzip, durch dass er ein bewegliches System schaffen wollte.

Erkannt wurde jedenfalls, dass die Vertragsfreiheit Gefahren für den Vertragsschließenden selbst birgt, und zwar in Hinblick auf dessen persönliche Freiheit. Denn jeder Vertrag enthält zwangsläufig nicht nur eine Verwirklichung der Selbstbestimmung, sondern auch eine Beschränkung der Freiheit durch Selbstbindung.[779] Solche Freiheitsbeschränkungen können bereits bei Vertragsschluss vorliegen. So kann beispielsweise eine der Vertragsparteien auf den Abschluss eines Vertrags angewiesen sein oder aus anderen Gründen nicht darauf verzichten wollen. In diesem Fall kann der andere, stärkere Vertragspartner, seine Überlegenheit dazu verwenden, ihm günstige Vertragsinhalte durchzusetzen. Daneben kann es Fälle geben, in denen einer der Vertragspartner die rechtlichen Konsequenzen seines Handelns bei Abschluss des Vertrags nicht erkennt.[780] Auch in der Vereinbarung einer Schriftformklausel liegt wie bereits dargelegt[781] eine Beschränkung der Vertragsfreiheit für die Zukunft. Zwar ermöglicht es die Vertragsfreiheit jedem, Verträge abzuschließen, und sich damit selbst zu entscheiden, ob er einen Vertrag schließen möchte, wer sein Vertragspartner sein und welchen Inhalt der Vertrag haben soll.[782] Dabei geht man aber von der Vor-

---

776 Knobel, Wandlungen im Verständnis der Vertragsfreiheit, 22.

777 Hierzu HKK/Michaels Vor § 241 Rn. 24; Knobel, Wandlungen im Verständnis der Vertragsfreiheit, 25 ff.

778 Otto v. Gierke, Der Entwurf eines bürgerlichen Gesetzbuchs und das deutsche Recht, 1889; ders., Die soziale Aufgabe des Privatrechts, 1889.

779 HKK/Michaels Vor § 241 Rn. 5; Canaris, AcP 2000, 273 (278 f.).

780 Knobel, Wandlungen im Verständnis der Vertragsfreiheit, 2.

781 Hierzu oben Kap. 1 C III.

782 Knobel, Wandlungen im Verständnis der Vertragsfreiheit, 1.

stellung aus, dass sich zwei potentielle Vertragspartner mit gegensätzlichen Interessen bei Vertragsabschluss wohl in der Mitte treffen würden. Nur in dieser Konstellation würden automatisch die Interessen sämtlicher am Vertrag beteiligter Personen gewahrt.[783]

Problematisch gestaltete sich daher die Bestimmung der Grenzen der Vertragsfreiheit[784] und damit der Grenzen der Selbstbindungsmöglichkeit der Parteien. Nur in besonderen Fällen, so etwa beim Vorliegen eines Sittenverstoßes oder wenn bereits bei Abschluss des Vertrags ein Grund wie die Geschäftsunfähigkeit einer der Vertragsparteien vorlag, sah sich die Rechtsordnung bereits zur Zeit des Erlasses des BGB verpflichtet, dem Vertrag die Wirksamkeit zu versagen.[785] Dies führte zu der Frage, ob wirklich alle Verträge uneingeschränkt nach dem Grundsatz *pacta sunt servanda* als rechtswirksam angesehen werden müssen, oder ob es erforderlich sein kann, einen gegebenenfalls schwächeren Vertragspartner zu schützen und einen Vertrag nicht oder nicht in der geschlossenen Form anzuerkennen.

Das neugeschaffene Bürgerliche Gesetzbuch gab den Gerichten jedoch keine ausdrückliche Antwort auf diese Frage. Lediglich allgemeine Grenzen der Vertragsfreiheit befanden sich in §§ 134, 138 BGB.[786] Dies änderte jedoch nichts daran, dass von der grundsätzlichen Konzeption her die Vertragsfreiheit als Regel und damit einhergehend die Bindung der Parteien an ihren einmal geschlossenen Vertrag galt. Daneben war im BGB nur ein geringer Schutz des schwächeren Vertragspartners vorgesehen,[787] der durch Ausnahmeregelungen und nicht durch eine Aufgabe des Prinzips der Vertragsfreiheit erreicht wurde.[788] Allerdings verfügte das BGB – anders als das südafrikanische Recht – über die normierten §§ 134, 138, 242 BGB und über Schutzvorschriften auf dem Gebiet des Miet- und Dienstvertragsrechts.[789]

---

783 Knobel, Wandlungen im Verständnis der Vertragsfreiheit, 22.

784 HKK/Michaels Vor § 241 Rn. 5.

785 Knobel, Wandlungen im Verständnis der Vertragsfreiheit, 22.

786 § 242 BGB war nicht als Schranke der Vertragsfreiheit gedacht, hierzu HKK/Michaels Vor § 241 Rn. 7 und HKK/Zimmermann Vor § 1 Rn. 85.

787 § 762 schloss eine Verbindlichkeit aus einem durch Spiel und Wette geschlossenen Vertrag aus, §§ 247 f. BGB wurden zum Schutz vor zu hohen Zinszahlungen aufgenommen.

788 HKK/Michaels Vor § 241 Rn. 8.

789 Z. Bsp. § 571 Kauf bricht nicht Miete, §§ 617-619 BGB Fürsorgepflicht des Dienstherrn.

Als Grenze der durch die Vertragsfreiheit gewährten und im Vordergrund dieser Arbeit stehenden Möglichkeit der Selbstbindung einer Partei wurde in Deutschland anhand von § 138 BGB die Grenze der Sittenwidrigkeit entwickelt.[790] Eine andere Grenze langfristiger vertraglicher Bindung kennt das deutsche Recht nicht.[791] Nichtig sind nach der Rechtsprechung Absprachen, mit denen der sich Verpflichtende für die Zukunft auf seine Handlungsfreiheit im Übermaß verzichten würde.[792] Denn mit den Grundprinzipien einer freiheitlichen Rechtsordnung wäre es nicht vereinbar, wenn Verträge als wirksam angesehen würden, durch die sich jemand einer übermäßigen Beschränkung seiner persönlichen und wirtschaftlichen Handlungsfreiheit unterwirft.[793]

Deshalb kommt die Rechtsprechung beispielsweise in den sogenannten Bierlieferungsverträgen zu dem Ergebnis, dass Selbstbindung dann sittenwidrig sein kann, wenn es zu einer erheblichen Einengung der wirtschaftlichen Bewegungsfreiheit kommt.[794] Beispielhaft können hier Fälle genannte werden, in denen sich die Betreiber von Gaststätten auf viele Jahre oder gar auf Jahrzehnte verpflichten, ihren Bedarf an Getränken ausschließlich von einem bestimmten Brauereiunternehmen zu beziehen. Zur Bemessung der Grenze zur Sittenwidrigkeit wird in diesen Fällen unter anderem berücksichtigt, ob sich die Bindung der jeweiligen Vertragspartei auf das gesamte Getränkesortiment erstreckt oder nur auf einen Teil davon, ob eine Mindestabnahmemenge vereinbart ist und wie

790 Die Grenzen der Zulässigkeit langfristiger Bindungen wurden in Deutschland maßgeblich anhand von Bierlieferungsverträgen herausgearbeitet; Wiedemann/Schultz, ZIP 1999, 1 (5).

791 Wiedemann/Schultz, ZIP 1999, 1 (7); Breitling, Bedeutung und Wirksamkeit von Schriftformklauseln, S. 64 ff., unterzieht die §§ 137 S. 1 sowie § 399, 2. Alt. BGB einer eingehenden Prüfung dahingehend, ob aus diesen Vorschriften gefolgert werden kann, dass es den Parteien verwehrt sei, sich an eine Schriftformklausel zu binden. Er kommt zu dem Ergebnis, dass weder § 137 S. 1 noch § 399, 2. Alt. BGB einer solchen Selbstbindung der Parteien entgegen stehen.

792 Darüber hinaus sieht das Gesetzt diese Nichtigkeitsfolge für bestimmte Sonderkonstellationen vor, zum Beispiel folgt aus § 624 BGB, dass eine Verpflichtung gegenüber dem Arbeitgeber auf Lebenszeit ohne Kündigungsmöglichkeit nichtig ist, aus §§ 724, 749 BGB folgt, dass eine Bindung an eine Gesellschaft nicht ohne Lösungsmöglichkeit möglich ist, aus § 3202 BGB folgt, dass es nicht möglich ist, sich bezüglich seiner Testierfreiheit unangemessen einzuschränken.

793 So auch Kötz, Einführung in die Rechtsvergleichung, 1996, 377.

794 Eine immerwährende Bindung des Gastwirts ist sittenwidrig, RG JW 1927, 119; RGZ 63, 390; zum Nachweis weiterer Urteile siehe Wiedemann/Schultz, ZIP 1999, 1 (5).

hoch der Kapitaleinsatz der Brauerei ist.[795] Als weiteres Beispiel, in dem die Grenze der Sittenwidrigkeit erreicht wurde, können Wettbewerbsverbote angeführt werden. Solche sind nur dann zulässig, wenn sie nach Umfang, zeitlicher Dauer und örtlichem Geltungsbereich angemessen beschränkt sind und dem Ausgeschiedenen eine besondere Entschädigung in Geld zugesagt ist.

Verträge können mithin unter dem Aspekt der Freiheitsbeschränkung wegen der Schaffung langfristiger Bindung sittenwidrig sein.[796] Dass die Vereinbarung einer langen Vertragsdauer allein nicht sittenwidrig ist, hat die Rechtsprechung wiederholt ausgesprochen.[797] Sittenwidrigkeit folgt erst aus der Gesamtschau der Vertragsbestimmungen, die die Bewegungsfreiheit des Verpflichteten in unvertretbarem Maße einengen.[798] Dabei stellt die langjährige Rechtsprechung darauf ab, ob durch die Ausschließlichkeitsbindung, so wie sie im Einzelfall ausgestaltet ist, die wirtschaftliche Bewegungsfreiheit der Vertragspartei in einer mit den Anschauungen eines redlichen rechtsgeschäftlichen Verkehrs nicht zu vereinbarenden Weise eingeschränkt wird. Dabei legen sich die Gerichte nicht auf eine strenge Zeitgrenze fest, sondern würdigen den jeweiligen Vertrag, indem sie etwa die Länge der Bindung zu den Leistungen der Brauerei an den Gastwirt in Verbindung setzen. Bei der Prüfung wird der Gesamtcharakter des Vertrags unter Berücksichtigung von Inhalt, Motiven und Zweck in Betracht gezogen. Als Kriterien dienen hierbei etwa die Tatsache, die Höhe und die Ausgestaltung eines gewährten Darlehens und des vereinbarten Zinssatzes, Rabatte, das Risiko der Brauerei, die Überlassung von Inventar und die Ausgestaltung der Bezugsverpflichtung, insbesondere der Mindestabnahmemengen. Nur in extremen Fällen unbefristeter, ewiger Bindungen hat der *BGH* „jede bewußt zeitlich unbegrenzt vereinbarte Dauerbindung“ für unzulässig erklärt.[799]

Festzuhalten bleibt daher, dass die Rechtsprechung die individuelle wirtschaftliche Betätigungsfreiheit als solche und ganze schützt; eine Freiheit, sich von einem bestimmten Vertrag irgendwann zu lösen, gibt es als solche nicht. Das Ausmaß des Schutzes hängt maßgeblich davon ab, ob der Vertrag geeignet ist, die unternehmerische Freiheit des Vertragspartners insgesamt zu beeinträchtigen. Dem schließt sich auch die Literatur an. Eine dauerhafte Beschränkung

---

795 BGH NJW 1972, 1459; BGH NJW 1979, 865.

796 Hierzu auch MüKo BGB/Armbrüster, § 138 Rn. 34.

797 Zum Automatenaufstellvertrag BGH NJW 1969, 230 (231).

798 BGH NJW 1969, 230 (231).

799 Für Maklerverträge BGH WM 1976, 533, 534; BGH WM 1974, 257 (260).

der persönlichen und wirtschaftlichen Handlungsfreiheit sei unzulässig.[800] Es wird aber darauf hingewiesen, dass Verträge, die eine sehr lange Laufzeit vorsähen oder gar auf ewig geschlossen seien, nicht schon aus diesem Grunde insgesamt oder in Bezug auf die Zeitvereinbarung nichtig seien,[801] da in der Regel die Möglichkeit der Kündigung aus wichtigem Grunde den berechtigten Interessen der Parteien ausreichend Rechnung trage.[802] Zu beachten bleibt, dass sich die Sittenwidrigkeit langfristiger Vertragsbindungen nicht generell, sondern nur unter Berücksichtigung und Abwägung der jeweiligen vertragstypischen und durch die Besonderheiten des Einzelfalles geprägten Umstände bestimmen lässt.[803]

Es folgt, dass im deutschen Recht eine langfristige Selbstbindung von Vertragsparteien möglich ist, wenn die Grenze der Sittenwidrigkeit nicht erreicht wird. Die Vereinbarung einer Schriftformklausel erreicht diese Grenze nicht, da jedenfalls die Lösung von der Bindung an die Schriftform einfach zu erreichen ist. Erforderlich ist lediglich die Aufhebung der Schriftformklausel durch eine formgemäße Vereinbarung. Eine Bindung der Parteien an eine Schriftformklausel müsste daher im deutschen Recht –wie im südafrikanischen Recht - möglich sein.

2. Grenze der Selbstbindung im Südafrikanischen Recht

Auch im südafrikanischen Recht ist die Grenze der Selbstbindung die Sittenwidrigkeit des Rechtsgeschäfts. Verträge können nur dann von den Gerichten nicht durchgesetzt werden, wenn sie gegen die *public policy* verstoßen.[804] Es wurde bereits oben[805] dargestellt, dass diese Möglichkeit nur äußerst zurückhaltend angewandt werden darf. Bereits seit dem Anfang des letzten Jahrhunderts steht zwar fest, daß Gerichte auf der Grundlage der *public policy* Verträgen die Durchsetzbarkeit verwehren können. Gleichzeitig stehen aber auch die Grenzen fest. In *Morrison v Angelo Deep Gold Mines Ltd.*[806] heißt es:

---

800 Großfeld/Gersch, JZ 1988, 937 (937): „…, dass unsere Rechtsordnung ‚ewige' persönliche Bindungen ablehnt."

801 Staudinger/Sack, §§ 134-163, 2003, § 138 Rn. 272.

802 Staudinger/Sack, §§ 134-163, 2003, § 138 Rn. 272.

803 BGH NJW 1995, 2350 (2351); Staudinger/Sack, §§ 134-163, 2003, § 138 Rn. 272.

804 Die Standardentscheidung hierzu ist Sasfin v Beukes, 1989 (1) SA 1 (A) (8): "public policy generally favours freedom of contract; only in exceptional circumstances of extreme inequity where the enforcement of the contract is clearly inimical."

805 Kap. 2 C I 5.

806 Morrison v Angelo Deep Gold Mines Ltd., 1905 TS 775 (785).

„It must be shown that the arrangement necessarily contravenes or tends to induce contravention of some fundamental principle of justice or of general or statutory law, or that it is necessarily to the prejudice of the interests of the public."

Unproblematisch sind – wie im deutschen Recht - klare Fälle von Sittenwidrigkeit. So sind eindeutig beispielsweise die folgenden Verträge sittenwidrig,[807] wobei im deutschen Recht ähnliche Fallgruppen gebildet werden[808]: Verträge, die der Vorbereitung einer Straftat oder unerlaubten Handlung dienen,[809] die die Grundsätze der Familienordnung mißachten[810] sowie Verträge, die die Grundsätze der Sexualmoral mißachten[811].

Schwieriger ist es, die Sittenwidrigkeit in Fällen zu bestimmen, in denen weniger eindeutige Kriterien einschlägig sind. Dies wird zum Beispiel ersichtlich bei den sogenannten *contracts in restraint of trade* (Wettbewerbsbeschränkungen). Diesbezüglich haben südafrikanische Gerichte zunächst unheitlich entschieden, sind aber meist dem englischen Recht gefolgt und haben daher Wettbewerbsbeschränkungen im Ausgangspunkt für unwirksam erklärt.[812] Es oblag also demjenigen, der den Vertrag durchsetzen wollte, zu beweisen, dass dieser ausnahmsweise doch angemessen ist und daher nicht per se unwirksam. Hieran wurde herbe Kritik geäußert. [813] Nachdem die *Natal Provincial Division* in *Roffey v Catterall, Edwards & Goudré (Pty) Ltd*[814] klar gestellt hatte, dass eine

807 Ausführlich hierzu MacQueen/Cockrell in Zimmermann/Visser, Mixed Legal Systems in Comparative Perspective, 141 (148 ff.).

808 Hierzu ausfürhlich MüKo/Mayer-Maly/Armbrüster, 4. Aufl. § 138 Rn. 33 ff.

809 Conradie v Roussouw, 1919 AD 279 (314 f.); Goodman Bros (Pty) Ltd. v Rennies Group Ltd. 1997 (4) SA 91 (W).

810 Maseko v Maseko, 1992 (3) SA 190 (W) (196 f.); Rylands v Edros, 1997 (2) SA 690 (C).

811 Aburrow v Wallis, 1893 10 SC 214; Richards v Guardian Assurance Co 1907 Th 24; Thornycroft v Vas, 1957 (3) SA 754 (FC).

812 Hierzu Barnard, A critical legal Argument, 121 ff.; Aronstam, SALJ 1978, 21 ff.; Wessels, The law of Contract in South Africa, Vol. I, 1937, S. 182; Pretorius, THRHR 1997, 6 (6 f.); Du Plessis, SALJ 1984, 88 (95); Bhana/Bonthuys/Nortje, Student's guide to the law of contract, 110.

813 Beispielsweise von Kahn, SALJ 1968, 398; Wessels, The Law of Contract in South Africa, 2. Aufl., para 539: „The South African Courts, in a series of decisions, have declared that a condition in restraint of trade is void. There is very little doubt that this rule of law has been taken directly from the English law of contract and that considerable difficulty will be experienced in pointing out the Roman-Dutch source of this principle."

814 Natal Provincial Division in Roffey v Catterall, Edwards & Goudré (Pty) Ltd, 1977 (4)

Abwägung des Grundsatzes der Vertragstreue mit der wirtschaftlichen Betätigungsfreiheit im südafrikanischen Recht zugunsten der Vertragstreue ausfällt[815], entschied die *Appellate Division* in *Magna Alloys and Research v Ellis*[816], dass solche Verträge generell wirksam sind, weil Parteien grundsätzlich an ihre einmal geschlossenen Verträge gebunden sind. Seitdem folgen die Gerichte dieser Entscheiung.[817] Verträge mit Wettbewerbsbeschränkungen sind daher nicht grundsätzlich sittenwidrig sondern grundsätzlich wirksam und nur dann sittenwidrig, wenn sie gegen die Grenzen der Sittenwidrigkeit verstoßen. Ob ein solcher Vertrag die Grenze der Sittenwidrigkeit überschreitet, ist wie im deutschen Recht von den Umständen des Einzelfalles abhängig.[818] Berücksichtigt wird hierbei, ob eine Person vollständig des Rechts beraubt wird, ihren Lebensunterhalt mit dem Beruf zu verdienen, den sie ausüben möchte. Kann eine Person ihren Beruf nicht mehr frei wählen, verstößt die Wettbewerbsbeschränkung gegen die guten Sitten.[819] Berücksichtigt werden muss das Ausmaß des Wettbewerbsverbots,[820] die Fläche für die das Verbot vereinbart wurde[821] und die Dauer des

---

SA 494 (N) (505).

815 Natal Provincial Division in Roffey v Catterall, Edwards & Goudré (Pty) Ltd, 1977 (4) SA 494 (N) (505): „I am satisfied that South African law prefers the sanctity of contracts. The principle is firmly entrenched in our system, where it shows its head in so many places. Freedom of trade does not vibrate nearly as strongly through our jurisprudence. What is more, it is intrinsically the less commanding of the two ideas. ... Commerce needs freedom to bargain and loyalty to contracts already concluded as much as freedom of trade, and the public has no larger interest in the maintenance of the latter than in the preservation of the former. ... The principle [sanctity of contracts] has a moral dimension too, which gives it a durability and universality beyond the norms of the marketplace. This consists of its simple requirement that people should keep their promise."

816 Magna Alloys and Research (SA) (Pty) Ltd v Ellis, 1984 (4) SA 874 (A).

817 Sunshine Records (Pty) Ltd. v Frohling, 1990 (4) SA 782 (A); Rawlins v Varavantruck (Pty) Ltd., 1993 (1) SA 537 (A). Reeves v Marfield Insurance Brokers CC, 1996 (3) SA 766. Hierzu auch MacQueen/Cockrell in Zimmermann/Visser, Mixed Legal Systems in Comparative Perspective, 141 (152 ff.).

818 Magna Alloys and Research (SA) (Pty) Ltd v Ellis, 1984 (4) SA 874 (A) (891, 894).

819 Hierzu Kerr, Principles of the law of contract, 2002, 204 ff.

820 Poolquip Industries (Pty) Ltd v Griffin and another, 1978 (4) SA 353 (W) (255, 361); Amalgamated Retail Ltd v Spark and another, 1991 (2) SA 143 (SE) (147, 149).

821 Kemp, Sacs & Nell Real Estate (Edms) Bpk v Soll and another, 1986 (1) SA 678 (O) (688 f.); Turner Morris (Pty) Ltd v Riddell, 1996 (4) SA 397 (E) (405).

Verbots[822]. Zudem müssen das Interesse an der Vereinbarung des Verbots und das Interesse daran, das Verbot nicht zu vereinbaren, abgewogen werden.[823]

Jedenfalls erreicht auch im südafrikanischen Recht die Vereinbarung einer Schriftformklausel die Grenzen der Sittenwidrigkeit nicht, da jedenfalls die Lösung von der gewillkürten Form bereits dadurch möglich ist, dass eine formgerechte Vereinbarung getroffen wird.[824]

3. Ergebnis

In Deutschland und Südafrika gilt das Prinzip der Vertragstreue gleichermaßen. Gleichwohl kam es gerade bedingt durch die Beachtung dieses Grundsatzes zu einer unterschiedlichen Entwicklung der Rechtsprechung in Deutschland und Südafrika.

In Südafrika führte der Grundsatz der Vertragstreue in Verbindung damit, dass den Parteien zugestanden wurde, sich aufgrund der Ihnen zustehenden Vertragsfreiheit an eine Schriftformklausel zu binden, zu einer Bindung der Parteien an ihren ursprünglich geschlossenen Vertrag. Führt man sich die Entscheidung in *Shifren* noch einmal vor Augen (oben Kap. 2 A VI) kommt man zu dem Ergebnis, dass *Steyn* in *Shifren* die in dieser Ausarbeitung aufgezeigten Problemstellungen beachtet hat. Er hat insbesondere erkannt, dass sich die Parteien durch die Vereinbarung der Schriftformklausel selbst gebunden und sie hierdurch ihre Befugnis eingeschränkt haben, ihren Vertrag im Nachhinein mündlich zu ändern. Eine solche Bindung der Parteien hielt er für möglich, da die Grenzen der Selbstbindung, die auch im südafrikanischen Recht durch die Sittenwidrigkeit gezogen werden, mit der Vereinbarung einer Schriftformklausel nicht erreicht werden. Die Bindung der Parteien an eine gewillkürte Form ist seiner Ansicht nach deshalb nicht sittenwidrig, weil die Bindung durch die Parteien verhältnismäßig einfach wieder aufgehoben werden könne, nämlich dadurch, dass sie sich an die Voraussetzungen der gewilkürte Form hielten, die sie sich selbst aufgegeben hätten. In Verbindung mit seiner puristischen Überzeugung, die die Durchsetzung römisch-rechtlicher Prinzipien (*pacta sunt*

---

822 Commercial and Industrial Holdings (Pvt) Ltd and another v Leigh-Smith and others, 1982 (4) SA 226 (Z); Rawlins and another v Carvantruck (Pty) Ltd, 1993 (1) SA 537 (A) (544).

823 Siehe zu diesen Punkten Basson v Chilwan, 1993 (3) SA 742 (A); Bhana/Bonthuys/Nortje, Student's guide to the law of contract, 111 ff.

824 So schon Steyn in Shifren, siehe oben Kap. 2 B I VII.

servanda) zwingend erforderlich macht, führten diese Gedankengänge dazu, dass die Parteien an ihren ursprünglichen Vertrag gebunden wurden.

In Deutschland hingegen fand der Grundsatz offenbar deshalb keine Beachtung, weil zur Zeit der ersten Gerichtsentscheidung bereits liberales Gedankengut die rechtlichen Diskussionen prägte. Demgemäß entschied das *Bayerische ObLG* (oben Kap. 1 A. I), dass Vertragsparteien sich durch eine Vereinbarung, die sie nur in ihrem eigenen Interesse träfen, nicht die Möglichkeit nehmen könnten, eine den gesetzlichen Erfordernissen entsprechende neue Vereinbarung ohne Beachtung der früheren rechtswirksam zu treffen. Das Gericht sprach den Parteien hierdurch also die Möglichkeit der Selbstbindung ab. Als maßgeblich erkannte das Gericht nicht den in der ursprünglichen Vereinbarung zum Ausdruck gekommenen Selbstbindungswillen der Parteien, sondern den in der nachträglichen Änderung zum Ausdruck gekommenen Willen. Das Reichsgericht beschäftigte sich in seiner ersten Entscheidung zur Wirksamkeit von mündlichen Änderungen eines mit Schriftformklausel versehenen Vertrags hingegen nicht mit der Frage der Möglichkeit der Parteien zur Selbstbindung, sondern stützte sich allein auf den durch die mündliche Änderung zum Ausdruck gekommenen Willen der Parteien.

G. Ergebnis

Im Ergebnis ist die unterschiedliche Entwicklung der Rechtsprechung zu Schriftformklauseln im deutschen und südafrikanischen Recht daher darauf zurück zu führen, dass die südafrikanische Rechtsprechung den Vertragsparteien die Möglichkeit zuspricht, sich an eine gewillkürte Form zu binden, die deutsche Rechtsprechung eine solche Selbstbindung der Parteien hingegen nicht für möglich hält.

Im Ausgangspunkt sind sowohl das deutsche als auch das südafrikanische Recht vom Prinzip der Vertragsfreiheit geprägt. Verträge können mit beliebigem Inhalt und in beliebiger Form geschlossen werden. Darüber hinaus steht es den Parteien in beiden Rechtsordnungen jedoch frei, sich an eine gewillkürte Form zu binden. Hieraus wiederum folgt, dass es den Vertragsparteien möglich ist, Schriftformklauseln in einen Vertrag aufzunehmen. Die Änderung eines Vertrags erfolgt grundsätzlich ebenfalls durch Vertrag und ist - wie der Abschluss eines jeden Vertrags- prinzipiell formfrei möglich. Im Zusammenhang mit der mündlichen Änderung eines mit Schriftformklausel versehenen Vertrags stellt sich die Frage, ob die Änderung des Vertrags ausschließlich in der zuvor vereinbarten Form wirksam möglich ist oder aber formfrei erfolgen kann. Da die Auslegung einer Schriftformklausel insoweit nicht zu einem eindeutigen Ergebnis führt, ist das hinter der Wirksamkeit mündlicher Abreden trotz vereinbarter Schriftformklausel liegende Problem dogmatisch in der Frage zu verorten, ob es den Parteien zugestanden wird, sich selbst an eine gewillkürte Form zu binden. Die Problematik liegt dabei darin begründet, dass die Vertragsfreiheit der Parteien sowohl zum Zeitpunkt des ursprünglichen Vertragsschlusses als auch zum Zeitpunkt der mündlichen Vertragsänderung nur eingeschränkt bestehen kann. Denn gesteht man den Parteien die Möglichkeit zu, sich an eine gewillkürte Form zu binden, wird automatisch die Vertragsfreiheit im Zeitpunkt der Vertragsänderung eingeschränkt, da diese nicht mehr formfrei möglich ist. Spricht man den Parteien die Möglichkeit ab, sich an eine gewillkürte Form zu binden, indem man die mündliche Änderung des ursprünglichen Vertrags für wirksam erachtet, schränkt man ihre Vertragsfreiheit im Zeitpunkt der Vereinbarung der Schriftformklausel ein, da dieser im Ergebnis keine Wirkung zukommt. In beiden Rechtsordnungen wird generell die Grenze der Selbstbindung in der Sittenwidrigkeit des Vertrags gezogen. Die Vereinbarung einer Schriftformklausel erreicht die Grenze der Sittenwidrigkeit –wie dargestellt – aber nicht.

Folglich hätte es nahegelegen, dass beide Rechtsordnungen die Frage der Wirksamkeit von Schriftformklauseln gleich beantworten. Dies ist aber nicht der Fall. Denn das deutsche Recht kommt zur Wirksamkeit einer mündlichen Vertragsänderung, das südafrikanische Recht hingegen zu deren Unwirksamkeit. Dies liegt darin begründet, dass die Gerichte in Deutschland den Parteien die Möglichkeit absprechen, sich im Rahmen der ihnen zustehenden Vertragsfreiheit selbst an eine gewillkürte Form zu binden. Dies kann nur damit erklärt werden, dass im deutschen Recht zur Zeit der ersten Entscheidung zu Schriftformklauseln aufgrund des in der Rechtswissenschaft vorherrschenden liberalen Gedankengutes dem Willen der Parteien maßgebliches Gewicht beigemessen wurde. Daher stützte das zuerst entscheidende Gericht seine Entscheidung zuvorderst auf den in der mündlichen Vertragsänderung zum Ausdruck gekommenen Vertragswillen der Parteien. Insoweit lag es nahe, den in der Vertragsänderung zum Ausdruck kommenden Willen der Parteien mit Wirkung zu bekleiden und nicht davon auszugehen, dass die Selbstbindung der Parteien im Zeitpunkt der Vereinbarung der Schriftformklausel in Kombination mit dem Grundsatz der Vertragstreue zu einer Unwirksamkeit der mündlichen Abrede führen muss. Denn dogmatisch hätte den Parteien auch in Deutschland die Möglichkeit eröffnet werden müssen, sich selbst an eine gewillkürte Form zu binden, da die Grenzen der Möglichkeit einer solchen Bindung nicht erreicht werden.

In Südafrika hingegen führte die strikte Beachtung des Grundsatzes der Vertragstreue zu einer Bindung der Parteien an die Schriftformklausel. Insoweit hat der im letzten Jahrhundert in Südafrika ausgetragene *bellum juridicum* die Entscheidung in *Shifren* indirekt beeinflusst. Denn weil einer der Hauptakteure dieser Auseinandersetzung um die Wurzeln des südafrikanischen Rechts der Vorsitzende Richter in der Entscheidung in *Shifren* war, legte er maßgebliches Gewicht auf die Durchsetzung römisch-rechtlicher Prinzipien, hier das Prinzip *pacta sunt servanda*. Da er den Parteien die Möglichkeit zusprach, sich wirksam an eine gewillkürte Form zu binden, kam er unter Anwendung des Prinzips der Vertragstreue zu dem Ergebnis, dass diese Bindung der Parteien an eine gewillkürte Form mit Wirkung bekleidet werden muss, die ursprünglich vereinbarte Schriftformklausel durchgesetzt werden muss und eine nachträglich erfolgte mündliche Änderung des Vertrags unwirksam ist.

Aufgrund der Tatsache, dass das hinter der Frage der Wirksamkeit mündlicher Änderungen bei zuvor vereinbarter Schriftformklausel stehende dogmatische Problem die Möglichkeit der Selbstbindung der Parteien ist, konnte eine Erklärung für die unterschiedliche Entwicklung der Rechtsprechung in beiden Rechtsordnungen auch nicht in den in der vorliegenden Ausarbeitung in Kapitel 3 untersuchten Gründen gefunden werden.

Insoweit wurde aufgezeigt, dass der Grundsatz des *caveat subscriptor* im südafrikanischen Recht nicht zu einer Bindung der Parteien an den ursprünglich vereinbarten schriftlichen und die Schriftformklausel enthaltenden Vertrag geführt hat. Denn aus diesem Grundsatz folgt kein Vorrang schriftlicher Verträge vor mündlichen Vereinbarungen. Vielmehr steht hinter ihm die Frage, unter welchen Voraussetzungen eine Vertragspartei an eine Willenserklärung gebunden ist.

Auch herrscht im südafrikanischen Recht keine Zurückhaltung bezüglich der Annahme konkludenter Verträge. Auch das südafrikanische Recht hätte im Ergebnis – wie die deutsche Rechtsprechung – zu einer konkludenten Aufhebung der Schriftformklausel durch die mündlich vereinbarte Vertragsänderung kommen können. In *Shifren* wurde aber bereits die einfache Schriftformklausel so ausgelegt, dass sie sich selbst erfasst, ihre Aufhebung infolgedessen nur schriftlich erfolgen kann. Daher kam eine konkludente Aufhebung der Klausel durch die mündliche Vertragsänderung nicht in Betracht.

Zudem konnte auch kein englischer Einfluss auf die südafrikanische Rechtsprechung zu Schriftformklauseln festgestellt werden. Insbesondere erfordert das südafrikanische Recht für die Wirksamkeit eines Vertragsschlusses keine

Gegenleistung (*consideration*) wie das englische Recht. Verträge bedürfen wie im deutschen Recht zu ihrer Wirksamkeit lediglich zweier übereinstimmender Willenserklärungen.

Anders als der südafrikanische *Supreme Court of Appeal* annimmt, war die Entscheidung in *Shifren* auch nicht durch die Verfassungskrise der 50er Jahre des letzten Jahrhunderts beeinflusst. Denn zum einen war die Beweisführung in *Shifren* nicht mit der im Zentrum der damaligen Aufmerksamkeit stehenden Entscheidung in *Harris* vergleichbar und zum anderen kann davon ausgegangen werden, dass der Vorsitzende Richter der Entscheidung in *Shifren* aufgrund seiner Sympathie mit dem Apartheidsgesetzgeber einer Beeinflussung durch *Harris* nicht unterlag. Weiterhin war die Verfassungskrise zur Zeit der Entscheidung in *Shifren* bereits durch die Entscheidung in *Collins* beendet worden.

4. Kapitel: Zusammenfassung der Ergebnisse

Das Ziel dieser Arbeit bestand nicht darin, aufzuzeigen, welche der beiden Rechtsordnungen die „bessere" ist. Vielmehr war es Ziel der Untersuchungen, die Gründe für die unterschiedliche Entwicklung der Rechtsprechung zu Schriftformklauseln im deutschen und südafrikanischen Recht zu untersuchen. Die Ergebnisse der Arbeit lassen sich wie folgt zusammenfassen:

1. Deutsches Recht

Im Ausgangspunkt hielt die deutsche Rechtsprechung nachträgliche mündliche Änderungen trotz einer wirksam vereinbarten Schriftformklausel für wirksam.[825] Bereits das erste nach Inkrafttreten des BGB ergangene Urteil sprach den Parteien die Möglichkeit ab, sich an eine Schriftformklausel zu binden, weil sie sich nicht die Möglichkeit nehmen könnten, eine den gesetzlichen Erfordernissen entsprechende neue Vereinbarung ohne Beachtung der früheren rechtswirksam zu treffen. Zudem stützte die Rechtsprechung das Ergebnis maßgeblich auf den in der mündlichen Vertragsänderung zum Ausdruck kommenden Willen der Parteien. So kommt die Rechtsprechung zu dem Ergebnis, dass die Parteien auch mittels einer stillschweigend möglichen Aufhebung der Schriftformklausel Verträge mündlich wirksam ändern können. Der *BGH* weitet diese Rechtsprechung des Reichsgerichts später dahingehend aus, dass die Parteien auch dann wirksame mündliche Vertragsänderungen vornehmen können, wenn sie an die Schriftformklausel nicht einmal gedacht haben. Damit steht eine von den Parteien vereinbarte gewillkürte Formbindung im Ergebnis der Gültigkeit einer formlosen Abrede praktisch nie im Wege. In der Literatur,[826] die zu Beginn des 19. Jahrhunderts beinahe geschlossen die später auch von der Rechtsprechung vertretene Ansicht vertrat, regte sich erst nach Erscheinen der ersten *BGH* Entscheidungen Kritik, die sich insbesondere darauf stützte, dass der Zweck, den die Vertragsparteien mit der Aufnahme der Schriftformklausel in ihren Vertrag beabsichtigten, durch die Rechtsprechung vereitelt wurde.

Es hat sich gezeigt, dass die in der Literatur vorgenommene Auslegung von Schriftformklauseln in den meisten Fällen daran scheitert, dass der Wortlaut der einfachen Schriftformklauseln nicht eindeutig ist und auch anhand der mit einer Schriftformklausel verfolgten Zwecke nicht geklärt werden kann, ob die verein-

825 Oben, Kap. 1 B.

826 Oben, Kap. 1 C.

barte Schriftform auch für die Änderung der Schriftformklausel selbst gelten soll. Deshalb lässt sich nicht eindeutig beantworten, ob eine ausdrückliche schriftliche Aufhebung der Schriftformklausel erforderlich ist oder eine stillschweigende Aufhebung ausreicht.[827] Dies wiederum macht es erforderlich, dogmatisch früher anzusetzen. Herausgearbeitet wurde, dass vorrangig die Frage beantwortet werden muss, ob Vertragsparteien die Möglichkeit zugestanden wird, sich selbst an eine gewillkürte Form zu binden, oder nicht.[828]

2. Südafrikanisches Recht

Das südafrikanische Recht nimmt konträr zum deutschen Recht die Position ein, dass die nachträgliche mündliche Änderung eines mit Schriftformklausel versehenen Vertrags unwirksam ist. Zwar hatten zunächst einige Gerichte entschieden, dass eine Schriftformklausel wirksamen mündlichen Vertragsänderungen nicht entgegensteht.[829] Schließlich zeichnete sich aber eine Änderung der Rechtsprechung ab, die 1964 zu der Entscheidung der *Appellate Division* in *Shifren* führte, nach der nachträgliche mündliche Änderungen unwirksam sind.[830] Wie im deutschen Recht wurde auch im südafrikanischen Recht die Möglichkeit der Parteien, sich selbst an eine gewillkürte Form zu binden, bereits frühzeitig diskutiert.

Anders als in Deutschland beschäftigte sich die Rechtsprechung in Südafrika mit sogenannten *grounds of escape*.[831] Dies wurde erforderlich, weil die Parteien versuchten, der strikten Bindung an die Schriftformklausel dadurch zu umgehen, dass sie vortrugen, die getroffene Vereinbarung sei keine Vertragsänderung und erfordere daher keine Schriftform. Eine vergleichbare Entwicklung nahm das deutsche Recht nicht, da in Deutschland die jeweilige mündliche Änderung des Vertrags für wirksam erachtet wurde. Die südafrikanische Rechtsprechung kam zu dem Ergebnis, dass allein die Vereinbarung eines *pactum de non petendo* nicht unter die Schriftformklausel fällt und somit trotz vereinbarter Schriftformklausel mündlich wirksam geschlossen werden kann. Daneben stellen weder ein Verzicht noch die *doctrine of estoppel* eine zuverlässige Möglichkeit dar, der Bindung an die Schriftformklausel zu entgehen. Auch an einer arglistigen Täuschung oder Sittenwidrigkeit wird die Durchsetzbarkeit der Schrift-

---

827 Oben, Kap. 1 C II.

828 Oben, Kap. 1 C III.

829 Oben, Kap. 2 B.

830 Oben, Kap. 2 B VII.

831 Oben, Kap. 2 C.

formklausel nur in Ausnahmefällen scheitern. Eine Berufung auf den Grundsatz von Treu und Glauben scheidet seit der Entscheidung in *Brisley v. Drotsky* aus.

3. Grund für die unterschiedliche Entwicklung der Rechtsordnungen: Die Selbstbindung der Parteien

Aus der vorgenommenen rechtsvergleichenden Betrachtung folgt, dass die Frage der Wirksamkeit einer mündlichen Vertragsänderung trotz vereinbarter Schriftformklausel dogmatisch an der Frage verortet werden muss, ob die jeweilige Rechtsordnung eine Selbstbindung der Parteien an eine gewillkürte Form ermöglicht, oder nicht.

Der Grund für die unterschiedliche Entwicklung der deutschen und südafrikanischen Rechtsprechung ist darin zu sehen, dass den Parteien im südafrikanischen Recht eine solche Bindung an eine gewillkürte Form zugestanden wurde, im deutschen Recht jedoch nicht. Bereits das erste nach Inkrafttreten des BGB ergangene Urteil sprach den Parteien die Möglichkeit ab, sich an eine Schriftformklausel zu binden. Später wurde diese Frage in der Literatur kontrovers diskutiert.[832] In Südarika ermöglichte die Rechtsprechung mit der Entscheidung in *Shifren* eine Selbstbindung der Parteien.

Das Problem ist in beiden Rechtsordnungen darin zu verorten, dass die Vertragsfreiheit es den Parteien sowohl ermöglicht, sich an eine gewillkürte Form zu binden, als auch eine nachträgliche Änderung eines Vertrags in jeglicher Form zu vereinbaren. Im Grundsatz ist die Grenze für eine Selbstbindung der Partein in der Sittenwidrigkeit zu sehen. Da die Vereinbarung einer Schriftformklausel diese Grenze nicht erreicht, hätte den Parteien in beiden Rechtsordnungen die Möglichkeit der Selbstbindung an eine gewillkürte Form zugestanden werden müssen. In Südafrika führte das römisch-holländischrechtlich geprägte Gedankengut des entscheidenden Richters in *Shifren* dazu, dass den Parteien eine solche Selbstbindung ermöglicht wurde. Da er eine der Hauptfiguren der südafrikanischen Auseinandersetzung um das Wesen des südafrikanischen Rechts war und sich als Purist der Durchsetzung römisch-holländischrechtlicher Prinzipien verpflichtet sah, entschied er sich für die Bindung der Parteien an die von ihnen vereinbarte Schriftformklausel. Denn die den Parteien grundsätzlich zustehende Möglichkeit, sich an eine Schriftformklausel zu binden, führt in

832 Oben, Kap. 1 C III.

Verbindung mit dem Grundsatz der Vertragstreue zu einer Bindung der Parteien an die vereinbarte Schriftformklausel.

In der deutschen rechtswissenschaftlichen Diskussion herrschte demgegenüber zur Zeit der ersten Entscheidung zu Schriftformklauseln liberales Gedankengut vor, aufgrund dessen dem Willen der Parteien maßgebliches Gewicht zukam. Demzufolge stützte die deutsche Rechtsprechung von Beginn an die Wirksamkeit der nachträglichen mündlichen Änderung maßgeblich auf den in der mündlichen Vertragsänderung zum Ausdruck kommenden Parteiwillen und sprach den Parteien die Möglichkeit, sich selbst an eine gewillkürte Form zu binden, ab.

Im deutschen Recht ist eine Abkehr von der bisherigen Rechtsprechung für die Zukunft nicht ersichtlich. Auch für die südafrikanische Rechtssprechung ist eine solche nicht zu erwarten. Zuletzt wurde in *Brisley v. Drotsky* deutlich, dass das südafrikanische Recht weiterhin an einer strikten Anwendung des *Shifren Principles* festhalten wird.

4. Keine Gründe für die unterschiedliche Entwicklung

Folglich konnten die Gründe für eine unterschiedliche Entwicklung der beiden Rechtsordnungen auch nicht allein darauf zurückgeführt werden, dass dem Willen der Parteien im deutschen Recht stärkeres Gewicht zukommt, als im südafrikanischen Recht. Beiden Rechtsordnungen ist die Maßgeblichkeit des Willens der Parteien eigen, die Änderung eines einmal geschlossenen Vertrags ist deshalb von einem übereinstimmenden Willen der Parteien zur Vertragsänderung abhängig.[833]

Auch konnte ein Grund für die ungleiche Entwicklung der beiden Rechtsordnungen nicht auf einen Einfluss englischen Rechts in Südafrika zurückgeführt werden, insbesondere hat der Einfluss des englischen Rechts nicht zum Erfordernis einer *consideration* für die Wirksamkeit eines Vertragsschlusses geführt.[834]

Zudem hat sich die Annahme nicht bestätigt, die Argumentation in *Shifren* gleiche dem Prinzip *caveat supscriptor*. Es ist schlicht nicht der Fall, dass dieses Prinzip ausdrückt, in Südafrika würden schriftliche Verträge strenger durchgesetzt, als in Deutschland. Vielmehr bedeutet der Ausspruch, dass die Lösung von

833 Oben, Kap. 3 A.

834 Oben, Kap. 3 D.

einem schriftflichen Vertrag aufgrund von Willensmängeln erschwert ist, weil durch die schriftliche Erklärung der Anschein eines Vertragsbindungswillens gesetzt wurde.[835]

Zu guter Letzt hat sich auch herausgestellt, dass die *Shifren* Entscheidung nicht durch die Verfassungskrise der fünfziger Jahre des letzten Jahrhunderts beeinflusst war. Denn anders als das Gericht in *Brisley v Drotsky* im Jahre 2002 angenommen hat, gleicht die in *Shifren* vorgenommene Beweisführung derjenigen in der zuvor ergangenen *Harris* Entscheidung nicht. Zudem hat sich herausgestellt, dass die Verfassungskrise zur Zeit der *Shifren* Entscheidung bereits durch die Entscheidung in *Collins* beendet war und auch der in *Shifren* Vorsitzende Richter *Steyn* aufgrund seiner apartheidstreuen Gesinnung einer Beeinflussung durch die *Harris* Entscheidung nicht unterlegen gewesen sein kann, da diese gerade apartheidsfeindlich war.[836]

835 Oben, Kap. 3 B.

836 Oben, Kap. 3 E.

Literaturverzeichnis

Ackermann, The negotiable instrument and the unenforceable contract, SALJ 1984, 316 ff.

Aronstam, Consumer protection, freedom of contract and the law, 1979.

Ders., Restraint of trade re-examined, SALJ 1978, 21 ff.

Barnard, To Wonderland through the looking-glass: conceiving a critical legal argument for contractual justice in the South African law of contract, Law and Critique 2006, 153 ff.

Barnard, A critical legal argument for contractual justice in the South African law of contract, 2005.

Beitzen, Abänderung und Aufhebung formbedürftiger Verträge, 1909.

Bekker, System des heutigen Pandektenrechts, Zweiter Band, 1889.

Berner, Die durch Rechtsgeschäft bestimmte Form, 1940.

Bhana/Bonthuys/Nortje, Student's guide to the law of contract, 2. Aufl., 2009.

Bianca/Bonell (Hrsg), Commentary on the International Sales Law, The 1980s Vienna Sales Convention, 1987.

Van Blerk, The irony of labels, SALJ 1982, 265 ff.

Böhm, Das Abgehen von rechtsgeschäftlichen Formgeboten, AcP 179 (1979), 425 ff.

Boergen, Die Effektivität vertraglicher Schriftformklauseln, BB 1971, 202 ff.

Du Bois/Visser, Der Einfluss des europäischen Rechts in Südafrika, in: Jahrbuch für europäische Rechtsgeschichte, Band 2, 2001, S. 47 ff.

Du Bois, Introduction: History, System and Sources, in van der Merwe/du Plessis, Introduction to the law of South Africa, S. 1 ff.

Bonell, An International Restatement of Contract Law, 1997.

Breitling, Bedeutung und Wirkung von Schriftformklauseln, Eine Untersuchung mit Bezug auf Individualvereinbarungen und Allgemeine Geschäftsbedingungen unter Einbeziehung des schweizerischen Rechts, des amerikanischen UCC sowie des UN-Kaufrechts, 1994.

Brückner, Inwieweit sind nach dem Bürgerlichen Gesetzbuch für das Deutsche Reich neben schriftlichen oder neben gerichtlich oder notariell beurkundeten Verträgen mündliche Vor- und Nebenabredungen von Wirksamkeit?, Das Recht 1900, 342 ff.

Busche, Privatautonomie und Kontrahierungszwang, 1999.

Bydlinski, Privatautonomie und objektive Grundlagen des verpflichtenden Rechtsgeschäftes, 1967.

Cameron, Legal chauvinism, executive mindedness and justice – L C Steyn's impact on South African Law, SALJ 1982, 38 ff.

Canaris, Verfassungs- und europarechtliche Aspekte der Vertragsfreiheit in der Privatrechtsgesellschaft, in: Wege und Verfahren des Verfassungslebens, Fetschrift für Peter Lerche zum 65. Geburtstag, 1993, 873 ff.

Ders., Wandlungen des Schuldvertragsrechts, Tendenzen zu seiner „Materialisierung", AcP 2000, 273 ff.

Christie, The Law of Contract in South Africa, 4. Aufl., 2001.

Cockrell, Studying Legal History in South Africa: The Lesson of Lot's Wife, ZEuP 1997, 436 ff.

Cowen, The entrenched sections of the South Africa Act, two great legal battles, SALJ 1953, 238 ff.

Ders., Legislature and Judiciary, Reflections on the constitutional issues in South Africa, Part I, Modern Law Review 1952, 282 ff.

Ders., Legislature and Judiciary, Reflections on the constitutional issues in South Africa, Part II, Modern Law Review 1953, 273 ff.

Danz, Die Auslegung der Rechtsgeschäfte, 2. Aufl., 1906.

Di Fabio, Form und Freiheit, DNotZ 2006, 342 ff.

Disselhorst, Die Lehre des Hugo Grotius vom Versprechen, 1959.

Düringer/Hachenburg, Das Handelsgesetzbuch, 2. Auflage, 1910.

Dyzenhaus, L.C. Steyn in perspective, SALJ 1982, 380 ff.

Eisner, Die Schriftformklausel in der Praxis, NJW 1969, 118 ff.

Endemann, Einführung in das Studium des Bürgerlichen Gesetzbuchs, 1899.

Englerth, Behavioral Law and Economics – eine kritische Einführung, 2004, Preprints of the Max-Planck-Institute for Research on Collective Goods, abrufbar unter http://www.coll.mpg.de/pdf_dat/2004_11online.pdf.

Enneccerus/Nipperdey, Allgemeiner Teil des Bürgerlichen Rechts, Zweiter Halbband, Entstehung, Untergang und Veränderung der Rechte, Ansprüche und Einreden, Ausübung und Sicherung der Rechte, 15. Aufl. 1960.

Erman, Formzwang für künftige Vertragsabreden und Abgehen hiervon im Wege formloser Vereinbarung, BAG AP, § 127, Nr. 1, Blatt 3.

Erman, Bürgerliches Gesetzbuch, herausgegeben von Westermann, Band 1, 12. Aufl., 2008.

Fagan, Roman-Dutch Law in its South African Historical Context, in Zimmermann/Visser (Hrsg.), Southern Cross, Civil Law and Common Law in South Africa, 1996, S. 34 ff.

Feenstra, Klagbarkeit der pacta nuda, in Zimmermann/Feenstra (Hrsg.), Das römisch-holländische Recht, Fortschritte des Zivilrechts im 17. und 18. Jahrundert, S. 123 ff.

Feenstra, Die Invloede op Hugo de Groot, THRHR 1983, 136 ff.

Feenstra/Zimmermann (Hrsg.), Das römisch-holländische Recht, Fortschritte des Zivilrechts im 17. und 18. Jahrundert, 1992.

Ferrari et al, The Draft UNCITRAL Digest and Beyond: Cases, Analysis and Unresolved Issues in the U.N. Sales Convention, 2004.

Fischer, Lehrbuch des preußischen Privatrechts, 1887.

Fischer/Henle, Bürgerliches Gesetzbuch, 1902.

Flume, Allgemeiner Teil des Bürgerlichen Gesetzbuchs, Zweiter Band, Das Rechtsgeschäft, 4. Aufl. 1992.

Francis, Non-variation clause – a further postscript, SALJ 1963, 395 ff.

Fromholzer, Consideration, US-amerikanisches Recht im Vergleich zum Deutschen, 1997.

Gareis, Der Allgemeine Theil des Bürgerlichen Gesetzbuchs, 1900.

Geldsetzer, Einvernehmliche Änderung und Aufhebung von Verträgen, 1993.

Genzmer, Das römische Recht als Mitgestalter gemeineuropäischer Kultur, in Wehberg (Hrsg.), Gegenwartsprobleme des Internationalen Rechtes und der Rechtsphilosophie, Festschrift für Rudolf Laun zu seinem 70. Geburtstag, 1953, S. 499 ff.

v. Gierke, Der Entwurf eines Bürgerlichen Gesetzbuchs und das Deutsche Recht, 1889.

Girvin, The Architects of the Mixed Legal System, in Zimmermann/Visser (Hrsg.), Southern Cross, Civil Law and Common Law in South Africa, S. 95 ff.

Glover, The doctrine of duress in the law of contract and unjustified enrichment in South Africa, 2003.

Goldmann/Lilienthal, Das Bürgerliche Gesetzbuch, Band I, 2 Aufl., 1903.

Gray, The sovereignty of parliament today, Toronto Law Journal, 1953, 54 ff.

Großfeld/Gersch, Zeitliche Grenzen von Privaten Schuldverträgen, JZ 1988, 937.

Grotius, Inleiding tot de Hollandsche Rechtsgeleertheyd, hg. Von R.W. Lee, 1926.
Grotius, De Jure Belli ac Pacis libri tres, 1642.
Grunsky, Spielsperre bei Spielbank, Auslegung, Sittenwidriger Kredit, EWIR § 157 BGB 1/96, 11 f.
Häsemeyer, Die gesetzliche Form der Rechtsgeschäfte, 1971.
Hahlo, Non-variation clauses, SALJ 1965, 4 ff.
Hahlo/Kahn, The Union of South Africa, 1960.
Hahlo/Kahn, The South African Legal System and its Background, 1968.
Harke, Römisches Recht, 2008.
Hau, Vertragsanpassung und Anpassungsvertrag, 2003.
Hausmanninger/Selb, Römisches Privatrecht, 8. Aufl., 1997.
Hawthorne, THRHR 2004, 294 (295).
Van Heerden, Insake: Sotiriadis v. Patel, THRHR 1961, 61 ff.
Heilfron, Lehrbuch des Bürgerlichen Rechts, 1904
Heldrich, Die Form des Vertrages, AcP 1941, 89 ff.
Hillmann, Art. 29 (2) of the United Nations Convention on Contracts for the International Sale of Goods: A New Effort at Clarifying the Legal Effect of "No Oral Modification" Clauses, 21 Cornell International Law Review 1988, 449.
Von Hippel, Die Kontrolle der Vertragsfreiheit nach anglo-amerikanischem Recht, Zugleich ein Beitrag zur Considerationlehre, 1963.
Hlophe, Official Languages and the Courts, SALJ 2000, 690 ff.
Hofer, Freiheit ohne Grenzen, Jus Privatum, Band 53, 2001.
Honnold, Uniform Law for International Sales, 3. Auf., 1999.
Hromadka, Schriftformklauseln in Arbeitsverträgen, DB 2004, 1261 ff.
Hueck, Formvorschriften für die Änderung von Gesellschaftsverträgen – zur Entscheidung des BGH v. 05.02.1968, DB 1968, 1207.
Hunt, Annual Survey of South African Law 1963, 137 ff.
Hutchison, Non-variation clauses in contract: any escape from the shifren straitjacket?, SALJ 2001, 720 ff.
Hutchison, Contract Formation, in Zimmermann/Visser (Hrsg.), Southern Cross, Civil Law and Common Law in South Africa, 1996, 166.
Kahn, Contract & Mercantile Law: A Source Book, Vol I, 2. Aufl., 1985.
Ders., Estoppel and the conclusion of a contract, SALJ 1959, 234 ff.

Ders., Oliver Deneys Schreiner – The Man and his Judicial World, SALJ 1980, 566 ff.
Ders., Annual Survey of South African Law 1953, 1 f.
Ders., SALJ 1971, 1 ff.
Kaser, Das römische Recht in Südafrika, Savigny Zeitschrift, RA, 1964, 1 ff.
Kaser/Knütel, Römisches Privatrecht, 19. Aufl. 2008.
Kegel, Vertrag und Delikt, 2001.
Kerr, The Principles of the law of contract, 2002.
Ders., Usus and misuses of the term iustus error, questions concerning error in corpore, SALJ 1987, 377 ff.
Ders., Implied provisions in contracts, SALJ 1974, 121 ff.
Ders., Implied provisions in contracts: is there to be a new role fort he hypothetical bystander? Conflicting Supreme Court of Appeal decisions, SALJ 2006, 195 ff.
Kessler, Einige Betrachtungen zur Lehre von der Consideration, in Festschrift für Ernst Rabel, Band I, 1954, 251 ff.
Kliemt, Formerfordernisse im Arbeitsverhältnis, 1995.
Knobel, Wandlungen im Verständnis der Vertragsfreiheit, 2000.
Köndgen, Selbstbindung ohne Vertrag, 1981.
Körnig, Schriftformklausel und Mündliche Abreden, 1972.
Kötz, Anmerkung zu BGH v. 19.9.1966, JZ 1967, 287 ff.
Kotzé, Simon van Leeuwen's Commentaries on Roman-Dutch-Law, Vol I 1881, Vol II, 1886.
Kritzinger, Approach to contract: a reconciliation, SALJ 1983, 47 ff.
von Kübel, Das einseitige Versprechen als Grund der Verpflichtung zur Erfüllung, in: Wener Schubert, Die Vorlagen der Redaktoren für die erste Kommission zur Ausarbeitung des Entwurfs eines Bürgerlichen Gesetzbuchs, Recht der Schuldverhältnisse, Teil 3, 1980, 1171.
Landau, Pacta sunt servanda, in Ins Wasser geworfen und Ozeane durchquert, Festschrift für Knut Wolfgang Nörr, 2003, 457 ff.
Ders., Einfluß des kanonischen Recht auf die europäische Rechtskultur, in Schulze (Hrsg.), Europäische Rechts- und Verfassungsgeschichte, 1991.
Landis, South African Apartheid Legislation, I: Fundamental Structure, Yale Law Journal 1961-1962, 1 ff.
Dies., South African Apartheid Legislation, II: Extension, Enforcement and Perpetuation, Yale Law Journal, 1961-1962, 437 ff.

Larenz, Geschäftsgrundlage und Vertragserfüllung, die Bedeutung veränderter Umstände im Zivilrecht, 1951.
Larenz/Wolf, Allgemeiner Teil des Bürgerlichen Rechts, 9.Aufl., 2004.
Lee, Law and legislation in the Union of South Africa, Yale Law Journal 1922-23 (Vol. 32), 224 ff.
Lehmann/Hübner, Allgemeiner Teil des Bürgerlichen Gesetzbuchs, 15. Aufl. 1966.
Lewis, Caveat subscriptor and the doctrine of justus error, SALJ 1987, 371 ff.
Loewe, Die Form der Rechtsgeschäfte im Bürgerlichen Gesetzbuch, 1899.
Lorenz, Der Schutz vor dem unerwünschten Vertrag, 1997.
Lubbe, Taking fundamental rights seriously: the bill of rights and it's implications for the development of contract law, SALJ 2004, 395 ff.
Ders., Legal History in South Africa: Reflections of a Non-Historian, ZEuP 1997, 428 ff.
Ders., Estoppel: South Africa, European Review of Private Law 2006, 747.
Lubbe/Murray, Contract Cases Materials and Commentary, 3. Aufl., 1988.
Manamela, The enforcement of an oral pactum de non petendo where a contract contains a non-variation clause, SAMercLJ 2001, 655 ff.
Matlala, David, The law of contract: when the Supreme Court of Appeal fails to act, www.law.wits.ac.za/workshop/workshop03/WWLSMatlala.doc.
Mayer-Maly, Privatautonomie und Selbstverantwortung, JbRSoz, XIV (1989), 268 ff.
McLennan, The demise of the non-variation clause in contract?, SALJ 2001, 574 ff.
Ders., Justus error, snatching at bargains, and rectification, SALJ 1987, 383 ff.
Ders., Implied Terms, Annual Survey, 1974, 96 ff.
Medicus, Allgemeiner Teil des BGB, 9. Aufl., 2006.
Ders./Petersen, Bürgerliches Recht, 22. Aufl. 2009.
Meyer, Wirksamkeit mündlicher Abreden trotz vereinbarter konstitutiver Schriftform unter besonderer Berücksichtigung des Erklärungsbewußtseins, 1987.
Mugdan, Die gesammelten Materialien zum Bürgerlichen Gesetzbuch für das Deutsche Reich, I Band, Einführungsgesetz und Allgemeiner Theil, 1899; Zeiter Band, Recht der Schuldverhältnisse, 1899.
Mulligan, Bellum Juridicum (3): Purists, Pollutionists and Pragmatists, SALJ 1952, 25 ff.

Murray, Effect of non-variation clauses in contract, SALJ 1958, 15.
Ders., Non-variation clause in contract, SALJ 1959, 251.
Ders., Non-variation clause: a postscript, SALJ 1960, 278.
Nanz, Die Entstehung des allgemeinen Vertragsbegriffs im 16. bis 18. Jahrhundert, 1985.
Nortje, Annual Survey of South African Law, 2002, 239 ff.
Oertmann, Bürgerliches Gesetzbuch, Allgemeiner Teil, 3 Aufl., 1927.
Oswald, Kann ein Mietvertrag mit Schriftformklausel später mündlich oder gar stillschweigend geändert werden?, ZMR 1960, 198 ff.
Otto, Germany and South Africa, A comparative study of their concepts of contract law and mistake, 2004.
Palandt, Bürgerliches Gesetzbuch, 69. Aufl., 2010.
Palmer, (Hrsg.), Mixed Jurisdictions Worldwide: The Third Legal Family, 2001.
Parry, The Sanctity of Contracts in English Law, 1986.
Peters, Die Selbstsperre des Glücksspielers, JR 2002, 177 ff.
Planck, Bürgerliches Gesetzbuch, Band I, 3. Aufl. 1903.
Du Plessis, Restraint of trade and public policy, SALJ 1984, 86 ff.
Du Plessis, Contract, De Rebus 2002, Iss 414, 38.
Pretorius, Covenants in restraint of trade: an evalutation of the positive law, THRHR 1997, 6 ff.
Proculus, Bellum Juridicum, Two approaches to South African Law, SALJ 1951, 306 ff.
Pufendorf, Le Droit de la Nature et des Gens, 1. Aufl., 1712.
Rabie, The law of South Africa, 1996.
Rabie/Sonnekus, The law of estoppel in South Africa, 2.Aufl., 2000.
Raiser, Vertragsfreiheit heute, JZ 1958, 1 ff.
Regelsberger, Pandekten, Leipzig 1893.
Rehbein, Das Bürgerliche Gesetzbuch, I Band Allgemeiner Theil, 1899.
Reid/Visser, Cases and Statutes, in: Zimmermann et al, Mixed Legal Systems in Comparative Perspective, 2004, lxxiii ff.
Reiling, Vorkehrungen gegen Vertragsänderungen durch den Vertragspartner: Schriftformklauseln, JA 2000, 866 ff.
Reinecke,/Van der Merwe, Wysiging van skriftelike kontrak deur latere mondelinge ooreenkoms, THRHR 1965, 154 ff.

Reinhart, UN-Kaufrecht, Kommentar zum Übereinkommen der Vereinten Nationen vom 11. April 1980 über Verträge über den internationalen Warenkauf, 1991.

Reinicke, Die Bedeutung der Schriftformklausel unter Kaufleuten, DB 1976, 2289 ff.

Ders., Rechtsfolgen formwidrig abgeschlossener Verträge, 1969.

Roloff, Vertragsänderungen und Schriftformklausel, NZA 2004, 1191 ff.

Rumpff, 'n Waardering van die bydrae tot die ontwikkeling van die regswetenskap in die appèlhofuitsprake van hoofregter L C Steyn, TSAR 1978, 87 ff.

Roquette, DR 1940, 961 ff.

Rutkowski, Gewillkürte Schriftform, 1978.

Savigny, System des heutigen Römischen Rechts III, 1840.

Scherrer, Die geschichtliche Entwicklung des Prinzips der Vertragsfreiheit, 1948.

Schmidlin, Die beiden Vertragsmodelle des Europäischen Zivilrechts, in Zimmermann/Knütel/Meincke (Hrsg.), Rechtsgeschichte und Privatrechtsdogmatik, S. 187 ff.

Schmidt-Salzer, Rechtsprobleme der Schriftformklauseln, NJW 1968, 1257 ff.

Schmoeckel/Rückert/Zimmermann (Hrsg.), Historisch-Kritischer Kommentar zum BGB, Band I Allgemeiner Teil §§ 1-240; Band II, Schuldrecht: Allgemeiner Teil 2. Teilband §§ 305-432.

Schulze, (Hrsg.), Europäische Rechts- und Verfassungsgeschichte, Ergebnisse und Perspektiven der Forschung, 1991.

Setzer, Abhandlungen aus dem Civilrecht Band 1: Über die Verabredung der Schrift, insbesondere von der 1,17 cod. de fide instrumentorum, insbesondere von der 1,17 cod. de fide instrumentorum, 1860.

Söllner, Die causa im Kondiktionen- und Vertragsrecht des Mittelalters bei den Klossatoren, Kommentatoren und Kanonisten, Savigny Zeitschrift (RA), 1960, 182 ff.

Soergel/Siebert, Kommentar zum Bürgerlichen Gesetzbuch, 9. Aufl., 1959.

Sonnekus/Rabie, The Law of Estoppel in South Africa, 1992, 2000.

Staudingers, Kommentar zum Bürgerlichen Gesetzbuch, Buch 1, Allgemeiner Teil, §§ 90-133 BGB, §§ 1-54, 63 BeurkG, 2004; Buch 1, Allgemeiner Teil, §§ 134-163 BGB, Allgemeiner Teil 4, 2003; Buch 2, Recht der Schuldverhältnisse, Einl. zu §§ 241 ff., §§ 241-243 BGB, 2009.

Tager, The effect of non-variation clauses in contracts, SALJ 1976, 423 ff.
Tauber, Wirksamkeit mündlicher Abänderungen eines schriftlichen Mietvertrags, Gruchot 49 (1905), 228.
v. Thur, Allgemeiner Teil des Deutschen Bürgerlichen Rechts II, Zweiter Band, Erste Hälfte: Die rechtserheblichen Tatsachen, insbesondere das Rechtsgeschäft, 1914.
Tiedtke, Die Bedeutung des Verzichts auf die Geltendmachung mündlicher Vertragsänderungen, MDR 1976, 367 ff.
Tiefenbacher, Mündliche Änderungen eines OHG-Gesellschaftsvertrags trozt vereinbarter Schriftform, BB 1968, 607 ff.
Turpin, Annual Survey of South African Law, 1959, 54 ff.
Unverzagt, Der Verfassungsstreit in der Südafrikanischen Union um das Wahlgesetz von 1951, ZfaöRuVöR 1953-1954, 217 ff.
Visser, The principle pacta sunt servanda in roman and roman-dutch law, with specific reference to contracts in restraint of trade, SALJ 1984, 641 ff.
Voet, Commentarius ad Pandectas, 1778.
Wagner von Papp, Die privatautonome Beschränkung der Privatautonomie – Gewillkürte Formerfordernisse und Sperrverträge in Spielbanken als Ausprägung des Freiheitsparadoxons, AcP 2005, 342 ff.
Warneyer, Kommentar zum Bürgerlichen Gesetzbuch für das Deutsche Reich, Bd. 1, 1923.
Wassertrüdinger, Die Verletzung der vereinbarten Vertragsform, JR 1928, 82 ff.
Weis, Die Sperre des Glücksspielers, 1999.
Weller, Die Vertragstreue, 2009.
Wessels, The law of Contract in South Africa, Vol. I, 1937.
Wieacker, Die vertragliche Obligation bei den Klassikern des Vernunftrechts, in Stratenwerth (Hrsg.), Festschrift für Hans Welzel zum 70. Geburtstag, 1974, 7 ff.
Wiedemann/Schultz, Grenzen der Bindung bei langfristigen Kooperationen, ZIP 1999, 1 ff.
Windscheid/Kipp, Lehrbuch des Pandektenrechts, Band II, 9. Aufl., 1906.
Winkel, Irrtumslehre in Feenstra/Zimmermann, Das römisch-holländische Recht, 225 ff.
Witz/Salger/Lorenz, International Einheitliches Kaufrecht, Praktiker-Kommentar und Vertragsgestaltung zum CISG, 2000.

Woker, Caveat Subscriptor – How careful are we expected to be?, SA MercLJ 2003, 109 ff.

Wolf, Das Bürgerliche Gesetzbuch unter Berücksichtigung der gesamten Rechtsprechung der oberen Gerichte des Deutschen Reichs, 1908.

Wolf, Allgemeiner Teil des bürgerlichen Rechts, 1976.

Wolff, Institutiones Juris Naturae et Genitum, § 438, 1769.

Wolter, Ius canonicum in iure civil, Studien zur Rechtsquellenlehre in der neueren Privatrechtsgeschichte, 1975.

Zimmermann, The law of obligations, 1990.

Ders., 'Double Cross': Comparing Scots and South African Law, in Zimmermann et al, Mixed Legal Systems in Comparative Perspective, 2004, 3 ff.

Ders., Das römisch-holländische Recht und seine Bedeutung für Europa, JZ 1990, 825 ff.

Ders., Das römisch-holländische Recht in Südafrika, 1983.

Ders., Pothiers Einfluß in Südafrika, Savigny Zeitschrift, GA 1985, 168 ff.

Ders., Europa und das römische Recht, AcP 2002, 243 ff.

Ders., Fortschritte der südafrikanischen Rechtswissenschaft im 20. Jahrhundert: Der Beitrag von J.C. De Wet, (1912-1990), Tijdschrift voor Rechtsgeschiedenis, 1992, 157 ff.

Ders., Good faith and equity, in Zimmermann/Visser (Hrsg.), Southern Cross, Civil Law and Common Law in Comparative Perspectice, 1996, S. 217.

Ders., Usus Hodiernus Pandectarum, in Schulze (Hrsg.), Europäische Rechts- und Verfassungsgeschichte, 1991, S. 61 ff.

Ders., Südafrikanische Übersetzung gemeinrechtlicher Literatur, ZEuP 1997, 536 ff.

Ders., Römisch-Holländisches Recht – ein Überblick, in Feenstra/Zimmermann (Hrsg.), Das römisch-holländische Recht, S. 9 ff.

Ders., (Hrsg.), Mixed Legal Systems in Comparative Perspective, 2004.

Zimmermann, Reinhard/Visser, Daniel (Hrsg.), Southern Cross: Civil Law and Common Law in South Africa, 1996.

Zweigert/Kötz, Einführung in die Rechtsvergleichung auf dem Gebiete des Privatrechts, Band II: Institutionen, 2. Aufl. 1984.

Kolibri 360 GmbH
Ferdinand-Jühlke-Straße 7
99095 Erfurt, Deutschland
produktsicherheit@kolibri360.de